埃及马木鲁克制度研究

肖 坤 著

中西書局

图书在版编目(CIP)数据

埃及马木鲁克制度研究 / 肖坤著. —上海：中西书局，2023.12

(北京大学国别与区域研究丛书)

ISBN 978-7-5475-2196-0

Ⅰ.①埃… Ⅱ.①肖… Ⅲ.①政治制度史-研究-埃及-古代 Ⅳ.①D741.19

中国国家版本馆CIP数据核字(2023)第221898号

AIJI MAMULUKE ZHIDU YANJIU

埃及马木鲁克制度研究

肖 坤 著

责任编辑 田 甜
装帧设计 梁业礼
责任印制 朱人杰

出版发行 上海世纪出版集团
中西書局(www.zxpress.com.cn)
地 址 上海市闵行区号景路159弄B座(邮政编码：201101)
印 刷 浙江天地海印刷有限公司
开 本 700毫米×1000毫米 1/16
印 张 13
字 数 187 200
版 次 2023年12月第1版 2023年12月第1次印刷
书 号 ISBN 978-7-5475-2196-0/D·098
定 价 68.00元

“北京大学国别与区域研究丛书”总序

当今世界处于百年未有之大变局。在新一轮科技革命和产业变革影响下，国际力量对比发生着深刻的变化。一方面，单边主义、保护主义明显上升，逆全球化思潮抬头，世界经济复苏乏力，局部地区冲突频发；另一方面，广大发展中国家的经济与政治影响力不断增大，成为国际舞台上不可忽略的重要力量。就中国而言，中国特色社会主义进入新时代，国际地位和国际影响力进一步提高，在全球治理中贡献了中国智慧和中国力量。而在推动构建人类命运共同体、推进“一带一路”建设过程中，国别与区域研究学科建设和人才培养是保障国家重大战略顺利实施的重要基础。

国别与区域研究是针对特定地理空间、国家或文化区域的跨学科研究，旨在以第一手原文资料、田野调研和国际前沿学术成果为基础，通过系统地收集特定区域（尤其是亚非拉发展中国家和地区）的政治、经济、社会、文化、历史、地理等领域的资料和信息，从政治经济制度、社会思想文化、历史源流和文明传承等角度研究对象国别与区域的政治态势及对外关系。2013年，国务院学位委员会第六届学科评议组编写的《学位授予和人才培养一级学科简介》将国别与区域研究列为外国语言文学一级学科下的五个研究方向之一，具体表述为：“外国语言文学包括外国语言研究、外国文学研究、翻译研究、国别与区域研究、比较文学与跨文化研究。”2017年增补学位点时，国别与区域研究被增补为外国语言文学一级学科下的五大学科方向之一。以外语为基础的国别与区域研究对于获得与我国综合国力和国际地位相匹配的国际话语权、深化文明交流互鉴、推动中华文化更好地走向世界均有重要的支撑作用。经过数年的学科建设，2022年，区域国别学正式被教育部批准纳入第14类交叉学科一级学科目录，为这一新学科的发展提供了最重要的契机。

北京大学外国语言文学学科在国别与区域研究方面有着悠久的历史，始终秉承“学贯古今、融通中外”的学术使命和“思想自由、兼容并包”的北大精神。北京大学外国语学院的远源——1862年成立的京师同文馆——正是以通识各国语文为己任。在清末列强环伺之际，“欲悉各国情景，必先谙其言语文字，方不受人欺蒙”。1898年，北京大学的前身京师大学堂成立。成立伊始，京师大学堂即开设英、法、德、俄、日五个语种的课程。1920年，俄国文学系成立。1946年，从德国学成归来的季羡林先生创立了东方语文学系。2015年，北京大学外国语学院启动国别与区域研究专业建设，并于2017年自主设立该二级学科。此后数年，宁琦教授率领的学院团队砥砺奋进，为推进区域国别学成为一级学科，做出了巨大的努力和突出的贡献。

北京大学外国语言文学学科始终包含以外语为基础的国别研究，长期致力于构建中国哲学社会科学的自主知识体系。季羡林和金克木先生对南亚文明传统的研究、马坚先生对西亚宗教经典和阿拉伯历史文化著作的译介均奠定了相应学术领域的知识传统。季羡林先生发起的“东方文化集成”丛书至今已持续出版三十年，出版各类学术专著二百余部。“东方文化集成”丛书着力打造具有中国特色的国别与区域研究的平台，在构建新时代世界文明交流互鉴新境界方面发挥了积极作用，为推动构建人类命运共同体贡献了力量。

鉴于学科发展的需要，为夯实基础和培育人才，教育部人文社科重点研究基地北京大学东方文学研究中心在北京大学外国语学院、北京大学东方学研究院、中西书局的大力支持下，推出这套“北京大学国别与区域研究丛书”。收入此套丛书的作品均从文字、文本、文学、文化和文明等角度探讨了世界各区域古往今来的政治、经济、社会和文化问题。我们感谢所有作者对本丛书所做出的贡献；也期待以本丛书为纽带，与所有学者一道凝聚共识，生生不息地传承文明，创新学术研究，共同推动建设持久和平、普遍安全、共同繁荣、开放包容和生机蓬勃的新世界。

是为序。

北京大学东方文学研究中心

2023年11月10日

摘 要

埃及马木鲁克制度，起源于一种以“马木鲁克”为核心内容的军事组织形式，进而发展出一种政治统治模式。它出现于9世纪前后，于13世纪在埃及发展达到高峰，在16世纪初被奥斯曼人征服后的很长时间内，马木鲁克依旧持续存在并影响着埃及的政治乃至社会生活，直到19世纪才最终消亡。马木鲁克制度对埃及的历史发展产生了不可磨灭的影响，也成为埃及社会变迁的主要动力之一，它不仅涉及马木鲁克奴隶贸易、马木鲁克在军事行动中的运用，更包含马木鲁克的晋升机制、马木鲁克阶层的形成与维护，以及其中统治权力的分配等多个方面。而马木鲁克在埃及的统治历史和政治参与，正是构成13世纪以后埃及政治格局的主要内容。

马木鲁克制度得以维系的基础是持续的马木鲁克贸易。通过对异教徒尤其是基督教儿童的买卖，奴隶商将马木鲁克引入埃及，并进行宗教和军事技能的培养，以投入到军事行动之中。早期马木鲁克大都来自中亚草原，但随着伊斯兰教的传播及区域政治形势的发展变化，尤其是蒙古势力自东向西的迅速扩张，马木鲁克的来源逐渐呈现出多样化的趋势。黑海北面的钦察草原、西北高加索、外高加索、巴尔干，甚至非洲都相继成为马木鲁克的重要来源地。更多、更远的新商路陆续出现，而持续不断且规模庞大的奴隶贸易也带来了多个地区人口的迁移，继而引发当地人口结构的改变。

在埃及，各个族群的马木鲁克也因其身份和社会角色的特殊性逐步形成一个有共性的群体——军事精英阶层，他们以军事人员的身份获得政治上的权力，并对埃及的政治统治产生影响。埃及的马木鲁克阶层被认为是整个马木鲁克制度发展历史上最具代表性的产物，13—19世纪间，他们始终是埃及政治的主导者或主要参与者。尽管1517年被奥斯曼征服后，埃及成为其庞大帝国的一个行省，但马木鲁克阶层仍旧是以后几个世纪中埃及具有压倒性优势的政治群体。

Study of the Mamluk System in Egypt
Abstract

The Mamluk System is the social arrangement with the Mamluks being the key element, which used to be applied to the national political domination of Egypt. The Mamluk System in Egypt appeared in the 9th century and reached its zenith in the 13th century. In the 16th century, after the Ottomans conquered Egypt, the Mamluk system didn't disappear therewith. Conversely it continued affecting Egypt politically and commercially till the 19th century. The Mamluk system in Egypt existed through a great span of time, and made an indelible impact on the history of Egypt, has thus become one of the main characteristics of social change in Egypt. It contains not only the Mamluk trade, but also the usage of Mamluks in military action, the formation of Mamluk promotion mechanism, the maintenance of the Mamluk hierarchy and the distribution of political power within.

The Maintenance of Mamluk system and its development built on the sustained trade during centuries. Pagans, especially the Christian children, were introduced through trade into Egypt, where they would receive religious education and the training of military skills. Initially the Mamluks were mainly from the nomads on the steppes of Central Asia when the Islamic Empire expanded its territory and conquered Transoxiana. Later, along with the spread of Islam and the regional political changes, especially the conquest of the Mongols, the sources of the Mamluks became more diverse over the time, covering Eurasia Steppe on the north coast of the Black Sea, North-west Caucasus, Transcaucasus, and even Africa. The members of the Mamluk group came from many areas in Asia and Europe and were of different nations, languages, and religions. Due to the Mamluk system, they were brought to the Middle East and given unique historical roles. The Mamluk system generated vast migration of nations and thus influenced the history of the changes of nations, and even caused changes in the regional demographic structures.

Mamluks of various ethnic groups thus gradually formed a distinct common group because of their special status and social role, the Mamluk elite hierarchy. With its long existence in Egypt and its crucial roles in military and political realm, the Mamluk hierarchy in Egypt is acknowledged to be the most outstanding example in the whole Mamluk history and the most characteristic product owning to the Mamluk system. Though Egypt was reduced to a province of the Ottoman Empire in 1517, the Mamluks never stepped off the stage of history. The Ottomans commissioned the Mamluks to stabilize the newly conquered territory in Asia and Africa and answer to the external threats. For the next three centuries, the Mamluks remained the rulers de facto of Egypt, although not as the Sultan. It was not until the 19th century that the Mamluks were gradually eliminated from the ruling class along with the declined Mamluk system.

目 录

导论

一、相关概念界定

1. 马木鲁克

“马木鲁克”在古代伊斯兰世界中是对白色人种男性奴隶的专有称谓，他们被贩入伊斯兰世界时，多为异教徒儿童（尤其以基督教儿童居多），这些马木鲁克或是在战乱中被俘，或是由于生计所迫而卖身为奴，由专门的奴隶贩子将其运至撒马尔罕等当时庞大的奴隶贸易中心进行售卖。在伊斯兰帝国的对外扩张和对河中地（Transoxiana）的征服过程中，早期的马木鲁克大都来自中亚草原的游牧部落。但随着伊斯兰教的传播和地区政治的变化，尤其是在蒙古西侵的影响下，马木鲁克的来源开始变得多样，黑海及里海北岸的钦察草原、西北高加索、外高加索地区、巴尔干，甚至非洲地区都相继成为马木鲁克的来源地。马木鲁克的买主往往是哈里发、苏丹或军队的艾米尔[1]，他们将这些购入的异教徒儿童编入独立的军事组织，让他们接受系统的军事技能训练和宗教知识学习。在成长过程中，马木鲁克完成了对伊斯兰教的皈依，并通过“释奴仪式”摆脱奴隶的身份，成为穆斯林战士，加之与生俱来的骁勇善战，马木鲁克军团逐步成为最受统治者青睐的军事力量。而与此同时，由于缺乏与外界的联系和瓜葛，马木鲁克往往是其主人忠诚的下属和依靠，这种相互依存的关系使得马木鲁克较其他的竞争者更容易接近权力中心并获得权力。

---

1 亦译“埃米尔”。为军事长官的称号。

随着马木鲁克被广泛、大量地运用于军事领域，“马木鲁克”一词在人种学上的意义逐步让位于社会学上的意义，即“马木鲁克”是对一个独特的社会人群的称谓，它不再强调其作为白种奴隶的特性，而是强调其社会角色是“出于军事目的而构建的”。9世纪起，马木鲁克开始成规模地进入伊斯兰世界并盛行于帝国各地，中央和地方的统治者们竞相购买和使用马木鲁克，一时间，马木鲁克成为当时伊斯兰世界的独特景象。随着阿拔斯时期中央权力式微，地方统治者开始尝试摆脱中央政府的羁绊，而他们手中的马木鲁克正是这种尝试的基础和保障。但令那些统治者始料不及的是，逐渐强大起来的马木鲁克凭借手中的军事力量和政治特权，对国家统治机构的影响加大，并最终形成垄断国家政权的军事精英阶层。

2. 马木鲁克制度

关于“制度”一词的定义，经济学、政治学和社会学的学者们都有着各自的见解，但他们却能够就一点达成共识：制度就是作用于社会规范的人为的非物质的行为要素的总和。阿夫纳·格雷夫（Avner Greif）指出，“制度是共同作用于行为秩序的社会因素结合在一起的系统。该系统的每一组成部分皆为人为的非物质因素，对每一个个人来说，这些要素外生地影响他们的行为。……制度是规则、信念、规范和组织共同作用并导致（社会）行为秩序产生的一个系统”[1]。塞缪尔·亨廷顿（Samuel P. Huntinton）认为：“制度就是稳定的、受尊重的和周期性发生的行为模式。”[2]道格拉斯·诺斯（Douglass C. North）在他的制度变迁理论中给出的定义则是：“制度是一个社会的博弈规则，或者更规范地说，它们是一些人为设计的、形塑人们互动关系的约束。……制度变

1 ［美］阿夫纳·格雷夫：《大裂变：中世纪贸易制度比较和西方的兴起》，郑江淮，等译，北京：中信出版社2008年版，第22页。

2 ［美］塞缪尔·亨廷顿：《变化社会中的政治秩序》，王冠华，刘为，等译，上海：上海人民出版社2008年版，第10页。

迁决定了人类历史中的社会演化方式,因而是理解历史变迁的关键。”[1]马木鲁克制度是以马木鲁克人员为核心,围绕着这些人的引入、培养、使用,乃至统治方式各个方面变化的相互结合而形成的一整套体系,并在不同社会背景下不断发展变化,以适应新的客观条件。它不仅是马木鲁克阶层对国家统治机制的总和,还包括了整个马木鲁克阶层的维系与发展、行为范式和共同的政治目标。这种制度的形成与发展经历了漫长的历史时期,它的雏形是一种军事制度,最初起源于用于军事目的的单纯的奴隶贸易。但随着马木鲁克的规模和实力的扩张,它逐步向政治范畴扩张,并通过人员培养,人才晋升,统治权力的赋予和转移、继承等多个环节的补充,形成了一定模式的等级结构和行为规范。同时,其内部人员对这一制度的认同与维护使其得以执行并持续发展,马木鲁克逐渐由单一的军事制度发展为兼具军事和政治双重功能的制度,它不仅完成了国家专业军队的构建,而且保证了这支军队的忠诚度和长久的勇武有力。与其他制度的变迁相似,马木鲁克制度并非是固定的、一成不变的,相反,它是随着外部社会环境和国际背景的变化而发展的。从9世纪萌芽、13世纪发展至顶峰,到19世纪最终走向崩溃,马木鲁克制度的演变一直与埃及的内部社会环境和周边地区国际形势密切相关。

本书的讨论主要集中在埃及马木鲁克制度的形成、发展与衰败,以及马木鲁克群体最终退出政治舞台的历史过程。选择埃及入手来研究马木鲁克制度,首先是因为埃及是伊斯兰世界中较早引入马木鲁克的地区之一。早在图伦[2]王朝(Tulunids, 868—905年)在埃及宣布独立的时候,统治者艾哈迈德·本·图伦就为自己打造了一支“由突厥奴隶和黑奴组成的禁卫军”[3],并要求他们“永远效忠于他个人”[4],其后的统治者也竞相效仿。其次,埃及马木鲁克在国家政治上所取得的

1 [美]道格拉斯·诺斯:《制度、制度变迁与经济绩效》,杭行译,上海:格致出版社,上海三联书店,上海人民出版社2008年版,第3页。

2 亦译“突伦”。

3 [美]菲利浦·希提:《阿拉伯通史》,马坚译,北京:新世界出版社2008年版,第412页。

4 [美]菲利浦·希提:《阿拉伯通史》,马坚译,第413页。

地位是其他地区的马木鲁克所不能比拟的。1250年,马木鲁克取代他们之前的主人艾优卜家族的继承者,在埃及确立了统治权。其后不久又将沙姆地区纳入自己的统治范围,随着1258年巴格达陷落于蒙古人之手,马木鲁克统治下的开罗成为全世界逊尼派穆斯林的首都。在这个时期,埃及马木鲁克的引入与培养已经形成了一套完整而固定的体系,这个体系是封闭的,它的进入和内部管理都有着严格的规定。在这个体系内,马木鲁克阶层主导着国家政治生活,是国家行为的主要决策者和参与者。这一系列的行为与安排构成了马木鲁克制度的基本内容,具体包括:作为国家统治阶层的马木鲁克群体的构成与维系;马木鲁克统治下的军事、政治与宗教三者之间的扶持与协调;马木鲁克社会职务的分配等。埃及的马木鲁克制度在这个阶段已完全发展成为一种具有规范性和约束性的社会安排。至16世纪埃及马木鲁克政权被奥斯曼土耳其人推翻,马木鲁克也并未就此销声匿迹,奥斯曼人出于稳定其亚非新征服领土、抗衡外部威胁的考虑,在对埃及的统治和管理中重新起用马木鲁克。于是在接下来的逾3个世纪中,马木鲁克虽然失去了“苏丹”的名号,但仍旧是埃及实际上的统治者和埃及政治决策的主要参与者。直到19世纪,埃及的马木鲁克制度无以为继而行将崩溃,马木鲁克才最终从埃及的统治阶层中退出。综上所述,对研究马木鲁克制度来说,埃及是最具代表性的国家,而马木鲁克在埃及漫长的发展历史为我们研究马木鲁克制度提供了丰富的史料。

二、课题研究意义

1. 有助于加强对马木鲁克历史的认识和研究

国内学界目前对马木鲁克的研究甚少,而关注点也多集中于马木鲁克王朝社会史研究和马木鲁克作为奴隶的独特身份,本书所做的尝试是将马木鲁克制度及马木鲁克群体作为研究对象,解读马木鲁克的历史和马木鲁克制度的文化成因。马木鲁克制度的出现和马木鲁克政权的建立，在伊斯兰世界之外的任何社会或文化中都未有先例。从早期的突厥马木鲁克发展到最后的格鲁吉亚马木鲁克，多个族群的人民共同参与埃及马木鲁克历史的构建，对它的研究无疑可以帮助我们更好、更全面地了解中东地区的历史和伊斯兰世界的变迁。同样，埃及的马木鲁克制度是马木鲁克在伊斯兰世界中最具代表性的例证，研究埃及的马木鲁克制度对研究伊斯兰世界其他地区的马木鲁克制度和历史而言无疑有着相当重要的借鉴意义。

2. 有助于加强对埃及历史的研究

针对埃及中世纪史的研究一直是中东地区历史研究的重要组成部分。马木鲁克作为埃及历史上贯穿数百年的社会现象，无疑是我们研究埃及历史不容忽视的一个方面。对埃及马木鲁克制度的研究能够帮助我们更加全面地认识埃及历史，它为我们提供的线索跨度逾千年，并贯穿了曾统治埃及的数个王朝，使我们能够将中世纪埃及的历史与近代历史联系起来，确切地把握其历史发展脉络和社会文化背景。同时对马木鲁克制度的研究也能帮助我们更加深刻地理解从中世纪到近代的漫长历史时期中埃及政治和社会环境的变化，以及特定历史背景下埃及历代统治者做出政治、经济、外交决策选择的深层原因。

由于地理位置的重要性，埃及的历史从来就与复杂多变的国际关系和区域政治密切相关。从十字军东征到蒙古西侵，从奥斯曼土耳其人崛起到英法等西方势力进入中东，埃及自中世纪以来的历史始终与各种国际势力在该地区的角逐相伴，而马木鲁克作为埃及在这个漫长的历史时期中的主要统治者或统治集团的组成者，始终影响着埃及当时的内政外交。尤其是在1798年法军入侵埃及后，埃及不由自主地被卷入西方新兴资本主义国家在世界范围内的势力争夺，其近代历史的篇章也由此开启，西方大国在埃及的政治纠葛、经济利益争夺和势力较量，对埃及历史发展的影响是漫长而深刻的，更为当今中东世界的区域问题研究提供了很好的历史素材。同时，对马木鲁克制度产生且发挥影响的社会背景的分析，有助于我们更深刻地理解埃及在历史上对外交及经济政策的选择，理解它的宗主国奥斯曼土耳其政府在埃及问题上采取的变化性的立场，理解埃及在土俄、土英、土法等大国博弈过程中的角色，使针对中东地区历史问题的研究更为全面。

3. 有助于加强对中东地区民族交往及族群变迁问题的研究

马木鲁克不是简单地由单一民族构成的群体，它的成员来自欧亚大陆多个区域，他们操不同的语言，有着各异的信仰，但马木鲁克制度将他们引入埃及及其他地区，并赋予了他们在历史上的独特角色。由马木鲁克制度所引发的民族迁徙波及地域较广，这一方面当然是由于当时大范围的、繁荣的奴隶贸易所致，伴随着马木鲁克来源地的不断变化，更多、更远的新商路相继出现，因此，持续不断且规模庞大的奴隶贸易带来了人口迁移，继而影响了许多地区人口结构的变化（如钦察草原）；另一方面，除马木鲁克奴隶贸易带来的非自愿的人口迁移外，马木鲁克制度也引起了自发的人口流动，导致一些地区人口比例的改变，那些在埃及得势的马木鲁克成为其家乡亲友竞相投靠的对象；还有一点值得注意的是，奥斯曼土耳其统治时代，随着帝国领土的扩张，伊斯坦布尔的统治者不得不依靠马木鲁克来维系其在庞大帝国内的繁重统治任务，马木鲁克相继在各地被投入使用（如将马木鲁克应用于帝国对巴尔干地区的统治），使规模较大的人口迁移成为当时常见的现象。因此，对马木鲁克制度的研究无疑可以帮助我们更好地理解中东地区民族交往的历史，并对相关族群的变迁有一定的了解。

4. 有助于加强对伊斯兰史和伊斯兰文化的全面认识

中世纪伊斯兰史的研究历来在阿拉伯伊斯兰文化研究中占有较为显著的位置。自1258年巴格达陷落、阿拔斯王朝灭亡之后，中世纪的伊斯兰史研究开始向更多的方向发展。马木鲁克作为这个时代贯穿始终的一个重要文化现象和政治统治的显著特征，不失为我们研究这段历史的一个重要线索和独特角度。

1260年一位阿拔斯后裔在开罗继任哈里发，开罗由此成为伊斯兰世界逊尼派穆斯林的新的宗教中心，而那些马木鲁克苏丹正是这个城市的真正统治者。1517年，开罗的陷落标志着伊斯兰世界宗教领导权从此转移，也为奥斯曼土耳其人成为全世界逊尼派穆斯林领袖开辟了道路。当时居住在埃及的哈里发穆台瓦基勒三世（al-Mutawakkil ʻalā Allāh al-Thālith）被奥斯曼土耳其苏丹赛里木[1]一世（Selim I）带回帝国的首都。1543年，他被准许返回开罗，并最终在那里死去。[2]伊斯坦布尔继开罗之后成为新的宗教中心，奥斯曼土耳其的统治者开始担任穆斯林世界宗教政治领袖的职位，而之后的"哈里发"也不再是阿拉伯古莱什部落出身。在以上所述的整个历史过程中，马木鲁克始终扮演着重要的角色。马木鲁克制度盛行发展的时代正是联系古代伊斯兰帝国和近现代伊斯兰世界的过渡时期，它作为承前启后的关键环节，将古代哈里发帝国的历史与近代中东地区的变迁再次紧密联结起来，对它的研究无疑对我们全面了解伊斯兰世界历史和阿拉伯伊斯兰文化有着非常重要的意义。

三、文献与研究综述

成书于10世纪的《泰伯里史》是研究马木鲁克制度于阿拔斯王朝兴起的重要历史文献。该书是伊斯兰史上最著名的编年史之一，作者是艾布·加法尔·穆罕默德·本·杰里尔·泰伯里（Abū Jaʿfar Muḥammad b. Jarīr al-Ṭabarī），书名原作《历代先知与帝王史》（*Tārīkh al-Rusul wa-al-Muluk*），后人习惯将之称为《泰伯里史》（*Tārīkh al-Ṭabarī*）。这本书中首次出现了关于马木鲁克的记载，尽管当时人们还没有习惯于将"马木鲁克"作为对突厥军事奴隶的专有称呼，但我们已

1 亦译"谢里姆""塞利姆"等。

2 ［美］菲利浦·希提：《阿拉伯通史》，马坚译，第445页。

经可以从此书篇章中找到对马木鲁克活动的描述。

埃及马木鲁克统治时期及其前后的历史学家们为当代马木鲁克研究提供了第一手资料：

伊本·台格利·比尔迪（Ibn Taghrībirdī, 1410—1470）的编年史《埃及历代国王本纪》（*al-Nujūm al-Zāhirah: Mulūk Miṣr wa-al-Qāhirah*），该书以阿拉伯军队入侵埃及为开端，细数埃及历史上的重要事件，更详细记载了埃及马木鲁克诸苏丹的生平及当时的社会状况和历史大事件，而作者本人也是马木鲁克的后裔（awlād al-nās，阿拉伯语原意为"那些人的孩子"），他的父亲是苏丹贝尔孤格的马木鲁克。

历史学家泰基丁·艾哈迈德·盖迪尔·麦格里奇（Taqī al-Dīn Aḥmad al-Qādir al-Maqrīzī, 1364—1442）的著作《史地索引殷鉴》（*al-Mawā'iẓ wa-al-I'atibār bi-Dhikr al-Khuṭaṭ wa-al-Āthār*）描述了中世纪时开罗的建筑、城市历史以及风土人情，并含有大量关于埃及法特梅[1]王朝以及艾优卜王朝的记载和评述。而他的另一部著作《诸王之邦国志》（*Kitāb al-Sulūk li-Ma'rifah Duwal al-Mulūk*）被看作是马木鲁克王朝史的重要历史文献之一。

穆罕默德·本·艾哈迈德·本·伊亚斯（Muḥammad b. Aḥmad b. Iyās al-Ḥanafī，也作"伊本·伊亚斯"Ibn Iyās, 1448—1523）的六卷本编年史《乱世珍闻》（*Badā'i' al-Zuhūr fī Waqā'i' al-Duhūr*），详细记载了1516年至1522年奥斯曼土耳其征服之初的埃及历史，包括马木鲁克末期至奥斯曼征服时期的埃及历史、马木鲁克王朝覆灭的过程，以及埃及成为奥斯曼帝国行省后的6年间埃及的社会状况等。伊本·伊亚斯是马木鲁克后裔，他被认为是中世纪埃及最后一位、也是最伟大的史学家之一。他亲历了奥斯曼土耳其征服埃及的历史时期，见证了马木鲁克王朝的苏丹及其军队是如何败于奥斯曼人的攻击的，这部作品因此成为研究马木鲁克末期至奥斯曼征服埃及初期的重要参考文献。

阿卜杜·拉赫曼·贾巴尔提（'Abd al-Raḥmān al-Jabartī, 1753—

---

1 亦译"法蒂玛"。

1826）的作品《传记与传闻甄录》（*'Ajā'ib al-Āthār fī al-Tarājim wa-al-Akhbār*），该书以奥斯曼苏丹赛里木征服开罗为开端，至穆罕默德·阿里时期终止，着重记述了18世纪末至19世纪初的埃及，是了解法国人侵时期埃及历史的权威著作。

下面就国内外马木鲁克研究现状作简要综述。

目前国内尚无关于马木鲁克的专门研究著作出版。已发表的相关研究论文有：郭应德《马穆鲁克[1]人抗击蒙古军入侵的胜利（读阿拉伯史札记之十）》（《阿拉伯世界》[2]，1987年02期）；李荣健《马穆鲁克朝海上贸易衰落原因探析》（《阿拉伯世界》，1991年04期）；王新姣、李荣健《试析马木鲁克王朝衰亡的原因》（《江汉论坛》，2005年12期）；杨瑾《试论马穆鲁克埃及的饥荒与济贫：1250—1517》（《广西师范学院学报（哲学社会科学版）》，2008年01期）等。这些论文多集中于马木鲁克王朝时期（1250—1517）的社会史研究。

目前国内针对埃及历史的研究多集中于近现代埃及和与之相关的国际政治研究，而对于埃及史尤其是伊斯兰时期的埃及社会史，研究著作较少。关于埃及近现代史的代表作品有：杨灏城著《埃及近代史》（中国社会科学出版社，1985）；彭树智主编，雷钰、苏瑞林著《中东国家通史：埃及卷》（商务印书馆，2003）；陆庭恩著《埃及的穆罕默德·阿里》（商务印书馆，1981）。另有部分译著，包括：穆罕默德·艾尼斯、赛义德·拉加卜·哈拉兹合著的《埃及近现代简史》（商务印书馆，1980）；埃及教育部文化局主编《埃及简史》（生活·读书·新知三联书店，1972）；拉希德·阿里·巴拉维、穆罕默德·哈姆查·乌列著《近代埃及的经济发展》（生活·读书·新知三联书店，1957）等。另外，菲利浦·希提著，马坚译《阿拉伯通史》亦是本书主要参考资料之一，本书所选用的地名与人名的翻译，主要参照马坚先生在《阿拉伯通史》中的译法。

国外马木鲁克研究的兴起最早可以追溯到19世纪，从早期的马

1　即马木鲁克，目前对这一词的译法不统一，同样还有马木留克、马穆留克、麦穆鲁克、麦马利克（源自mamlūk一词的复数mamālīk）等。

2　2006年起，该杂志更名为《阿拉伯世界研究》。

木鲁克王朝史、苏丹生平等史料性的著作及史籍的翻译，到后来的马木鲁克军事组织研究，马木鲁克王朝及相关区域政治、经济、国际关系研究，马木鲁克族群研究，马木鲁克社会史研究，马木鲁克时期文化研究，等等，马木鲁克研究已经发展成为一个涵盖多个领域的综合学科。一般认为，法国的东方学家艾蒂安·马克·卡特梅尔（Étienne Marc Quatremère）是最早进行马木鲁克历史研究的西方学者之一，他将埃及历史学家麦格里奇的《诸王之邦国志》一书中关于伯海里系马木鲁克的历史进行了翻译，出版了两卷本的《马木鲁克苏丹史》（*Arabic History of the Mameluk Sultans*, 1837—1841），这被认为是西方马木鲁克研究的开端。

艾蒂安·马克·卡特梅尔的学生、德国东方学家古斯塔夫·威尔（Gustav Weil）收集并整理大量的中古时期伊斯兰手稿文献，出版了五卷本的《哈里发史》（*Geschichte der Chalifen*, 1846—1851），首次为现代马木鲁克研究提供了有据可考的详尽的马木鲁克史料。在此基础上，英国东方学家威廉·穆尔（William Muir）于1896年出版《埃及的马木鲁克奴隶王朝，1260—1517：哈里发统治的终结》（*The Mameluk or Slave Dynasty of Egypt, 1260—1517 AD, End of the Caliphate*, 1896），这是较早的关于马木鲁克王朝的研究专著。20世纪中期，威廉·波普尔（William Popper）在伊本·台格利·比尔迪的编年史的基础上翻译出版《埃及史，1382—1469》（*History of Egypt, 1382—1469*, 1954—1963）。通过这些早期的译著及研究专著，马木鲁克时代的社会图景开始重现于世人眼前，并越来越多地引起各国学者的关注。随着对马木鲁克王朝历史的认识的深入，学者们也开始了对伊斯兰国家社会发展、政体演变、东西方文明交汇等多方面史实的考据与研究。

早期西方的马木鲁克研究大多集中在十字军东征前后的历史。但自20世纪80年代开始，西方马木鲁克研究所涉及的历史时间跨度和空间分布都呈现大规模的扩展，其研究类别也日趋细化和深入。这一时期的代表人物是希伯来大学伊斯兰与中东研究系创始人之一大卫·阿亚龙（David Ayalon），他于1953年发表的文章《马木鲁克军队结构研究》（*Studies on the Structure of the Mamlūk Army*, 1953）和1956

年发表的《马木鲁克王国中的火药与火器》(*Gunpowder and Firearms in the Mamlūk Kingdom*, 1956),是公认较早的两篇关于马木鲁克王朝军事的专门性研究论文。除发表了一系列关于马木鲁克王朝军事史及社会史的论文外,大卫·阿亚龙还将其研究领域拓展至与马木鲁克王朝史密切相关的埃及历史学家阿卜杜·拉赫曼·贾巴尔提研究、欧亚草原(Eurasian Steppes)与伊斯兰世界的关系史研究等,这使得马木鲁克研究逐渐趋于丰满且多维度;1970年左右,大卫·阿亚龙开始了他新的关注点,即"蒙古律令(the Mongol Yasa)"及其在马木鲁克王国中的影响这一新课题的研究,进一步将马木鲁克的历史置于世界史的范畴内进行考察,马木鲁克王朝及其与东方世界,尤其是蒙古帝国的往来和关系开始为研究者所关注。时至今日,大卫·阿亚龙仍被认为是当代马木鲁克研究的先锋和代表人物之一,他的许多关于马木鲁克历史的专题著作和成果到现在都影响着世界范围内的马木鲁克研究。综合来看,大卫·阿亚龙的研究主要分为以下几个领域:其一,马木鲁克王朝的结构研究,尤其是其马木鲁克制度及这种制度与统治者之间的互动关系,"他以一种间接的方式向我们讲述了马木鲁克精英社会史"[1];其二,伊斯兰世界的军事奴隶制度的历史及其发展和影响;其三,亚洲内陆草原(Inner Asian steppe)居民的研究,囊括了从9世纪开始的马木鲁克到11世纪塞尔柱克人统治下的突厥各部,以及13—14世纪的蒙古人、欧亚草原的钦察游牧民族等。尽管随着全世界马木鲁克研究的发展,大卫·阿亚龙的一些观点和研究结论已经引起了争议与质疑,但他仍被认为是世界上最优秀的马木鲁克研究者之一。[2]

以下对当代马木鲁克研究的主要类别和作品作一简要介绍。

第一,埃及马木鲁克王朝研究。主要是从社会史研究视角对埃及

1　Reuven Amitai, *David Ayalon, 1914–1998*, in *Mamluk Studies Review, Vol. Ⅲ (1999)*, Middle East Documentation Center, The University of Chicago.
资料来源:http: //mamluk.uchicago.edu/MamlukStudiesReview_Ⅲ_1999.pdf

2　Robert Irwin, *Under Western Eyes: A History of Mamluk Studies*, in *Mamluk Studies Review, Vol. Ⅳ (2000)*, Middle East Documentation Center, The University of Chicago, p.38.

马木鲁克王朝进行解读，包括针对马木鲁克王朝的政治学研究、经济学研究、民俗学研究、社会学研究等视角，关注其军事活动、国际关系、社会经济结构、国家政治机构、文化产业与文化成就、宗教政策等诸多方面，并作出相应的探讨与分析。目前该方向的研究成果相对丰富，覆盖领域较广，基本上可以从多角度挖掘、解读和评述马木鲁克王朝的社会历史现实。大卫·阿亚龙的著作《伊斯兰与战争之地：军事奴隶与伊斯兰的敌人》(*Islam and the Abode of War: Military Slaves and Islamic Adversaries*, 1994)集中讨论了马木鲁克在伊斯兰世界的出现与使用，以及马木鲁克王朝应对外来威胁、捍卫伊斯兰世界的历史。鲁文·艾米台(Reuven Amitai)的研究重点集中于马木鲁克王朝统治下埃及、叙利亚和巴勒斯坦地区的社会史，以及马木鲁克与蒙古之间的关系，他的著作《蒙古人与马木鲁克：马木鲁克—伊儿汗国之战，1260—1281》(*Mongols and Mamluks: The Mamluk-Īlkhānid War*, *1260—1281*, 2007)主要研究马木鲁克王朝建立之初马木鲁克与伊儿汗国之间的争战、对峙和外交博弈的历史。同时，他通过对比大量的阿拉伯语和波斯语的资料，对埃及马木鲁克王朝、伊儿汗国、东罗马拜占庭帝国以及其他一些十字军国家、蒙古诸汗国在这一时期的关系进行梳理和分析。安德烈·雷蒙德(André Raymond)的研究范畴主要是中世纪埃及历史和埃及社会，他曾任大马士革法国阿拉伯研究学会主任，其著作《开罗》(*Cairo*, 2000)一书，叙述了开罗自建立以来到当代的历史变革，其中对马木鲁克时代的开罗予以了详细的描述，展示出马木鲁克从最初出现到最后成功掌权的历史过程以及马木鲁克王朝时代开罗的社会图景。詹姆斯·沃特森(James Waterson)的《伊斯兰骑士》(*The Knights of Islam*, 2007)详尽地叙述了马木鲁克从崛起到掌权所经历的斗争和战斗，并分析其最终确立统治的历史原因，其中对马木鲁克与蒙古人的战争、马木鲁克与十字军的交战、马木鲁克苏丹的更迭等方面都作了相应的交代。易萨木·穆罕默德·沙巴鲁(‘Iṣām Muḥammad Shabārū)的著作《阿拉伯马什里克诸苏丹：其政治和文化作用的表现——马木鲁克，1250—1517》(*Al-Salāṭīn fī al-Mashriq al-‘Arabī: Ma‘ālim Dawrihim al-Siyāsī wa-al-Ḥaḍārī: Al-Mamālīk*, *1250—1517*, 1994)较系统地阐述了马木鲁克王朝时代的政治更迭过程，同时对马木鲁克王朝所取得的文化成就也做出分析。沙菲格·马赫迪（Shafīq Mahadī）编写的《埃及与沙姆地区的马木鲁克：货币、雕刻、古钱、头衔及诸苏丹》（*Mamālīk Miṣr wa-al-Shām, Nugūduhum, Nugūshuhum, Maskūkātuhum, Alqābuhum, Salāṭinuhum*，2008），按照马木鲁克的年代及马木鲁克苏丹的在位顺序，从文化的角度对当时的社会史实进行解读，同时系统地将马木鲁克自登上历史舞台之初的情况至1517年被奥斯曼土耳其人击溃的历史进行梳理。赛义德·阿卜杜·法塔赫·阿舒尔（Sa'īd 'Abd al-Fattāḥ 'Āshūr）的著作《艾优卜和马木鲁克时代的埃及与沙姆》（*Miṣr wa-al-Shām fī 'Aṣr al-Ayyūbiyyin wa-al-Mamālīk*，1972）探讨了在艾优卜家族和马木鲁克统治下埃及与沙姆地区的政治和外交情况，以及当时马木鲁克王朝在沙姆地区的数次对外战争。他的另一本著作《中世纪东西关系史》（*Tārīkh al-'Alāqāt bayna al-Sharq wa-al-Gharb fī al-'Uṣūr al-Wusṭā*，2003）也较详尽地记述了马木鲁克时代埃及同周边国家的关系。阿拉布·达阿库尔（'Arab Da'akūr）的著作《法特梅王朝、赞吉王朝、艾优卜王朝与马木鲁克王朝的历史及文明》（*Tārīkh al-Fāṭimiyyīn wa-al-Zankiyyīn wa-al-Ayyūbiyyin wa-al-Mamālīk wa-Ḥaḍārātuhum*，2001）叙述了自阿拔斯后期统治北非及叙利亚地区的几个地方王朝以及他们的统治所留下的影响。这本书为了解埃及地区自阿拉伯帝国征服以来的历史进程提供了较清晰的历史脉络。

第二，针对马木鲁克群体的研究。一部分国外学者将他们的考察对象定位在马木鲁克这个群体上，分析他们的人员组织形式、内部结构及马木鲁克军团在不同历史时期的发展。与第一种研究不同，这类研究经常能突破时间上和地域上的局限性，对不同时代背景下的马木鲁克展开研究。

R·斯蒂芬·汉佛莱（R. Stephen Humpreys）的论文《马木鲁克军队的出现》（*The Emergency of the Mamluk Army*，1977）详细讲述了马木鲁克军队是如何出现和影响国家政治的，同时讨论了相较于艾优卜时代的马木鲁克，出现在阿拔斯时代的早期马木鲁克的特征。帕特丽夏・克罗恩(Patricia Crone)的著作《马背上的奴隶：伊斯兰政体之演变》(*Slaves on Horses: The Evolution of the Islamic Polity*, 1980)则是以伊斯兰世界军事奴隶和军事奴隶制度的形成为主要研究对象，叙述了从伍麦叶王朝建立以来至阿拔斯灭于蒙古这段历史时期内伊斯兰政权体制发生的改变，以及军事奴隶制度对其的影响。她认为，马木鲁克制度作为伊斯兰世界独一无二的现象，其出现原因归根到底是由于伊斯兰社会"乌玛"的领袖没有能够按照"沙里亚法"管理社会事务。而丹尼尔・派普斯(Daniel Pipes)在《奴隶士兵与伊斯兰：一个军事制度的起源》(*Slave Soldiers and Islam: the Genesis of a Military System*, 1981)一书中提出了相似观点：阿拉伯穆斯林因对伊斯兰社会现实失望而退出政治领域，市民社会的失败促生了一个政治—军事真空，这成为马木鲁克登上历史舞台的机会。霍尔特(P. M. Holt)的《马木鲁克苏丹的地位与权力》(*The Position and Power of the Mamluk Sultan*, 1975)一文解释了在马木鲁克军事系统中，苏丹如何获取并维护他的权力。大卫・阿亚龙的文章《马木鲁克军队结构研究》详细研究了马木鲁克王朝时代的军事机构和军队组织形式，包括马木鲁克军队的补充、维系与更新等。他在《马木鲁克军事社会的薪酬制度》(*The System of Payment in Mamluk Military Society*, 1957)一文中借由研究马木鲁克的薪酬分配与发放，对当时埃及社会的经济状况也做出一定程度的说明。他的另一篇文章《奥斯曼土耳其时代埃及马木鲁克社会转变札记》(*Notes on the Transformation of Mamluk Society in Egypt under the Ottomans*, 1960)则讲述了埃及马木鲁克群体在奥斯曼帝国统治下的新特征以及他们内外部关系的变化。鲁文・艾米台的文章《纳赛尔・穆罕默德・本・盖拉温对马木鲁克时代埃及军事精英集团的重构》(*The Remaking of the Military Elite of Mamlūk Egypt by Al-Nāṣir Muḥammad B. Qalāwūn*, 1990)将苏丹纳绥尔时代埃及马木鲁克的结构和统治机制作为研究重点，对军事集团的新的变化予以关注，这名因血统承袭而三次登上权力宝座的苏丹给马木鲁克制度带来了新的改变。简・海瑟薇(Jane Hathaway)的著作《奥斯曼埃及的家族政治：卡兹达家族的崛起》(*The Politics of Households in Ottoman Egypt: the Rise of the Qazdağlıs*,

1997）中详细描述了18世纪埃及最有权势的军事家族——卡兹达家族崛起的过程，并对该家族格鲁吉亚马木鲁克出身的贝伊（Bey）[1]垄断埃及政治之前的100年中，即1650—1750年间埃及政治、军事发展的动向和其家族对埃及形成政治垄断的社会原因进行分析。她的另一篇文章《奥斯曼时代埃及的军事家族》（*The Military Household*[2] *in Ottoman Egypt*，1995）则叙述了开罗被奥斯曼人攻陷之后的3个多世纪中，尤其是在经历了1798年法国入侵和19世纪初穆罕默德·阿里的社会改革后，埃及军事机构及军事家族的结构与变化，她提出奥斯曼时代埃及军事家族的发展不仅仅是受到马木鲁克政治遗留的影响，同时也是当时区域和世界政治形势变化所致。加布里埃尔·皮特伯格（Gabriel Piterberg）的文章《18世纪奥斯曼埃及精英的形成》（*The Formation of an Ottoman Egyptian Elite in the 18th Century*，1990）主要讨论奥斯曼统治下埃及军事精英阶层的崛起及其与埃及其他社会力量的关系，尤其是"17世纪奥斯曼土耳其对行省政策的改变以及18世纪埃及精英的崛起"，他认为要将埃及置于整个奥斯曼帝国的大环境之下才能正确地分析和理解埃及精英阶层，在18世纪的埃及精英阶层中，自由穆斯林仅仅占据外围边缘的职务和地位，而这个阶层的核心仍旧是马木鲁克。[3]

在以马木鲁克群体为对象的研究中，还有一个角度是非常值得关注的，即以马木鲁克的族群背景和族群历史为切入点对其进行分析。这类研究成果突破了马木鲁克在地域上的限制，将他们的背景扩大至他们各异的来源地和驻扎地，对研究马木鲁克的使用、马木鲁克族群的更替，以及这种变化的背景、马木鲁克在伊斯兰世界其他区域内的发

---

1 阿拉伯语中作"Bak"，因此也被译为"贝克"。为地方长官的称号。

2 Household在这里指一种"主人—下属"或"赞助人—被赞助者"的关系，而不是真正的亲属血缘关系。这些家族往往通过结盟而形成派系。家族中除了这些"门客"或"下属"，还包括自己的奴隶、仆人、妻妾等。这些家族的规模不是固定的，只要家族的主人或领袖愿意接收，随时可以有新的下属或"被保护人"加入。有时候，家族的领袖会将自己的女儿嫁给下属，以期通过联姻的方式来加固家族内部的关系。

3 Gabriel Piterberg, *The Formation of an Ottoman Egyptian Elite in the 18th Century*, in *International Journal of Middle East Studies*, Vol.22, No.3 (Aug., 1990), p.282.

展特征都是非常有帮助的。丹尼尔·克里希留斯(Daniel Creceliu)的文章《18世纪末埃及格鲁吉亚马木鲁克与其故乡的关系》(*Relations of the Georgian Mamluks of Egypt with Their Homeland in the Last Decades of the Eighteenth Century*, 2011)着重研究马木鲁克制度发展末期格鲁吉亚裔马木鲁克在埃及政坛的影响力,以及他们与故土的联络和往来。大卫·阿亚龙的论文《马木鲁克王朝的切尔克斯人》(*The Circassians in the Mamluk Kingdom*, 1949)具体描述了这些来自北高加索地区的切尔克斯人的崛起过程,以及他们在当政前后与其他族裔马木鲁克的斗争与较量。他的另一篇论文《塞尔柱克时代的马木鲁克:转捩点的伊斯兰军事力量》(*The Mamluks of the Seljuks: Islam's Military Might at the Crossroads*, 1996)则以塞尔柱克时代的马木鲁克为主要研究对象,讨论他们与阿拔斯政权之间的关系以及他们在政府中的地位和影响。

综上所述,目前国内外对于马木鲁克研究主要有三个角度:第一类研究均以马木鲁克王朝为主要历史背景,将其文化、政治、外交、军事、经济发展等多方面作铺陈式的研究,以求全面解读1250—1517年间埃及社会的发展历程;第二类研究则以马木鲁克军团或马木鲁克家族为研究对象,将涵盖的历史时期从马木鲁克王朝一直延续至奥斯曼统治下的埃及,着重解读马木鲁克在埃及军事、政治乃至经济等领域的表现及各利益团体间的互动;第三类研究以不同族裔的马木鲁克军团或马木鲁克群体为研究对象,以了解各族群马木鲁克的发展、变迁及影响。目前埃及马木鲁克王朝研究仍是世界马木鲁克研究的主要内容和最受关注的主题。

四、研究内容结构

本书尝试以史料为基础,通过马木鲁克贸易和马木鲁克制度变迁两个线索,结合埃及所处的地区局势及国内外政治、经济、军事等各方面因素的动态发展,阐述马木鲁克群体形成的历史渊源及演变过程,同时分析马木鲁克军事精英阶层的形成与统治特点,及其对埃及和地区历史的影响。

本书共分为四章。

第一章就相关术语做出解释和说明，集中讨论马木鲁克的由来、历史渊源及其在埃及的早期发展情况。

第二章介绍13—16世纪即埃及马木鲁克王朝统治时期，埃及马木鲁克的来源与主要贸易途径；讨论马木鲁克在埃及政坛的崛起，分析他们如何从军事领域成功上升至政治统治领域，并完成了对国家统治机构及统治方式的改变。在这个阶段，世袭制被不连贯地在埃及推行，其成因和影响都不是偶发的。而世袭制与马木鲁克统治传统之间的斗争是马木鲁克阶层维系自身统治的最大挑战之一，世袭制制约了权力在特定的马木鲁克派系之中的继承；但历任世袭苏丹一如既往地践行马木鲁克的购买和使用又有助于整个马木鲁克阶层的维系和发展。马木鲁克王朝统治阶层如何回应市民阶层对权力的分享要求，通过世袭而获得权力的苏丹又如何调和二者之间的矛盾，这些都是本章考察的重点。“马木鲁克”作为奴隶的身份在这个历史进程中不断被削弱，而其作为“军事精英阶层”的身份被加强。

第三章主要讨论从奥斯曼人征服到拿破仑入侵这段时期内埃及马木鲁克制度的发展及新特点。奥斯曼人的征服结束了马木鲁克苏丹对埃及的最高统治权，埃及作为奥斯曼帝国的重要行省之一受到伊斯坦布尔中央政府的管辖，奥斯曼总督成为埃及最高长官。但马木鲁克阶层在埃及根深蒂固的统治传统，加上奥斯曼人在对外军事行动和统治新领土上的需要，埃及马木鲁克阶层得以重塑并分享埃及的统治权。他们逐步排挤奥斯曼总督等其他政治力量，阻止其参与埃及政治决策，最终达到垄断埃及政治统治的目的。在这个阶段，埃及马木鲁克阶层虽然不是埃及政坛唯一的、毫无争议的统治者，但他们的势力足以威胁到奥斯曼中央政府在埃及的统治地位。因此，这个时期埃及马木鲁克制度的发展始终伴随着与奥斯曼中央政府、埃及总督和在埃及的奥斯曼驻军之间的角力和斗争。

第四章主要讨论法国入侵后马木鲁克制度的退化以及埃及马木鲁克军事精英阶层由盛转衰的过程，这个过程不是单一地由某个时间或某个人物促成的，而是马木鲁克制度因发展无以为继而最终崩溃。一方面是现代政治体制在埃及的引入和发展使文职官员的政治参与度逐步提升，马木鲁克被迫退回军事领域；另一方面是现代化军事体制在此时期被引入埃及，新的军事建制和现代化武器的应用不断挤压马木鲁克的生存空间；而整个国际背景下的废奴运动和奴隶贸易受阻，使马木鲁克阶层的维系和补充面临供应不足的局面；加上马木鲁克在埃及本土化的程度不断加深；各方面原因共同导致马木鲁克制度在发展逾千年之后，最终退出历史舞台。虽然到了19世纪，埃及马木鲁克制度最终瓦解，埃及的马木鲁克团体也不复存在，但是埃及军事精英阶层统治的传统却深深地烙印在了埃及的政治体制中，军事精英不愿长久地屈从于国家文职官僚的管控，双方的争夺日复一日地影响着整个埃及社会。

第 一 章

埃及马木鲁克制度的历史渊源

第一节 "马木鲁克"的定义

"马木鲁克"(Mamlūk/مملوك),直译为"被占有物"或"被占有的、被拥有的",是阿拉伯语动词"malaka/ملك"(意为"拥有或占据")派生出的被动名词。当"马木鲁克"被用来指代某人或某个群体时,它所表达的基本含义是隶属于某个主人的、与主人有人身依附关系的奴仆。但"马木鲁克"相对于其他奴隶来说,有一个最根本的区别:"马木鲁克"所指只有"白色人种男性奴隶",对其人种或民族有专门的限定。仅仅从"马木鲁克就是白色人种男性奴隶"这个意义上来说,马木鲁克很早便已出现在伊斯兰世界的历史中,据记载,"哈里发奥斯曼·本·阿凡拥有1 000名马木鲁克,有一次,他在一天之内就释放了其中的80名。伊本·祖拜尔(Ibn al-Zubayr)于伊历73年(692年)去世之时,他拥有大约1 000名具备作战技能的马木鲁克。伊本·祖拜尔手下有一名将领身在巴士拉,此人是拔汗那人,他的名下约有400名马木鲁克"[1]。马木鲁克最初并非纯粹为军事目的而出现,"马木鲁克"也不是军事奴隶的专有称谓,但它最后却成为伊斯兰历史中与军事密不可分的要素之一。

目前学界在进行马木鲁克研究时所使用的"马木鲁克"一词,所涵盖的人员在各个历史时期的身份和地位均有不同,常见为以下几种含义:

---

1 Daniel Pipes, *Slave Soldiers and Islam: The Genesis of a Military System*, Yale University Press, 1981, p.141.

1. 用于军事目的而培养的白色人种男性奴隶。常见于中世纪阿拉伯帝国以及各地方王朝的军队和宫廷中，充当哈里发或苏丹的禁卫军，也一度成为哈里发帝国对外作战的主要军事力量之一。早期马木鲁克大都来自中亚地区。

2. 1250—1517年间统治埃及和沙姆地区的马木鲁克，尤其是其统治阶层的人员。他们最初是被买入的服务于军事目的的奴隶，后通过晋升、夺权等方式获得埃及的领导权。这些马木鲁克主要来自钦察草原（Kipchek）、高加索（Caucasus），少量来自蒙兀儿斯坦（Moghulistan）[1]等地。

3. 延续至19世纪的埃及军事精英阶层人员。在奥斯曼土耳其人入侵埃及并将它作为一个行省划入帝国版图之后，埃及马木鲁克在很长的一段时间内仍旧是埃及主要的军事和政治力量，他们最初是以马木鲁克军团建制存在，而后逐渐发展成为有影响力的军事派别或军事家族。类似的群体在伊拉克、叙利亚等地也曾出现。

历史文献中在提及早期马木鲁克的时候，还出现了几个与之意义相近的称呼，如“童仆”（ghulām，也译作“侍从”）、“突厥人”（Turk）等，这些称谓均与一定的历史背景相关。首先对于“童仆”来说，“马木鲁克”只是“ghulām”的一个组成部分，因为马木鲁克作为奴隶买入时，大都是异教徒儿童；尽管随着年龄的增长，他们已经不再是儿童，但这种称呼在他们的人生中却会被使用很久。经过军事培养后，这些异教徒儿童中的佼佼者会成为哈里发的麦瓦里（al-mawālī），担任他的贴身侍卫。因此，被买来用作军事目的或防卫性质的奴仆大多被统称为“ghulām”或“mamlūk”，除了强调其作为“奴隶”的身份，后者则更多了一层对奴隶人种或肤色的界定。泰伯里所著《历代先知与帝王史》中就出现了当时还未登上哈里发之位的穆阿台绥木（al-Mu‘taṣim）率领手下的侍从即“ghulām”出战的记载，这也佐证了马木鲁克大多由异教徒儿童成长而来。“突厥人”（Turk）一词被用来指代马木鲁克，则

1　原意为“蒙古人的地方”，源自波斯语“مغولستان”，是历史上称呼东察合台汗国的术语。《明史》称为“别失八里”或“亦力把里”，包括今中国新疆地区大部及七河流域。

与在阿拔斯王朝时期马木鲁克大都来自中亚突厥部落有关。但使用"侍从"或"童仆"(ghulām)指称"马木鲁克",易将"马木鲁克"的界定范围扩大,因为"侍从"或"童仆"中也包括非军事人员,而使用"突厥人"(Turk)一词无疑会将"马木鲁克"群体的民族构成单一化。"仆人(khādim)""追随者(tābi')"等词也偶见用来指称"马木鲁克"。

本书研究所使用的"马木鲁克"的含义是"出于军事目的而引入的异教徒儿童,经宗教知识培养和军事技能训练后,逐步成为阿拉伯帝国的军事专门人员"。书中所考察的埃及马木鲁克,不仅仅局限于埃及马木鲁克王朝时期,也包括马木鲁克王朝建立之前埃及地区的马木鲁克群体,以及奥斯曼统治时代的埃及马木鲁克阶层。

第二节 阿拔斯王朝的突厥马木鲁克

一、突厥马木鲁克的来源

大部分研究相信,有组织的马木鲁克军事团体在伊斯兰世界最早出现的时间是阿拔斯王朝哈里发穆阿台绥木在位期间(833—842)。这位哈里发的全名是艾布·易司哈格·穆阿台绥木(Abū Isḥāq al-Mu'taṣim),在历史上他有时也被称为穆罕默德·本·哈伦·拉希德(Muḥammad b. Hārūn al-Rashīd)。他是前任哈里发麦蒙(Abū Ja'far Abdullāh al-Ma'mūn b. Hārūn al-Rashīd)的兄弟,颇受麦蒙的重用。在即位之前,穆阿台绥木便已有了用于军事服务的突厥奴隶。据《历代先知与帝王史》记载,伊历203年10月(819年4月),艾布·易司哈格·本·拉希德(即后来的哈里发穆阿台绥木)率领手下的突厥马木鲁克出征,以镇压当时哈瓦立及派的叛乱。[1]从哈里发麦蒙时代开始,就已经出现了系统购入突厥马木鲁克的现象,随后即位的哈里发穆阿

1 Edited by Ehsan Yar-Shater, translated and annotated by C. E. Bosworth, *The History of al-Ṭabari, Volume XXXII: The Reunification of the 'Abbasid Caliphate*, State University of New York Press, 1987, p.68.

台绥木也将这一传统延续下去。

中亚是阿拉伯帝国早期对外扩张的目标之一，中亚草原的居民也就自然成为当时马木鲁克的主要来源。大量的非穆斯林游牧部落在中亚地区生活，他们操着不同于波斯语的语言，以马背和毡房为家。在与阿拉伯帝国军队的厮杀中，不少当地游牧民及其家眷由于战败而沦为奴隶。他们善战的特长很快引起了阿拉伯人的注意，于是这些人被着意培养成阿拉伯帝国的军事人员。如何确保这些军事人员对其主人的绝对忠诚，是马木鲁克人员培养中至关重要的环节，儿童在此方面无疑比成人更具有优势。据此，异教徒儿童作为少年马木鲁克被引入阿拉伯帝国，在这里他们将经历一系列的宗教知识学习和军事技能训练，最终成长为穆斯林战士。

那么突厥马木鲁克的定义究竟为何？

突厥作为一个民族出现在6世纪，并在很短的时间内迅速崛起，打败了自己的宗主国柔然，之后建立了一个横跨蒙古高原，西达咸海东岸的帝国。但是这个帝国很快分化为东突厥和西突厥，东突厥可汗名义上是整个突厥帝国的统治者，而在实际操作上，西突厥可汗在行使其行政权力方面也具有相当大的自主性和独立性。在之后的一个多世纪里，他们的势力一路向西扩张。许多西域小国纷纷依附于西突厥，而其结果之一就是"突厥帝国的人口是讲多种语言的"[1]。狭义上的"突厥"所指，就是这个帝国的主体民族，而非帝国涵盖的全部居民。

很快，由于突厥王室政治斗争导致内耗，唐朝顺势灭东突厥，剩下的西突厥也迅速分裂为不同程度独立活动的部落联盟，相互倾轧、挟制，甚至攻击。西突厥最后的统治者贺鲁在657年被唐朝俘虏，这个帝国在两年后也随着他的死亡而覆灭，他们的领土此后基本处于唐朝的控制之下。直到安史之乱后，原西突厥领地中锡尔河以南的地区逐渐为阿拉伯帝国的势力所辖，而锡尔河以北的广袤区域则由各个突厥部族占据。之后，突厥诸部曾试图重新联合，以恢复昔日的国家，并对抗

1　［苏联］李特文斯基主编：《中亚文明史》(第三卷)，马小鹤译，北京：中国对外翻译出版公司，2003年版，第278页。

唐朝，这个时代在历史上被称为“后突厥”。由此可见，突厥人在中亚的势力并没有因为帝国的灭亡而消失，原来的各个部落此时尝试重新联合起来，这样的行为一方面对当时的唐朝构成巨大威胁，另一方面则继续保持着突厥这个族群在中亚地区的影响力。

这样的状态并没能持续很久，当重建帝国的最后努力付之东流时，突厥人再也没能形成一个以之为主体的民族国家。之后，各个流散的突厥部落继续留在唐朝的西域或是选择向更西方迁徙，并与当地定居民族混居、同化。于是中亚地区便出现了许多新的民族——他们是当地居民与突厥人融合形成的新民族，他们所说的语言是有着因缘关系但相互有差异的突厥语族语言，简言之，即突厥语与不同地区语言混合而发展形成的各种新语言。

由此可见，“突厥是整个历史上在他们之后出现的各个讲突厥语的民族被统称为‘突厥’的由来”[1]。但是现代讲突厥语的各民族绝不能看作是历史上突厥帝国的自然继承者。因为在中亚民族融合、往来的过程中，“突厥”一词的含义已经被扩大了，其涵盖的内容已经不是“突厥民族”，而是“突厥语族民族”。而在这个扩大的过程中，阿拉伯人或者说是阿拉伯历史学家们扮演了重要的角色。

历史上阿拉伯人与突厥人的频繁接触始见于7世纪阿拉伯帝国开始征服阿姆河东岸地区之时。8世纪以后，随着阿拉伯人对河中地以及中亚地区的征服，阿拉伯帝国的势力逐步深入中亚草原，中亚草原和当地的居民也成为阿拉伯历史学家研究和记述的对象。“7世纪和8世纪有许多民族说着和突厥人说的同样的语言，阿拉伯人把这些人统称为突厥人”[2]，也就是说，他们把“乌浒河（阿姆河）东北地区不说波斯语的民族统称为突厥”[3]。这明显是对“突厥”一词真正含义的扩大，即广义上的“突厥”。因此，给“突厥”一词赋予语言学上的意义，即它现在所具有的、作为整个突厥民族的集合名词，被认为可能就是源于穆斯林

1 ［苏联］李特文斯基主编：《中亚文明史》（第三卷），马小鹤译，第276页。

2 ［苏联］威廉·巴托尔德：《中亚突厥史十二讲》，罗致平译，北京：中国社会科学出版社，1984年8月第1版，第30页。

3 ［美］菲利浦·希提：《阿拉伯通史》，马坚译，第243页。

的著作。[1]阿拉伯历史学家的这种混淆，明显扩大了“突厥民族”所涵盖的人群范畴。同时，中世纪阿拉伯人用“突厥斯坦（Turkistan）”来指代这些人生活的土地，即锡尔河东部及北部的地区；到了蒙古人西侵之际，这片土地的大部分地区又被改称为“蒙兀儿斯坦”；19世纪，俄国学者首次用“突厥斯坦”一词来表述中亚及中国新疆南疆地区；20世纪30年代后，苏联完成对各民族划分和认定，“中亚”一词开始取代“突厥斯坦”并被普遍使用。

由此我们可以看出，由于地理或历史的原因，阿拉伯文献影响甚至左右了现代关于“突厥”的定义。追根溯源，狭义的“突厥”所指，就是历史上建立于中国北方的突厥国家，后分裂为东、西突厥，随着东、西突厥先后亡于唐，自此，作为统一国家名称的“突厥”一词已经不复存在。而原来的突厥族人在南下和西进的过程中，逐步与中亚当地的民族融合并同化，形成了各个不同的新民族，他们说有亲缘关系的语言，我们称之为“突厥语族语言”；而这些民族除了他们的新名字外，也常被称为“突厥语族民族”，这就是广义上“突厥”的含义，也是穆斯林历史学家或地理学家所记载的“突厥”。因此，所谓“突厥马木鲁克”一词沿用了阿拉伯人对“突厥”一词的定义，“突厥马木鲁克”更确切的含义应为“阿姆河之东北、来自中亚草原的操突厥语族语言的马木鲁克”。早期的突厥马木鲁克大都来自中亚草原，这又与中亚草原突厥化的过程密切相关。

突厥诸部对中亚以及河中地的侵略和蚕食久已有之。早在6世纪中叶，突厥便与当时的萨珊波斯人联合，打败了占据中亚的嚈哒，双方以阿姆河为界，分割了原属嚈哒的领土。很明显，河中地并非突厥人自古以来的居住之所。相对于河中地的定居文明来说，他们不过是“东来的蛮族”。而从穆斯林历史记载中，我们也可看到类似的结论：“考之中古穆斯林诸地理学家所用术语，河中地并不在突厥境内；但是由于河中没有足资防御游牧人入侵的天然屏障，所以这个地区绝大部分

1 ［苏联］威廉·巴托尔德：《中亚突厥史十二讲》，罗致平译，第30页。

地区已为突厥诸族所占有。”[1]

7世纪初的中亚“在种族上大部分仍然是伊朗语的天下，居民使用各种不同的中古伊朗语”[2]。这也说明这个时期，突厥人虽已在中亚居住许久，甚至于控制了几个当地的王国，但是中亚地区的突厥化并没有随着其政治力量的崛起而顺理成章地进入高潮。[3]突厥人与中亚其他居民往往是征服与被征服、宗主与依附者的关系：中亚地区的居民部分依附于阿拉伯帝国，部分依附于时而臣于唐朝、时而又对唐朝形成威胁的西突厥诸部。有时，中亚居民甚至要依靠突厥人来帮助他们抵抗阿拉伯人的进攻。中亚突厥化的进程在随后的几个世纪中缓慢进行，直到11世纪时，诸突厥语族王朝（如喀喇汗王朝、塞尔柱克王朝等）相继统治中亚，该地区突厥化的进程才开始加速：1055年，塞尔柱克突厥人进入巴格达，从而开启了“伊斯兰教历史上一个新的突厥时代，塞尔柱克人成为逊尼派正统伊斯兰教的捍卫者”[4]。整个中亚地区的突厥化过程被认为到蒙古西侵时才基本完成。由此可见，中亚突厥化的进程是一个缓慢而又漫长的过程，其中一段时期还与中亚地区伊斯兰化的进程相交。

在伊斯兰时代来临之前，中亚的居民有着各种不同的宗教信仰和宗教派别，包括摩尼教、祆教、基督教的聂斯脱利派、佛教，以及突厥民族古老的萨满信仰。7世纪初时，并没有一种宗教能够在整个中亚地区占据主导地位：佛教虽在撒马尔罕等地已日益式微，但仍有许多信徒；祆教依靠萨珊波斯帝国的力量尚处于强势；而包括聂斯脱利派在内的基督教，在河中地和花剌子模等地都有着相当数量的信众。“有某些考古证据说明，从3世纪到六七世纪，谋夫（木鹿）和南塔吉克斯坦其

---

1 ［苏联］巴托尔德：《蒙古入侵时期的突厥斯坦》（上），张锡彤，张广达译，上海：上海古籍出版社，2007年版，第77页。

2 ［塔吉克斯坦］阿西莫夫，［英］博斯沃思主编：《中亚文明史》（第四卷）（上），华涛译，北京：中国对外翻译出版公司，2010年版，第5页。

3 “突厥化，是指突厥人与当地原有的操懂伊朗语的居民通婚、融合，并使突厥语族语言成为当地普遍使用的语言。”参见王治来：《论中亚的突厥化和伊斯兰化》，《西域研究》，1997。转引自徐黎丽：《突厥人变迁史研究》，第100页。

4 ［塔吉克斯坦］阿西莫夫，［英］博斯沃思主编：《中亚文明史》（第四卷）（上），华涛译，第35页。

他各地就存在基督教社团。”[1]大约在6世纪中叶，吐火罗斯坦的突厥可汗及其军队改宗基督教，8世纪末至9世纪初又有大量的突厥人改宗基督教。[2]由于伊斯兰教法规定穆斯林不可以被蓄为奴隶，因此拥有庞大数量异教徒的中亚地区成为早期马木鲁克的主要供应地便不足为奇。阿拉伯人于7世纪开始向东进行大规模的征伐，651年消灭萨珊王朝后，阿拉伯人将视线投向了广袤的中亚地区。他们很快渡过阿姆河，先后占领布哈拉、撒马尔罕等城。673年，呼罗珊总督欧拜德拉·本·齐亚德（Ubayd Allah b. Ziyād）越过阿姆河，直抵布哈拉，这次行动被认为是阿拉伯人向河中地发动的第一次大袭击。之后不久，伍麦叶王朝任命屈底波（Qutaybah ibn Muslim）于705—715年为呼罗珊和马什里克总督。也正是在这期间，阿拉伯人攻入撒马尔罕、花剌子模等地，历史上首次稳固地占据了阿姆河东岸地区。751年，唐朝军队与阿拉伯军队爆发怛罗斯之战，唐军大败，进而失去了在中亚地区尤其是河中地的军事威慑力，阿拉伯人开始统治中亚，8世纪初阿拉伯人的势力已到达帕米尔高原。[3]中亚地区大部分游牧民族的居民尤其是很多儿童和少年被当作奴隶卖到阿拉伯帝国各地。

伴随着军事征服而来的是新宗教的传播。阿拉伯征服者开始向河中地，甚至更东边的地区传播伊斯兰信仰，河中地被并入哈里发国家，由帝国中央政府派驻的总督统一管理，这也大大推动了中亚伊斯兰化的进程。许多河中地的居民在经济利益的驱动下改宗伊斯兰教——作为穆斯林，他们可以免缴人头税，当然这样的改信并没有从根本上降低河中地居民对阿拉伯人的敌意。但是751年怛罗斯之战后，唐朝已基本丧失在中亚的势力，退回安西，中亚地区在名义上已归入阿拔斯王朝的管辖范围。其结果便是，整个中亚地区的伊斯兰化也不可避免地展开。显著的改变在于，中亚各个突厥国家的君主开始改宗伊斯兰教，960年，喀喇汗王朝（Qara Khanid Khanate）的阿尔斯兰大汗巴依塔什（Bay Tash）宣布伊斯兰教为国教，伊斯兰教开始在突厥语民族内加速

1　[苏联]李特文斯基主编：《中亚文明史》（第三卷），马小鹤译，第360页。

2　[苏联]李特文斯基主编：《中亚文明史》（第三卷），马小鹤译，第363页。

3　马大正，冯锡时主编：《中亚五国史纲》，乌鲁木齐：新疆人民出版社，2005年版，第24页。

传播，当地大量信仰不同宗教的异教徒转变为穆斯林。中亚突厥人的伊斯兰化对于整个中亚历史来说是一个重要的阶段，这一进程形成了当今中亚的基本情况——一个穆斯林居民占多数的地区。随着中亚突厥人伊斯兰化的程度不断加深，异教徒数量逐渐减少，中亚草原突厥马木鲁克的供给持续大幅缩减，但直接中断中亚突厥马木鲁克向阿拉伯帝国输入的是蒙古人的到来：13世纪蒙古人取得中亚的控制权，早先的马木鲁克贸易重镇如今皆在蒙古人控制之下，这使得阿拉伯王朝的统治者更加难以从中亚获取足够的突厥马木鲁克，并直接引发了钦察突厥马木鲁克从黑海北面被引入阿拉伯帝国，钦察草原继中亚之后成为突厥马木鲁克新的来源地。

二、中亚突厥马木鲁克的引入途径

在阿拔斯王朝之前，马木鲁克大都是通过赠予或代替缴纳赋税的形式，从各地送达中央政府或者总督手中。从阿拔斯时代开始，马木鲁克的获取更多是统治者通过购买等手段主动引入。有价有市的马木鲁克奴隶交易的出现，标志着马木鲁克贸易开始形成，这是马木鲁克制度的一个重要基础。

不断扩大的市场需求加速了马木鲁克贸易的兴盛，中亚一些重镇成为当时主要的马木鲁克贸易中心。“在这段时期内所引入的马木鲁克中，大部分来自中亚，另外有很少的一部分来自埃及；撒马尔罕已经成为新的奴隶贸易集散地，也是穆阿台绥木的突厥马木鲁克的主要来源，他从撒马尔罕获得了来自拔汗那（Farghana）[1]、呼罗珊、赭时（Chach）[2]、粟特（Soghdia）[3]、河中地（Transoxina）、苏对沙那（Usrushana/Osrūshana）[4]的突厥奴隶，以及通古斯—乌古斯（Tughuz Ghuzz）突厥奴

1 今吉尔吉斯斯坦的费尔干纳地区，位于锡尔河中游。

2 唐“昭武九姓”之石国，位于今乌兹别克斯坦塔什干地区。据《大唐西域记》载：“既无总主。役属突厥。”参见《大唐西域记》卷第一，桂林：广西师范大学出版社2007年版，第7页。

3 唐“昭武九姓”之康国，位于今乌兹别克斯坦撒马尔罕地区。

4 唐代“昭武九姓”之东曹国，位于今塔吉克斯坦索格特。在《大唐西域记》中亦被称为“窣堵利瑟那国”，曰“自有王，附突厥”。参见《大唐西域记》卷第一，第8页。

隶。”[1]当时阿拉伯帝国中存在着各种帮助哈里发购买马木鲁克的机构。哈里发麦蒙在位期间，阿拉伯帝国在中亚的势力已经基本确立。麦蒙曾经命令他的兄弟穆阿台绥木为他购买突厥马木鲁克，“穆阿台绥木将这个任务传达给下属：他派手下前往撒马尔罕购买马木鲁克，去的人中还包括2名麦瓦里；他又命令呼罗珊总督阿卜杜拉·本·塔希尔（‘Abdullāh b. Ṭāhir，828—845年在任）购买马木鲁克，接着，这位呼罗珊总督又将这个任务交给了河中地区的总督努哈·本·阿萨德（Nūḥ b. Asad，818—842年在任），结果此人不负所望，将这些突厥马木鲁克直接送到了哈里发麦蒙的手中。……此外，穆阿台绥木还从巴格达的奴隶市场上为自己买了很多来自中亚的突厥奴隶”[2]。哈里发穆阿台绥木在即位之前，就已经拥有3 000—4 000名马木鲁克，成为哈里发之后，他仍旧继续大量购买新的突厥马木鲁克。9世纪哈里发的军队中，突厥马木鲁克的数量约为70 000人。但近年来的统计显示，这个数目应在100 000左右。[3]马木鲁克军团之庞大，足见当时马木鲁克贸易已经具备了相当大的规模。这个时期具体的马木鲁克奴隶价格我们无从知晓，“但是有记录记载了最高的几次出价：由于哈里发麦蒙和穆阿台绥木的购买，奴隶价格被推高至100 000甚至200 000迪尔汗”[4]。并非所有的中亚马木鲁克都来自奴隶市场，还有部分马木鲁克是在战争中俘虏的。哈里发麦蒙就曾得到了2 000名在喀布尔被俘的乌古斯突厥人。

哈里发麦蒙和穆阿台绥木的时代，对马木鲁克制度来说是一个关键时期，真正意义上的有买卖双方和交易内容的马木鲁克奴隶贸易在这个时期开始形成，马木鲁克通过这种渠道，以有价的方式被引入阿拉伯帝国。这种贸易形式的存在与发展，为后来数百年中马木鲁克制度的发展和维系奠定了基础，稳定的人员补充以这种贸易形式被有效地固定下来。

1　Daniel Pipes, *Slave Soldiers and Islam: The Genesis of a Military System*, p.146.

2　Ibid., p.146.

3　William Gervase Clarence-Smith, *Islam and the Abolition of Slavery*, Oxford University Press, p.12.

4　Daniel Pipes, *Slave Soldiers and Islam: The Genesis of a Military System*, p.147.

9至11世纪间，不论是在地方割据的小国，还是在哈里发帝国的中心，使用马木鲁克似乎成为一种迅速蔓延的流行风尚，成为当时伊斯兰政治的主要特征之一。一时间，上至哈里发，下至苏丹、艾米尔，都纷纷购入大量马木鲁克以巩固自己的势力：图伦王朝（Tulunids，868—905）、布韦希王朝（Buwayhids，945—1055）、加兹尼王朝（Ghaznavids，962—1186）、大塞尔柱克王朝（Seljuq Dynasty，1037—1157）、各个割据地方的塞尔柱克小王朝，以及后来的法特梅王朝（Fātimid Caliphate，909—1171）和艾优卜王朝（Ayyubid Dynasty，1171—1250），其统治者都曾经大量地购买和使用马木鲁克，以充实自己的军事力量。越来越多的族群开始参与到马木鲁克制度发展变迁中，“在伊斯兰世界的东部，这些奴隶主要来自于欧亚草原上广大地区的游牧民族，其中包括突厥人；而在伊斯兰世界的西部，军事奴隶则主要来自于北非的柏柏尔人和欧洲的斯拉夫人”[1]。

三、早期突厥马木鲁克的使用

阿拔斯王朝独特的政治背景促成了马木鲁克军事力量在这个时代的崛起：阿拉伯士兵在军队中的比例开始降低，阿拉伯人逐渐淡出阿拔斯王朝的军事领域乃至政坛，造成一个政治上和军事上的权力真空，而其余各方的争夺甚嚣尘上，哈里发又缺乏对各方势力的有力管控；阿拉伯人不可依靠，波斯麦瓦里分享统治权的要求又颇为令人挠头，各军事单元之间缺乏互信和高度的协同性，军队的忠诚度也成为哈里发最为担忧的问题。在这样的现实背景下，阿拔斯帝国的兵役制度由此发生了转变：最早单纯招募阿拉伯人，而后又招募麦瓦里加入，但前者更易被部落感情左右，后者则需提防其有二心，而与其主人依附关系紧密的马木鲁克最终取代这二者，作为国家主要军事力量登上历史舞台。阿拔斯哈里发寄希望于奴隶出身的异族士兵来平衡波斯麦瓦里

---

1 Bernard Lewis, *Race and Slavery in the Middle East: A Historical Enquiry*, Oxford University Press, 1990, p.63.

的势力，确保军队对自己的效忠，尽管这种努力最后往往会得到相反的效果。

从穆阿台绥木统治时期起，突厥马木鲁克军团开始取代以阿拉伯人和麦瓦里为主体的军团，成为帝国主要的军事力量。在穆阿台绥木担任哈里发期间的数次征战中，突厥马木鲁克军团都发挥了不容忽视的作用。自此，马木鲁克军团逐渐成为阿拔斯帝国军队的主要力量，马木鲁克的使用在哈里发帝国中逐渐盛行并成为惯例。哈里发愈发依赖马木鲁克军团的绝对忠心以维持自己的统治，而马木鲁克军团也期待着从他们的主人那里获得更高的地位和更多的利益，二者之间相互依存的程度不断加深。塞尔柱克王朝的维齐尔尼采木·木勒克（Niẓām al-Mulk）曾经说过："一个忠诚的奴隶远胜于300个儿子，因为前者希望的是其主人的荣耀，而后者期待的是自己父亲的死亡。"[1]

也是从哈里发穆阿台绥木时代起，以马木鲁克为主体的军队建制开始出现，他们成为独立的军事团体，安置在与外界隔绝的地方，身着特殊的服饰，甚至可以操自己的方言。哈里发穆阿台绥木曾为自己的马木鲁克着以盛装："他们身穿金丝锦缎，佩戴着金制或银制的腰带，衣领上也镶有金饰，等等，这使他们明显地区别于其他的军队。"[2]这些突厥人往往肩负着保卫宫廷、官邸的任务，是哈里发、维齐尔以及一众高级官员的贴身护卫（ghilmān al-khidmah）。随着马木鲁克军团实力不断扩大，他们已经不再仅仅是统治者或者官员的戍卫，进而承担起更广泛也更重要的军事征战或者防务事宜，这对于马木鲁克后来取得军事，甚至政治影响力是非常关键的一步。

836年，穆阿台绥木在萨马腊建立新都，首开先河地将他的突厥马木鲁克军团安置在此，避免再次因他们骑马招摇过市而引发巴格达居民的不满和骚乱。这成为了后来马木鲁克军团安置的惯例——他们从此无一例外地被集中安置于与市井生活相隔绝的地方。穆阿台绥木也第一次将马木鲁克军团编制入军籍，使其正式成为军队的一个组

1　转引自Carl F. Petry, *The Cambridge History of Egypt, Vol.1: Islamic Egypt, 640–1517,* Cambirdge University Press, 1998, p.245.

2　Daniel Pipes, *Slave Soldiers and Islam: The Genesis of a Military System*, p.150.

成部分，将其军事存在以合法的形式固定下来，成为后来各个后继的统治者效仿的范例。据《历代先知与帝王史》记载，哈里发穆斯台因(al-Musta'īn)曾将他的突厥马木鲁克军团置于萨马腊北部的杜尔(al-Dūr)和卡尔赫(al-Karhk)，以避免其扰乱巴格达的治安，并将他们与普通平民分隔开。[1]这些突厥马木鲁克被禁止与当地人混居、交往以及通婚，以保证其不会被地方势力或个人所拉拢，也不会融入当地的社会中。

突厥马木鲁克的势力迅速地发展起来，穆阿台绥木的儿子瓦西格(al-Wāthiq，842—847年在位)担任哈里发期间，曾将"苏丹"的称号授予他父亲的突厥马木鲁克阿什纳斯。在穆阿台绥木的孙辈继任哈里发的年代，突厥马木鲁克已经强大到足够影响甚至左右哈里发的废立。865年，萨马腊的突厥马木鲁克公然反对哈里发穆斯台因，拥护穆尔台兹(al-Mu'tazz)出任哈里发，甚至攻打巴格达，进而引发了大规模内战。最后，萨马腊的突厥马木鲁克获胜，他们扶植年轻的穆尔台兹当上傀儡哈里发，不到5年这位哈里发便被废黜，悲惨地死在那些突厥人的手中。同样，各个突厥马木鲁克军团之间也存在着一定程度的嫌隙和敌对：869年，即哈里发穆赫台迪(Al-Muhtadī)在位期间，由来自拔汗那的突厥马木鲁克组成的军团群起反对当时位高权重的撒列哈·本·瓦绥夫，而后者同样是突厥马木鲁克出身。[2]突厥马木鲁克军团享有高俸禄，但薪俸拖欠和延迟发放的问题往往会引发突厥马木鲁克军团与统治者的矛盾。

穆阿台绥木在位时期是马木鲁克制度雏形初具的阶段：马木鲁克通过奴隶贸易的途径被稳定地向哈里发帝国内部输入，并以军队编制的形式被引入国家军事体系，为其军事影响力的扩张奠定了基础，同时也被置于极为接近国家政治权力中心的位置。马木鲁克在政府中受到重用，逐渐具备向国家政治施加影响的能力。哈里发的废立、各派的党争无不渗透着突厥马木鲁克的影响。因此，阿拔斯王朝时期，虽然突厥

1 Edited by Ehsan Yar-Shater, translated and annotated by C. E. Bosworth, *The History of al-Ṭabarī, Volume XXXV,* p.14.

2 Ibid., p. 163.

马木鲁克军团还未能全面控制国家政治，但其实力不断增强，为马木鲁克军事团体在国家统治机构中地位的迅速提升奠定了基础，铺就了他们的最终夺权之路。而通过在军事领域的充分发展，马木鲁克制度的真正核心——马木鲁克阶层向国家政治统治的各个层面渗透并取得合法的统治权——开始逐渐显现。

第三节 马木鲁克在埃及的历史

一、艾优卜王朝之前的埃及政治统治状况

阿拔斯王朝早期，埃及总督的人选大都出自呼罗珊军官或是阿拔斯家族成员，这些总督不得不与埃及当地的权势家族联合，对埃及实施统治；后者则大都是当年征服埃及时留下的阿拉伯人的后裔，代表埃及传统地方贵族势力（wujūh）。埃及本土势力在很大程度上限制甚至削弱了埃及总督的权力，且往往能够压制中央政府派来的总督，进而使埃及基本独立于哈里发帝国之外，中央政府对埃及的控制也远不如半岛上的其他地区。埃及政治力量的独立传统和哈里发中央政权在埃及的孱弱，也使马木鲁克在埃及的夺权相对容易。

826年，阿卜杜拉·本·塔希尔（'Abdullāh b. Ṭāhir）受哈里发麦蒙指派出任埃及总督。他成功打压了埃及的本土政治及军事力量，并在当地重建哈里发的权威，沙姆地区和半岛各地也被同时纳入其管辖范围。[1]埃及的总督从此被置于“马格里布省总督”的领导之下，并由后者指派。834年起，埃及开始作为封地被赏赐给在巴格达的突厥军官，[2]成为他们控制并独享的地域。从此时起，突厥人无论是在政治上还是在军事上都在埃及占据着绝对的优势，他们完全控制着埃及的政治，

1 Edited by Ehsan Yar-Shater, translated and annotated by C. E. Bosworth, *The History of al-Ṭabarī, Volume XXXII*, pp.168–169.

2 Afaf Lutfi al-Sayyid Marsot, *A History of Egypt from the Arab Conquest to the Present*, Cambridge University Press, 2007, Second Edition, p.7.

自行任免埃及的总督，中央政府的管辖在此形同虚设。856年，第一名突厥裔的埃及总督上任，他的名字是叶齐德·本·阿卜杜拉·图尔基（Yazīd b. ‘Abdullāh al-Turkī）。

868年，艾哈迈德·伊本·图伦（Ahmad b. Ṭūlūn）出任埃及总督。在图伦王朝之前，埃及的马木鲁克大都是由中央政府派遣而进入埃及的；而在此之后，埃及的马木鲁克则是由本地区的统治者自行引入的，也就是说，埃及马木鲁克引入的独立性、自主性都较帝国的其他地区更强，这也使埃及的马木鲁克制度开始独立发展起来，相对于帝国内其他地区，埃及马木鲁克制度对地区历史的影响也更为显著。

伊本·图伦着力于将埃及打造成一个真正意义上的独立国家："从此总督的任免不再听从巴格达中央政府的号令；哈里发的名字仅仅在周五的礼拜上才会被提及；而埃及也仅向中央缴纳一些象征性的赋税。"[1]他甚至将自己的名字与阿拔斯哈里发的名字分别印在当时通行钱币的两面。随后，他又向叙利亚扩张领土，垄断途经当地的商路，以改善埃及的经济状况，而商路的通畅无疑促成了马木鲁克奴隶贸易的持续繁荣。"到伊本·图伦去世的时候，埃及的国库存有1 000万第纳尔；国家拥有一支由100艘战船组成的军队。"[2]除了大量购入马木鲁克之外，伊本·图伦还大批购买和使用黑奴（大多是努比亚人），来充实自己的军事力量，据说"他死时留下了大约24 000名马木鲁克和45 000名黑人奴隶士兵"[3]。在他死后，图伦家族内部连绵不休的权力斗争几乎耗尽了前期积累的所有财富，社会经济凋敝，发展停滞，这为阿拔斯王朝终结图伦家族在埃及的统治提供了绝佳的机会。905年，阿拔斯哈里发的军队攻陷图伦王朝的首都盖塔伊尔（al-Qaṭā’ i‘），埃及的统治权再次回到巴格达突厥军官的手中，埃及重新陷入了混乱和困苦。

这种情形到935年终于得到了改善：一个名叫穆罕默德·本·突

1　Afaf Lutfi al-Sayyid Marsot, *A History of Egypt from the Arab Conquest to the Present*, Cambridge University Press, 2007, Second Edition, p.8.

2　Ibid., p.8.

3　Bernard Lewis, *Race and Slavery in the Middle East: A Historical Enquiry*, p.65.

格吉·伊赫希德（Abū Bakr Muḥammad b. Tughj al-Ikhshīd）的突厥军官被任命为埃及总督，此人之前曾任大马士革总督。伊赫希德凭借着自己的军队力量，基本保持了埃及在其任期内的社会稳定。在伊赫希德及其子孙统治期间，阿拔斯王朝哈里发已经没有能力控制埃及，此时的埃及再次处于独立状态。伊赫希德王朝后期，军政大权为宦官卡弗尔（Abū al-Misk Kāfūr）所垄断，他原是一名阿比西尼亚黑奴，后因获得伊赫希德的赏识而成为王子们的教师。在卡佛尔专权统治末期，埃及国库虚空，内忧外患频生。

969年，法特梅王朝的军队趁埃及国困民乏之际大举进攻，结束了伊赫希德王朝的统治并建立新首都开罗。自此由黑人奴隶组成的军团对国家事务的影响加深。在法特梅哈里发穆仪兹（al-Mu‘izz）宽容的治理下，埃及开始重现往日的平静和富足。穆仪兹之子阿齐兹（al-‘Azīz）继任哈里发之后，于975年至996年间对军队进行改革，主要内容是组建由突厥马木鲁克构成的骑兵团，使之与由柏柏尔人构成的军队以及由努比亚和苏丹奴隶组成的军队形成抗衡之势。阿齐兹与他的维齐尔叶尔孤白（Ya‘qūb b. Killis）都曾经购买并培养马木鲁克。据记载，阿齐兹有自己的马木鲁克军团，史称“阿齐兹系”；叶尔孤白名下有4 000名包括突厥马木鲁克和黑奴在内的禁卫军，他死后，阿齐兹将其中的突厥马木鲁克收入自己的军队中。[1]997年，约有700名突厥马木鲁克参与了法特梅王朝对叙利亚的战争。[2]但是正如在巴格达发生的事情一样，突厥马木鲁克势力持续增强的结果就是对埃及统治者的权威构成了威胁。法特梅王朝的第八任哈里发穆斯坦绥尔（al-Mustanṣir）缺乏对军队的有效管控，以至于突厥马木鲁克一度控制了开罗且肆意搜刮国家财富。[3]虽然这场骚乱后来被平息，但突厥马木鲁克在当时的规模和影响由此可见一斑。1047年至1048年间，突厥马木鲁克军团与黑奴军团之间爆发敌对骚乱，突厥马木鲁克获胜，从而极大加强了自身

---

1 Yaacov Lev, *Army, Regime, and Society in Fatimid Egypt, 358–487/968–1094*, in *International Journal of Middle East Studies*, Vol.19, No.3 (Aug., 1987), Cambridge University Press, p.343.

2 Ibid., p.344.

3 Afaf Lutfi al-Sayyid Marsot, *A History of Egypt from the Arab Conquest to the Present*, p.22.

在法特梅军队中的力量，突厥艾米尔在朝廷中的地位也获得显著提升。1062—1067年间，两个军团间的矛盾再次爆发，黑奴军团曾一度被逐出开罗、赶至上埃及。

综上所述，在艾优卜王朝之前，埃及地区数个独立小王朝都曾使用突厥马木鲁克，但是马木鲁克军团的绝对优势尚不明显。自艾优卜时代起，突厥马木鲁克开始成为国家军事机构中的主要力量，其影响逐渐加强、地位得到极大提升。这很大程度上也是由于骑兵开始在战争中取代步兵，成为主要作战力量和决定战争胜负的关键。军事技能和作战手段的改变，促使马木鲁克在军事领域中的作用和影响力大增。而从这个时代起，马木鲁克也开始获得历史学家们的关注，更多地出现在史料之中。

二、艾优卜王朝时期的埃及马木鲁克

1168年，法特梅王朝的统治者在十字军的威胁下，不得已向叙利亚的努尔丁（Nūr al-Dīn）请求出兵救援，并许诺将埃及赋税收入的三分之一出让，后者随即派出了一支由施尔科（Asad al-Dīn Shīrkūh b. Shādhī）率领的军队，在帮助法特梅王朝消除威胁之后，法特梅哈里发便任命施尔科出任维齐尔一职。1169年，施尔科突然身亡，这个职务由他的侄子萨拉丁接任。施尔科死后留下了大约500名马木鲁克，[1]也称“阿萨德系（al-Asadiyyah）”，他们是当时埃及最有实力的军事集团之一，也是后来萨拉丁的支持者。1169年法兰克人的威胁使萨拉丁获得了一次前所未有的充实自己军事实力的机会，“法特梅王朝的哈里发为他拨发了一千万第纳尔；而他在叙利亚的君主则给他增派了军队”[2]。于是，萨拉丁将自己的封地分派给家族成员和手下亲信，不仅如此，他还开始为自己购买马木鲁克，其名下的马木鲁克以他的名字命名，被称为“萨拉丁系”（al-Ṣalāḥiyyah），这支马木鲁克军团帮助萨拉丁成功地完成了

---

1 A. R. Azzam, *Saladin*, Pearson Longman, 2009, p.74.

2 Carl F. Petry, *The Cambridge History of Egypt, Vol.I: Islamic Egypt, 640–1517,* p.215.

其在埃及和叙利亚的征服。而通过一系列征战，萨拉丁系马木鲁克的军事实力和政治力量都显著增强，在后来萨拉丁继任者的问题上也显示出相当大的影响力。1174年10月，萨拉丁占大马士革，他最初扶植努尔丁12岁的儿子为统治者，但很快便亲自接掌统治权。他建立了一个囊括埃及、大马士革、两河流域部分地区、希贾兹、也门，以及延伸至突尼斯海岸的北非地区在内的政权，将赞吉王朝和法特梅王朝的所有领地统一，并最终于1187年收复耶路撒冷，重树伊斯兰教逊尼派在这片广袤区域中的权威。在确立了统治权后，萨拉丁将自己管辖的领地分封给自己的子嗣和亲眷：他的长子艾弗德勒·阿里（al-Afḍal ‘Alī）是大马士革及叙利亚南部的统治者，他也是萨拉丁首选的继任者，并在萨拉丁死后继任为艾优卜王朝苏丹；另一个儿子阿齐兹·奥斯曼（al-‘Azīz ‘Uthmān）分得埃及的管辖权；扎希尔（al-Ẓāhir）则得到阿勒颇及叙利亚北部；卡拉克（al-Karak）[1]和邵伯克（al-Shawbak）[2]等地则被分给了萨拉丁的兄弟阿迪勒（al-‘Ādil）。[3]然而，王位的竞争才刚刚开始，对正统性和势力范围的争夺在萨拉丁死后不久便爆发出来。各地艾优卜家族的统治者以及拥兵自固的艾米尔们在继承权问题上展开了旷日持久的较量。其中，“萨拉丁系”马木鲁克军团的势力和影响力是最大的，他们对大马士革的艾弗德勒以及埃及的阿齐兹构成了相当大的威胁。在混乱的争斗中，萨拉丁的兄弟阿迪勒趁机从中渔利。1198年，阿齐兹·奥斯曼去世，萨拉丁系马木鲁克力邀阿迪勒入主埃及，名义上是作为阿齐兹·奥斯曼之子曼苏尔（al-Mansūr）的代理人来进行统治。1200年，阿迪勒在萨拉丁系马木鲁克的支持下在埃及宣布自己为苏丹。最初，阿迪勒完全在萨拉丁系马木鲁克的掌控之下，直到1202年，他才摆脱了这些马木鲁克的控制，并压制住盘踞叙利亚的艾优卜家族的其他王位竞争者。[4]但稳固统治之后，阿迪勒并没有能吸取他的兄弟萨拉丁的教训，而是仍旧采取萨拉丁的旧法，分封自己的儿子，阿迪勒

1 黎凡特地区最大的十字军要塞之一，位于今约旦中西部地区。

2 十字军要塞之一，位于今约旦境内，阿拉伯谷地东面。

3 ［美］菲利浦·希提：《阿拉伯通史》，马坚译，第595页。

4 Carl F. Petry, *The Cambridge History of Egypt, Vol.1: Islamic Egypt, 640–1517*, p.220.

的儿子卡米勒(al-Kāmil)是其中最具影响力也最有实权的王子。同时阿迪勒将萨拉丁在各地任命的大多数统治者撤职、替换。也许是鉴于多年受缚于萨拉丁系马木鲁克的教训,阿迪勒对军队艾米尔的依赖和信任较萨拉丁要少很多。因此他极力地将政权和兵权交由自己的儿子们来掌控,试图以此来削弱以萨拉丁系为首的马木鲁克军团在埃及的势力。这引起了军队艾米尔们的极大不满,为不久后骚乱的再次爆发埋下伏笔。

1218年迪木亚特的陷落成为对阿迪勒的致命打击。在他死后,均衡的势力状态被打破,继承人之争立刻浮出水面,埃及的卡米勒、大马士革的穆阿扎姆(al-Mu‘aẓẓam)都是有力的王位竞争者。尽管卡米勒最终继任,但他的王位持续不断地受到挑战,这些挑战或是来自埃及的马木鲁克艾米尔们,或是来自叙利亚的艾优卜家族的其他王位竞争者。直到1227年大马士革的统治者穆阿扎姆死后,卡米勒才最终确立了"其在叙利亚、两河流域以及安纳托利亚的直接统治"[1]。1238年卡米勒死后,他的儿子阿迪勒二世·艾布·伯克尔(al-‘Ādil Abū Bakr)继任苏丹,但是阿迪勒二世醉心享乐,并大肆封赏宠臣,引发军队艾米尔不满。艾米尔背叛了他并于1240年5月将他拘禁,转而支持撒列哈·纳吉姆丁(al-Ṣāliḥ Ayyub即al-Malik al-Ṣāliḥ Najm al- Dīn)在埃及继任苏丹。但同时期的叙利亚各地的艾优卜王公并没有臣服于撒列哈·纳吉姆丁的统治,各方时战时和,争执不下。埃及马木鲁克首领伊兹丁·艾伊贝克(‘Izz al-Dīn Aybak)原本属意卡米勒的兄弟,当时身在大马士革的麦列克·撒列哈·伊马德丁·伊斯玛仪(al-Malik al-Ṣāliḥ ‘Imād al-Dīn)为继任者,但其他的艾米尔一致拥立撒列哈·纳吉姆丁,伊兹丁·艾伊贝克只好同意。[2]即位之初的撒列哈·纳吉姆丁人马单薄,时刻处在埃及和叙利亚的其他艾优卜家族竞争者的威胁之下,他倚重的堂兄弟卡拉克王公纳绥尔·达伍德(al-Nāṣir Dāwūd)也逐渐对他心怀异心,意图加害于他。1241年,纳绥尔·达伍德最终背叛撒列哈·纳吉姆丁,

---

1 Carl F. Petry, *The Cambridge History of Egypt, Vol.1: Islamic Egypt, 640–1517,* p.224.

2 W. H. Selmon, *An Account of the Ottoman Conquest of Egypt*, The Royal Asiatic Society, 1921, p.256.

转而投靠大马士革的伊玛德丁·伊斯玛仪，并与占据霍姆斯的曼苏尔结成联盟，共同对付撒列哈·纳吉姆丁。[1]紧接着，伊玛德丁写信给法兰克人，希望与之结盟，并许诺一旦抓住埃及苏丹（即撒列哈·纳吉姆丁），"愿意退还萨法德（Ṣafad）[2]和沙基夫（Shaqīf）[3]两处城堡及其附属土地，并与他们瓜分赛达（Ṣaydā）[4]、太巴列（Tiberias）[5]及其附属领地、阿米勒山（Jabal 'Āmil）[6]，以及其他的沿海区域"[7]。这次联盟最终被埃及的撒列哈·纳吉姆丁挫败。1244年，纳绥尔·达伍德再次与伊马德丁·伊斯玛仪联合对抗撒列哈·纳吉姆丁，同时联络法兰克人，"将交出耶路撒冷作为支援自己的回报"[8]。对撒列哈来说，觊觎王位、威胁到自己性命的人正是自己的血亲，这也许在某种程度上促使撒列哈·纳吉姆丁在其统治期间更加倾向于依赖那些在危急时刻支持他并与他并肩战斗的马木鲁克。我们不难发现，之前由于艾优卜家族统治者对于马木鲁克艾米尔的势力颇有忌惮，因此马木鲁克尚不能全面控制埃及政治统治系统，其军事力量对政权的影响也未达到顶峰。马木鲁克艾米尔与各地艾优卜家族的统治者分庭抗礼，更多的是相互抑制或此消彼长的互动。但从撒列哈·纳吉姆丁继任埃及苏丹后，情势开始转变。

艾优卜王朝在埃及统治期间，建立了庞大的骑兵军团，这支军队中包含有8 500至12 000名骑兵，主要由自由人出身的库尔德士兵和奴隶出身的突厥马木鲁克组成。[9]双方之间争斗不断，后者在大多数情况下占据优势。而同时期大马士革的统治者伊本·瓦希勒（Ibn Wāṣil）只拥有包括马木鲁克在内的约3 000名骑兵，[10]霍姆斯和哈马等地则更

---

1 R. J. C. Broadhurst, *A History of the Ayyūbid Sultans of Egypt*, p.261.

2 位于今以色列境内。

3 也称"博福特城堡（Belfort Castle）"，曾属十字军，1190年为萨拉丁攻陷。位于今黎巴嫩南部。

4 位于地中海沿岸的港口城市，今属黎巴嫩南部省。

5 位于加利利海西岸，今属以色列。

6 黎巴嫩南部山区。

7 R. J. C. Broadhurst, *A History of the Ayyūbid Sultans of Egypt*, p.262.

8 Ibid., p.272.

9 Carl F. Petry, *The Cambridge History of Egypt, Vol.1: Islamic Egypt, 640–1517,* p.226.

10 R. S. Humphreys, *The Emergence of the Mamluk Army*, in *Studia Islamica*, No.45 (1977), Maisonneuve & Larose, p.74.

少。简单对比就可以看出马木鲁克在埃及势力之大，这也是马木鲁克最早在埃及取得政权的原因所在。撒列哈·纳吉姆丁是真正意义上将马木鲁克引入统治体制并促生马木鲁克军事精英阶层的人。为了防范他父亲的艾什拉弗系（al-Ashrafiyyah）马木鲁克艾米尔再次倒戈，也为了压制大马士革的竞争者伊马德丁·伊斯玛仪，撒列哈开始大量购入马木鲁克，扩建自己的马木鲁克军团——“撒列哈系”（al-Ṣāliḥiyyah）。据伊本·台格利·比尔迪记载，“撒列哈开始大量地将自己手下的侍从（ghilmān）——他的马木鲁克们擢升为艾米尔，同时在哲齐赖岛上（al-jazīrah）修建城堡以供他们居住，此举花费巨大……建设过程历时三年”[1]。对于那些背叛前任苏丹而拥立自己的马木鲁克艾米尔，撒列哈·纳吉姆丁则将他们大部分削职并关押收监，还有不少人被处死，同时他提拔自己名下的马木鲁克以取而代之，由此很快建立起自己的势力。1245年，撒列哈·纳吉姆丁派自己的马木鲁克鲁肯丁·拜伯尔斯（Rukn al-Dīn Baybars，即后来的马木鲁克王朝苏丹）率领军队平息了叙利亚艾优卜王公与法兰克人密谋的叛乱，进一步稳固了自己在埃及的统治。

与之前的艾优卜家族统治者不同，撒列哈·纳吉姆丁对他的家族成员心怀芥蒂和防范。在成为苏丹之前，他先后遭到了军队和亲族的背弃，唯独自己的马木鲁克自始至终在身边守护：当年撒列哈·纳吉姆丁被时任苏丹的阿迪勒二世放逐并软禁在卡拉克，陪在他身边的仅有他的马木鲁克拜伯尔斯。撒列哈·纳吉姆丁继位之后，不再将封地赏赐给自己的宗亲，而是将之大量授予自己名下的马木鲁克，并让他们享有“艾米尔”的称号。这一做法成功地压制了艾优卜家族的其他王位竞争者，有效地将权力集中于个人，但同时也使马木鲁克迅速渗透至国家统治机构中枢。同时，撒列哈大肆打压其他军团的艾米尔，常常将他们囚禁或处刑，并以自己的马木鲁克来取代他们。通过这一系列的手段，撒列哈系马木鲁克很快成为了埃及军队的主要力量和掌握实权

1 Ibn Taghrībirdī, *al-Nujūm al-Zāhirah,* al-Juz'u al-Sādis, ṭaba'ah muṣawwarah 'an ṭaba'ah Dār al-Kutub. p.320.

者。在整个埃及马木鲁克群体中出现了具有绝对军事和政治优势的军团。

此前，艾优卜王朝的统治者们往往依靠艾米尔和他们手下的军队来维护自己的统治，即以封建分封的艾米尔和他们的军事力量来替代中央集权下的统一军事机构，由各地分封艾米尔担负起国家的主要军事义务。这与中国古代的诸侯分封的方法不谋而合，效果也类似：初期有利于安抚人心，但往往最终导致中央权力受到地方权力的挟持，中央缺乏对地方的有效控制。当中央权力一旦虚弱到某个程度，那么地方诸政权必欲取而代之，同时地方政权相对涣散，国家层面上作为统一力量的可能性较低，不利于国家的稳定与发展。撒列哈将马木鲁克艾米尔分封，并下令分封的采邑不可世袭，当采邑的旧主人死亡或者被撤职，其名下的采邑由苏丹指定的新任艾米尔承袭，这样的规定在很大程度上维护了王权的统一，形成了以苏丹为首、各个艾米尔相互制衡的统治模式。同时，这样的权力分配方式破坏了艾优卜王朝传统的统治模式，"它使军队与政府的共谋成为可能，这些人都希望能在撒列哈·艾优卜死后得到统治权；而军队与政府间的这种合作最终导致了艾优卜家族在埃及统治的终结"[1]。

因此，如果仅仅将马木鲁克制度看作军事奴隶制度，那么它的成形或许可以向前追溯至9世纪前后，即在穆阿台绥木时代便开始了。但是，如果将马木鲁克制度定义为国家政治统治模式，那么它的形成无疑是到了撒列哈·纳吉姆丁统治时期才最终完成的。马木鲁克出身的总督或军事长官及艾米尔的出现，意味着马木鲁克开始进入统治阶层，并逐渐摆脱统治阶层的附庸或工具的身份。马木鲁克制度不仅仅是军事组织形式，在接下来的历史中，它进一步发展成为国家行政官僚的选拔和任用体制。

1　Amalia Levanoni, *The Mamluks' Ascent to Power in Egypt*, in *Studia Islamica*, No.72 (1990), Maisonneuve & Larose, p.121.

第 二 章

13—16世纪的埃及马木鲁克制度

第一节　埃及马木鲁克王朝的建立

一、伯海里系马木鲁克的引入与崛起

钦察突厥人为突厥语民族中的一支，他们于9—11世纪间占据并游牧于欧亚草原，因此这个时期的欧亚草原也被称为“钦察草原”，地域上覆盖黑海与里海北岸的大部分地区。1227—1228年间，钦察草原首次受到了蒙古人的侵袭，当地的游牧部落民众为了躲避蒙古人的进一步攻击，向各处流动散居。成吉思汗死后，他的子孙建立了囊括钦察草原及周边地区在内的蒙古汗国，史称“金帐汗国”（Golden Horde）或“钦察汗国”（Kipchak Khanate），后定都于伏尔加河畔的萨莱（Sarai）[1]。自此，大量的鞑靼蒙古人与该地区土著突厥人混居，他们说的语言也被该地区的突厥方言同化，因此钦察人说的语言属于阿尔泰语系突厥语族——克普恰克语支。钦察人在罗斯人的影响下大都接受基督教的信仰。由于贫穷或战乱，当地有不少儿童或是被虏获，或是被绑架，或是由于生活困苦而被其父母出卖成为奴隶，随后被贩入埃及，还有部分是为了“出卖暂时的自由以换取更为美好的将来”，而最后这一种情形在马木鲁克王朝后期愈发盛行起来。伯海里系马木鲁克大都出身于钦察。

国内外政治及外交局势的变换为钦察马木鲁克向埃及输入创造了条件。艾优卜家族在埃及和叙利亚的统治，保障了途经该地区的商路安全，更进一步促进了贸易的稳定发展。中亚的情势则不容乐观：蒙

1　今阿斯特拉罕，俄罗斯阿斯特拉罕州首府。

古西侵占据中亚大部分地区，伊儿汗国与艾优卜王朝的敌对状态使商路受阻；另外，中亚地区不断深化的伊斯兰化进程使当地异教徒人口数量下降，客观上也限制了更多的突厥人口自中亚向西面转移。当时撒列哈较为青睐位于叙利亚、伊拉克以及埃及的奴隶市场，并常常从那里为自己挑选马木鲁克。撒列哈在即位之后，买入了800—1 000名钦察突厥马木鲁克，并将他们单独安置于罗德岛（al-Rawḍa）上的尼罗河城堡（qal‘ah baḥr al-Nīl）之内，因此这些马木鲁克被统称为“伯海里系”（al-Baḥriyyah）[1]，其首领为阿格塔伊（Aqṭay）。伯海里系马木鲁克军团是“撒列哈系”马木鲁克中的派系之一，正是这支军团的崛起改变了埃及历史后来的走向。

在撒列哈·纳吉姆丁与大马士革的撒列哈·伊斯玛仪以及纳绥尔·达伍德的交战、争夺中，伯海里系马木鲁克的实力不断增强。他们得到了撒列哈·纳吉姆丁越来越多的赏识和支持，同时他们自身的作战能力也通过连续不断的军事行动得以提升，从而成为了撒列哈·纳吉姆丁最为倚重的军事力量。1249年，撒列哈·纳吉姆丁在由大马士革返回埃及途中一病不起，后死于曼苏拉（al-Mansūrah）。同年，法兰克人大军压境，准备入侵埃及。撒列哈·纳吉姆丁先前派驻迪木亚特的艾米尔法赫尔丁·优素福（Fakhr al-Dīn Yūsuf）率军队临阵脱逃，迪木亚特未经任何抵抗便陷落；而其余各地的艾优卜家族的诸位王公只顾保全自己，竟不能组成有效的抵抗和支援。这引起人民的极度不满，却为马木鲁克的登台做好了铺垫。撒列哈·纳吉姆丁死后，为避免法兰克人趁乱攻击，他的遗孀舍哲尔·杜尔（Shajar al-Durr）联合当时撒列哈名下的伯海里系马木鲁克，决定密不发丧，支持撒列哈的儿子穆阿扎姆·突兰沙（al-Mu‘aẓẓam Tūrānshāh）即位。在撒列哈死去10天以后，突兰沙才重新返回埃及，继位苏丹。1250年初，以法里斯·阿格塔伊·哲木达尔（al-Fāris Aqṭāy al-Jamdār）和拜伯尔斯为首的马木鲁克军队于曼苏拉击败法国人，从此声名大噪。

1　源自阿拉伯语“al-Baḥriyyah”，为“baḥr”（原意为“江河，海洋”）一词派生而来。据阿拉伯语发音将之译为“伯海里系”，也可根据该名词的原意将之译为“河洲系”。参见［美］菲利浦·希提：《阿拉伯通史》，马坚译，第614页。

突兰沙即位后意欲效仿他的父亲撒列哈，以自己名下的马木鲁克取代他父亲的马木鲁克，“他剥夺这些艾米尔和众官员的权力，放逐他父亲的仆人和侍从；转而将自己从哈桑卡伊夫（Ḥisn Kayfa）[1]带来的马木鲁克安排在身边封官授爵：一个名叫萨比哈（Ṣabīḥ）的马木鲁克被擢升为司库大臣（amīr jandār wa-khāzindār），并得到大量的钱财和采邑作为赏赐”[2]。对于他父亲的马木鲁克，突兰沙则表现得异常冷淡，毫无亲近之意，就连当初扶植突兰沙即位的艾米尔阿格塔伊也没能在他那里获得重用。但与以往的马木鲁克军团不同，以伯海里系为首的撒列哈名下的马木鲁克军团已是埃及军队的主要战斗力量，马木鲁克艾米尔的实力也足以左右埃及的政局。相形之下，突兰沙立足未稳，他名下马木鲁克的势力尚不成气候，这正是突兰沙换局失败的主要原因。由于操之过急，这位年轻的苏丹很快惹恼了他父亲的马木鲁克。为了维护自身的既得利益，他们与舍哲尔·杜尔密谋杀害了突兰沙，舍哲尔·杜尔随即成为埃及名义上的统治者。几天后，马木鲁克推举出伊兹丁·艾伊贝克担任阿塔贝克（Atābeg）[3]。随后，舍哲尔·杜尔宣布与艾伊贝克联姻，以平息四起的反对之声。[4]艾伊贝克于1250年出任埃及苏丹[5]，学界一般将这一年作为埃及马木鲁克王朝的开端。

---

1 也作Hasankeyf，位于今土耳其东南部。

2 Taqī al-Dīn Aḥmad al-Qādir al-Maqrīzī, *Kitāb al-sulūk li ma'rifah duwal al-mulūk, sanah thamānin wa-sittumi'ah*，资料来源：http: //www.al-eman.com/-20%20%20%وستمائة 20%وأربعين 20%ثمان 20%سنة/**20%الملوك 20%دول 20%لمعرفة 20%السلوك/الكتب (3))/i116&d82506&c&sصبيح &sttrue&sctrue&p1.

3 亦作“Atabey”或“Atabek”，源自突厥语，为国家领导人或军事将领的封号，其地位仅次于国王或汗，如果统治者亡故，阿塔贝克要肩负起抚养王位继承人的责任。阿塔贝克可以与统治者的遗孀再婚，从而“以父亲的身份抚养王位继承者”。这种监护形式自塞尔柱克王朝时期便出现，在艾优卜王朝及之后都屡见不鲜。例如，早先萨拉丁的弟弟阿迪勒在平息艾优卜家族内部继承人之争，调停艾弗德勒·阿里与阿齐兹·奥斯曼之间的争斗后，曾出任阿塔贝克，作为阿齐兹·奥斯曼的监护者，协助他登上王位并处理国事。

4 Taqī al-Dīn Aḥmad al-Qādir al-Maqrīzī, *Al-Sulūk, al-Malik al-Mu'azz 'izz al-Dīn 'Aybak al-Jāshankīr al-Turkmānī al-Ṣāliḥī*，资料来源：http: //www.al-eman.com/منقحة 20%نسخة) 20%الملوك 20%دول 20%لمعرفة 20%السلوك/الكتب)/i824&p1.

5 史称“麦列克·穆仪兹·伊兹丁·艾伊贝克·查山基尔·撒列希”（al-Malik al-Mu'izz 'Izz al-Dīn Aybak al-Jāshankīr al-Ṣālihī），其中“麦列克·穆仪兹”为尊称。类似称号常出现于这个时代埃及及叙利亚的苏丹或王公的本名之前。

由于不满艾伊贝克独揽大权，伯海里系马木鲁克决定扶植艾优卜家族的后裔充当傀儡。1250年8月，他们将艾优卜家族的后裔——6岁的穆萨·伊本·优素福（Mūsā b. Yūsuf）推上埃及苏丹之位，史称“麦列克·艾什赖弗·穆扎法尔丁·穆萨”（al-Malik al-Ashraf Muẓaffar al-Dīn Mūsā），艾伊贝克由于无法独自对抗伯海里系马木鲁克的强大势力而被迫同意下台。这一策略既成功压制了艾伊贝克个人的权力扩张，同时又可平息叙利亚艾优卜家族统治者的非议。通过这件事情，艾伊贝克很快意识到，实力上的欠缺必然令他在维护自身统治权威时捉襟见肘。因此，他开始充实自己名下的马木鲁克军团，使之能与伯海里系马木鲁克相抗衡，同时大力地“摧残叙利亚地区拥护艾优卜王朝的合法派”[1]，在逐渐稳固了自己的统治权之后，艾伊贝克最终于1254年废黜了穆萨，自己僭称苏丹。

事实上，在突兰沙死前，马木鲁克只是重复着他们过往的做法：扶植新的苏丹以期他的回报，从而稳固自己的势力。但是撒列哈系马木鲁克其势力已经强大到足以掌控国家统治机关并控制整个埃及的政局，这是他们在这个时代最终由幕后走向台前的决定因素。因此，当新上任的苏丹突兰沙准备用自己的马木鲁克取而代之的时候，撒列哈系马木鲁克无法再容忍下去，最终推翻突兰沙的统治。由此可见，艾伊贝克上台的过程是马木鲁克团体为维护自身利益而推翻世袭统治者，同时在马木鲁克内部各个群体相互角力中有一方获得优势或胜出的过程。

自此，马木鲁克军团成为埃及真正的统治者，埃及马木鲁克军事精英阶层在此后的数百年间都紧紧地将这个国家的统治权握在手中。我们可以清楚地看到，马木鲁克在埃及的历史早已开始，而且在整个抵抗十字军和蒙古人的历史中，马木鲁克也一直扮演着重要的角色。但撒列哈·纳吉姆丁的时代为马木鲁克大批进入国家统治机构创造了前所未有的条件，这个时期他们获得了原来专属于艾优卜家族的政治统治参与权力。在经过数个世纪的酝酿之后，埃及马木鲁克军事精英阶层

1　［美］菲利浦·希提：《阿拉伯通史》，马坚译，第614页。

的崛起在13世纪最终完成，1250年马木鲁克王朝的建立标志着埃及马木鲁克制度进入发展高峰，它由单纯的军事人员择选和军事组织体系发展成为国家军事和行政体系安排以及统治运作的核心。自此之后的200多年间，相继有47位马木鲁克苏丹登基进行统治。

二、埃及马木鲁克苏丹统治的确立

此时的埃及马木鲁克群体中，具有实权的统治力量主要有两派：一派是以阿格塔伊为首的伯海里系马木鲁克，另一派则是以艾伊贝克为首的其他撒列哈系马木鲁克。虽同为马木鲁克出身，但他们分属不同分支和利益集团。其中阿格塔伊凭借自己曾统帅军队击退十字军进攻，享有颇高的声望。在马木鲁克王朝建立初期又因前往上埃及平乱而屡立军功，加之伯海里系马木鲁克的有力支持，阿格塔伊早已暗藏僭越之心，同时他积极与哈马的艾优卜家族联络，以期进一步稳固自己在埃及的势力。艾伊贝克虽为名义上的最高统治者，但随时都受到来自阿格塔伊和他背后的伯海里系马木鲁克的威胁，他的支持者主要是自己名下的马木鲁克，即“穆仪兹系”(al-Mu‘izziyyah)，古突兹担任军团将领。

1254年，艾伊贝克设计将阿格塔伊引入自己的城堡中，“他安排了自己手下数名马木鲁克，准备伏击阿格塔伊，但是，陪同阿格塔伊前来的正是拜伯尔斯[1]，拜伯尔斯不相信艾伊贝克，认为其中必定有诈。艾伊贝克手下的马木鲁克看到拜伯尔斯，不禁大为惶恐，便不得不放弃原来的计划。但是在阿格塔伊和拜伯尔斯刚刚离开城堡之时，艾伊贝克却派人来召阿格塔伊回去，说是有要事相商，阿格塔伊不顾拜伯尔斯的劝告，执意只身前往，果不其然，他一进入城堡就遭到了那些马木鲁克的攻击，为首的正是后来接任的马木鲁克苏丹古突兹”[2]。阿格塔伊被杀

1　即日后著名的马木鲁克苏丹拜伯尔斯，其全名为“麦列克·扎希尔·鲁克努丁·拜伯尔斯·奔杜格达里(al-Malik al-Ẓāhir Rukn al-Dīn Baibars al-Bunduqdarī)。”

2　Abdul-Azīz Khowaiter, *Baibars the First: His Endeavours and Achievements*, the Green Mountain Press, 1978, p.13. 古突兹(Sayf al-Dīn Quṭuz)是由艾伊贝克购入的突厥奴隶，艾伊贝克死后，古突兹废黜了年幼的继承人曼苏尔·阿里(al-Malik al-Manṣūr Nūr al-Dīn ‘Alī b. Aybak)，自己出任苏丹。

之后，拜伯尔斯便率领手下一些伯海里系的军官一同逃往叙利亚。艾伊贝克趁机打击滞留在埃及的其余伯海里系马木鲁克，后者的力量遭受重创。1254—1255年间，在成功打压了伯海里系马木鲁克之后，艾伊贝克废黜艾优卜家族的苏丹麦列克·艾什赖弗·穆萨，再次出任埃及苏丹。

1257年，艾伊贝克被舍哲尔·杜尔杀死。在他死后，当权的马木鲁克艾米尔决定推举艾伊贝克之子、时年15岁的努尔丁·阿里·伊本·艾伊贝克（Nūr al-Dīn ‘Alī b. Aybak）继任苏丹，称号为“麦列克·曼苏尔（al-Malik al-Manṣūr）”。1259年，古突兹宣布废黜苏丹并由自己接任。

逃至叙利亚的拜伯尔斯则受到了大马士革艾优卜家族的统治者麦列克·纳绥尔·萨拉丁（al-Malik al-Nāṣir Ṣalāḥ al-Dīn）的欢迎。对于艾优卜家族来说，想要从马木鲁克手中抢回埃及，拜伯尔斯无疑是上佳人选。但纳绥尔的军队屡次败于埃及马木鲁克，艾伊贝克趁机威胁他不许再收留拜伯尔斯。拜伯尔斯被迫再次逃至卡拉克，向当地的统治者麦列克·穆吉斯（al-Malik al-Mughīth）寻求庇护。此后不久，拜伯尔斯便率领手下700余人向埃及发难，旋即被击退，之后拜伯尔斯又再次于加沙（Gaza）败在古突兹手下，他在卡拉克的境遇也因此急转直下。为了一雪前耻，也为了重新赢得麦列克·穆吉斯的信任，拜伯尔斯向麦列克·纳绥尔发动袭击并取得成功，他在卡拉克的境遇也略有好转。此时，蒙古西侵的威胁日益严重，纳绥尔与穆吉斯达成协议，承诺互不侵犯，并欲与蒙古和谈，但拜伯尔斯极力主战。1259年，蒙古军已经迫近阿勒颇，纳绥尔不战而降，蒙古军占大马士革后，纳绥尔被带往旭烈兀的大营。为了共同抵抗蒙古的进攻，拜伯尔斯与古突兹达成和解，并于1260年重返埃及。1260年7月，古突兹在拜伯尔斯的陪同下，率军从埃及出发，迎战蒙古军队，同年9月，双方在艾因·扎鲁特（‘Ayn Jālūt）开战，蒙古军大败，随后，双方在贝特谢安（Beit She’an）[1]再次交战，蒙古军又败。这两次战役的获胜不仅抵御了蒙古人的继续西进，同

1 源自希伯来语，该城位于今以色列东北部，阿拉伯语中也作“Baysān”。

时也在极大程度上帮助拜伯尔斯重新充实自己的实力。

在成功抵御蒙古人之后，古突兹已经成为埃及和叙利亚实际上的统治者。他原本向拜伯尔斯承诺，一旦战胜蒙古人，便任命后者为阿勒颇的总督。但由于忌惮拜伯尔斯的实力不断壮大，古突兹出尔反尔，二人关系再度恶化。而以拜伯尔斯为首的伯海里系马木鲁克也一直对古突兹谋害阿格塔伊一事耿耿于怀。1260年10月，拜伯尔斯在陪同古突兹返回埃及的途中策划了一次偷袭，成功杀死古突兹。拜伯尔斯继任苏丹，埃及的统治权又重新回到伯海里系马木鲁克手中。综合来看，伯海里系马木鲁克最终能够战胜其他竞争者并扭转败局，主要原因在于该派系是撒列哈名下最受重用也是受益最多的团体，他们在国家机构及军队中的力量是其他军团所不具备的，因此能够最终成功逆转困境。自此，伯海里系出身的突厥马木鲁克及其后裔相继登上苏丹王位，历史上将他们统治的时期称为“伯海里王朝”（al-Dawlah al-Baḥrīyyah）或是“突厥人的王朝”（Dawlah al-Atrāk），以此区别于后来切尔克斯马木鲁克的统治。

军事上的有效性是马木鲁克统治的客观基础，正是马木鲁克军团在岌岌可危的情势之下挽救了伊斯兰世界和穆斯林民众。艾优卜家族的王公们在迪木亚特之役中的表现令人们怨声载道，而其经年不断地为争权夺势而彼此倾轧也让民众感到厌烦。但尽管如此，马木鲁克苏丹在其统治之初仍旧遭受到了强烈反对，其统治合法性也频频受到质疑，仅凭借抗击十字军的功绩和强大的军事实力尚不足以支撑异族奴隶出身的马木鲁克苏丹的统治合法性。当时，埃及东部沿海地区的阿拉伯部落以及上埃及地区的居民都激烈反抗马木鲁克政权的统治，拒绝向它屈服。与此同时，艾优卜家族在沙姆地区的统治者及其支持者也向马木鲁克政权合法性提出挑战。他们这样做一方面是由于惧怕埃及马木鲁克势力进一步扩张，危及自身统治；另一方面则是不愿意承认艾优卜家族在埃及的失势。马木鲁克必须找到一个能够充分证明其统治合法性的依据，或者说，能维持其合法统治的靠山。为此他们做出了一系列的努力，其中包括扶植艾优卜家族的继承人艾什赖弗·穆萨（al-Ashraf Mūsā）出任苏丹。可是沙姆地区的统治者并不满意，仍旧不依不饶，尽管出于共同对付蒙古人的需要，也为了避免十字军坐收渔翁之利，埃及马木鲁克政权与沙姆地区的艾优卜家族在巴格达哈里发的调停下曾暂时达成谅解。

这场旷日持久的争斗在拜伯尔斯时代走向终结。这一时期，埃及马木鲁克苏丹不仅获得了军事上的胜利，而且得到了最为有力的宗教和政治支持——哈里发的授权。1258年，巴格达的哈里发穆斯台耳绥木（al-Musta‘sim）死于蒙古人之手，为了能最终取代艾优卜家族，成为埃及和叙利亚地区毫无争议的唯一合法统治者，拜伯尔斯于1261年帮助阿拔斯家族的一名后裔在开罗登基就任哈里发，史称“穆斯坦绥尔二世”（al-Mustanṣir bi-Allah al-Thānī）。拜伯尔斯以及一众高级艾米尔在大法官的见证下向哈里发宣誓效忠。作为回报，哈里发不久后即宣布拜伯尔斯为苏丹，同时授权他向异教徒发动圣战，以期收复被占领土。这一举动向整个穆斯林世界宣告了马木鲁克苏丹统治及马木鲁克对外军事行动的宗教合法性，成为后来苏丹统治效仿的范例。同年，哈里发授予拜伯尔斯“弗土瓦”（Futuwwah）[1]的尊号，以表彰他的贡献。拜伯尔斯甚至下令将哈里发赐予他的封号“信士的长官之左膀右臂”（Qāsim Amīr al-Mu’minīn）铸于钱币之上，以示荣耀。[2]但这位可怜的哈里发即位仅6个月后，便率兵向东征讨蒙古，从此不见踪影。他的同族亲属艾哈迈德·本·哈桑侥幸逃脱，并于1262年成为新任哈里发，史称“哈基木一世（al-Ḥakim bi-Amr Allah al-Awwal）”。自此，阿拔斯哈里发家族的后裔一个个地在开罗举行登基典礼，开罗也因而成为伊斯兰世界新的首都。

随着巴格达、摩苏尔相继陷落于蒙古人之手，东方的哈里发家族正在逐步消失殆尽；同时马木鲁克苏丹在埃及的统治日趋稳固，逐渐不再需要利用哈里发来维护其统治的合法性和正统性。哈里发哈基木便

1 意为“精神勇士”，而“弗土瓦”所表达的含义是“勇气、高贵和无私的综合美德”。参见［伊朗］萨义德·侯赛因·纳速尔：《伊斯兰教》，王建平译，上海：上海古籍出版社，2008年2月第1版，第103页。

2 Paul Balog, *The Coinage of the Mamlūk Sultans of Egypt and Syria* (New York, 1964), pp.87–106，转引自：Reuven Amitai, *Mongols and Mamluks: The Mamluk-Īlkhānid War, 1260–1281*, Cambridge University Press, 1995, p.56.

被安置在开罗萨拉丁城堡中的一座塔内，专心学习宗教知识。[1]此后哈里发的境遇每况愈下，他的存在仅仅变成了马木鲁克苏丹统治的合法证书。到1314年马木鲁克苏丹纳绥尔·穆罕默德（al-Nāṣir Muḥammad b. Qalāwūn）在位之时，情况已经变成由哈里发穆斯台克菲一世（al-Mustakfī bi-Allah）向苏丹宣誓效忠。

除了通过扶植哈里发来获得统治的宗教合法性，马木鲁克苏丹还需要平息艾优卜家族的挑战。来自大马士革、阿勒颇等地的艾优卜家族诸王公始终对马木鲁克统治埃及持有异议并时常挑衅，以图恢复艾优卜家族往昔在埃及的势力。因此，打败艾优卜家族的竞争者从一开始就是马木鲁克苏丹维护其统治权威的必要条件。1251年，埃及的马木鲁克战胜大马士革的艾优卜王公纳绥尔·优素福（Nāṣir Yūsuf）。1253年双方签订协议，纳绥尔·优素福承认马木鲁克在埃及的统治权，这标志着艾优卜家族在对埃及统治权力的争夺中开始走向失败。埃及马木鲁克趁机向叙利亚地区扩大自己的影响。接任大马士革总督的阿莱姆丁·哈拉比（'Alam al-Dīn al-Ḥalabī）是古突兹时代较有影响力的马木鲁克艾米尔之一，在拜伯尔斯杀死古突兹，接任苏丹之后，阿莱姆丁·哈拉比曾领导过两次反对他的斗争，但是均以失败告终。自此，叙利亚地区基本不再存在能对埃及马木鲁克统治构成威胁的力量。1260年艾因·扎鲁特战役之后，埃及马木鲁克统治者基本将叙利亚地区并入了自己的管辖范围。通过对伊斯兰世界内部的一系列军事行动，马木鲁克以实力确立了其统治权威。

从埃及乃至整个伊斯兰世界所处的外部情况来看，马木鲁克军队抵抗住十字军和蒙古人对伊斯兰世界的侵袭，收复被占领土，肃清十字军在地中海东部沿岸的存在和影响，长期维持着与伊儿汗国蒙古人的对峙，这样强有力的军事实力也使其逐渐获得穆斯林民众的支持和拥护，为其统治打下了坚实基础。到13世纪末，伊斯兰世界岌岌可危的形势已经发生了转变：埃及马木鲁克王朝基本消除了十字军对伊斯兰

1 P. M. Holt, *Some Observations on the 'Abbāsid Caliphate of Cairo*, in *Bulletin of the School of Oriental and African Studies,* Vol.47, No.3 (1984), University of London, p.503.

世界的威胁，并扫清了东方世界的十字军残余，结束了其对穆斯林长达200年的持续侵扰；同时他们坚强地抵住了蒙古军队的入侵和破坏，迫使蒙古停下西进的攻势。马木鲁克统治下的埃及就犹如一个保护伊斯兰文化的坚固堡垒，在巴格达、大马士革相继陷落，科尔多瓦重新被基督教占领之后，开罗成为了整个伊斯兰世界的宗教和文化首都，开罗的阿拔斯家族哈里发仍旧作为逊尼派穆斯林的宗教领袖而继续存在。应该说，埃及马木鲁克王朝客观上维护了伊斯兰世界的统一与完整，最大程度上保护了伊斯兰文化成果。因而，如果没有马木鲁克制度的客观存在，伊斯兰世界的命运也将成为未知。

第二节　13—16世纪埃及马木鲁克阶层的构建

阿拉伯历史学家一般将马木鲁克王朝划分为“伯海里系王朝（al-Dawlah al-Baḥriyyah）”与“布尔吉系王朝（al-Dawlah al-Burjiyyah）”，或者“突厥王朝（Dawlah al-Atrāk）”与“切尔克斯王朝（Dawlah al-Sharākisah）”。前一种命名来自于绝大多数马木鲁克苏丹出身或起源的军团，而后一种命名归因于其族群构成。在一些中文译著上我们也会看到“前朝”与“后朝”的译法。

马木鲁克王朝统治前期，以突厥人为主体族群的马木鲁克群体成为了埃及的统治阶级，作为统治阶级的马木鲁克被统称为“突厥人”（al-turk，复数是al-atrāk），与之相对的是被统治者——埃及民众（ra‘īyah, ra‘āyā，亦称‘āmma）[1]。然而，这样的称谓事实上忽略了其中非突厥裔马木鲁克的存在。伊本·赫勒敦在《历史绪论》中有过这样的描述：“埃及的普通民众和突厥人都死了。”[2]因此“突厥人”一词在这个时期，其含义更侧重于他的身份是区别于普通埃及民众的军事精英阶

1　William Popper, *Egypt and Syria under the Circassian Sultans, 1382–1468 AD: Systematic Notes to Ibn Taghrībirdī's Chronicles of Egypt (Continued)*, University of California Press, 1957, p.2.

2　转引自：William Popper, *Egypt and Syria under the Circassian Sultans, 1382–1468 AD: Systematic Notes to Ibn Taghrībirdī's Chronicles of Egypt (Continued)*, p.2.

层，而不单纯是他的民族或来源地。到了切尔克斯马木鲁克主政的时期，也是相同的情况。“切尔克斯人”（al-Sharkasī，复数是al-Sharākisah）所侧重的也是类似含义——“作为军事精英阶层一分子的切尔克斯马木鲁克”，而非“出身于切尔克斯族的人”。因此，突厥马木鲁克、切尔克斯马木鲁克，抑或是其他更多种族的马木鲁克，均是借由马木鲁克制度被引入埃及，并形成埃及军事精英统治阶层，这个阶层的构成及其对埃及政治的主导，是这个时期埃及马木鲁克制度的主要内容。

许多学者认为，这一时期的民众之所以能够在马木鲁克统治下泰然处之，究其根本原因是外部世界的威胁所致：北方和东方的敌人——十字军与蒙古人对伊斯兰世界的威胁始终没有完全消失。在这种情况下，一个无所作为的阿拉伯哈里发或者苏丹远远比不上一个强有力的、能够保障穆斯林世界不受侵害的异族统治者。“国家需要一支持久的、专职的军队来对抗这个国家可能遭遇到的危机，而多年不断的战争促成了马木鲁克王朝统治制度的形成。”[1]伯纳德·刘易斯曾经引用伊本·赫勒敦的话：“（阿拔斯）朝廷日益迷醉于腐化、奢华，最终被异教徒鞑靼人推翻……因为安拉的民族缺乏能量，也不愿团结以奋起反抗。安拉的仁慈拯救了这个民族，在它奄奄一息时，将来自突厥各个部落的统治者送到了穆斯林的身边来保卫他们……”[2]虽然部分引述不排除断章取义的成分，但是外部国际环境对穆斯林世界的压力，客观上促成了马木鲁克政权的建立和马木鲁克制度的形成，这一观点却是可取的。

一、13—16世纪埃及马木鲁克的来源

钦察突厥人与切尔克斯人是13—16世纪埃及马木鲁克的主要族群构成。他们先后经由奴隶贸易从黑海北面及东北岸地区被贩入埃及。

---

1 Amalia Levanoni, *A Turning Point in Mamluk History: the Third Reign of al-Nāṣir Muḥammad Ibn Qalāwūn (1310–1314)*, E. J. Brill, 1995, p.6.

2 Bernard Lewis, *Race and Slavery in the Middle East: A Historical Enquiry*, p.65.

钦察突厥马木鲁克

"钦察"的起源为古代中亚地区游牧民族的一支，一般认为他们所操的语言属突厥语族西北语支，即钦察语支。7世纪左右，出现了有历史记载的"钦察人"的活动，"这一部族当时驻在也儿的石河（Irtysh River）[1]上游和邻近的今哈萨克斯坦东部草原上，以及南部阿尔泰山地区。到10世纪，可以见到钦察人的地方还包括哈萨克斯坦中部地区、阿拉海（Aral Sea）[2]北部卡拉库姆地区（Kara Kum）的东北边缘地区，东到西伯利亚西部"[3]。11世纪起，乌古斯人（Oghuz）和基马克人（Kimek）的政权相继衰落，包括钦察人在内的原附属于二者的各个游牧部落开始重新形成新的联盟，历史学家将这个联盟统称为"钦察"。很快钦察人便"控制了南俄草原和黑海草原，结果在东方史料中，这一地区整个被称为钦察草原"[4]。在这个过程中，钦察部族的势力不断扩大并且不断吸收、兼并其他小的游牧部落，以至于"11—13世纪初，钦察草原上发生了十分复杂的种族融合及联合。西部钦察融合了乌古斯人、别赤捏格人、古巴什基尔人、不里阿儿人和其他各族源的部众，而东部钦察人则融合进了乌古斯—基马克人、葛逻禄人、哈喇契丹人（西辽人）等，但在相当长一段的种族发展之后，他们都被包括进共同的族称'钦察'"[5]。因此，所谓"钦察突厥马木鲁克"只是指从钦察草原引入的突厥奴隶，对其确定的部族或种族没有更深入或细致的界定和限制。12世纪末至13世纪初，钦察诸部陷入了与花剌子模的往复征战之中，政治和军事力量均被削弱，导致蒙古人趁机攻占钦察草原。

1236年术赤的长子西征，同时代的历史学家或传记作者将这些蒙古人称为"鞑靼"（Tatars），他们相继征服钦察草原、高加索、克里米

1 今额尔齐斯河。发源于中国新疆阿尔泰山南坡。

2 即咸海。旧译"阿拉海"，位于今哈萨克斯坦与乌兹别克斯坦之间，为世界第三大咸水湖。

3 ［塔吉克斯坦］阿西莫夫，［英］博斯沃思主编：《中亚文明史》（第四卷）（上），华涛译，第45页。

4 ［塔吉克斯坦］阿西莫夫，［英］博斯沃思主编：《中亚文明史》（第四卷）（上），华涛译，第45页。"钦察草原"即"欧亚草原"，来自于突厥语词汇"Dasht-i Kipchak"，意思是"钦察人的草原"。

5 ［塔吉克斯坦］阿西莫夫，［英］博斯沃思主编：《中亚文明史》（第四卷）（上），华涛译，第46页。

亚等地，控制了黑海北岸的内陆地区大部，迫使当地各游牧部落屈服，并于1242年在此基础上建立"金帐汗国"，亦称"术赤乌鲁斯（Ulus of Jochi）"，之后又征服了诸罗斯公国。钦察突厥人、乌古斯人等族群是汗国的主要人口，而作为统治者的蒙古族人却相对数目寥寥。别儿哥汗（Berke Khan）于1257年前后继位，他亲伊斯兰的倾向加速了伊斯兰教在金帐汗国的传播。1261年起，金帐汗国开始与埃及马木鲁克朝廷建立外交关系，双方关系迅速发展，"两宫廷之间互派外使，拜巴斯[1]的使者驻克里米亚的苏达克城，别儿哥的使者驻在亚历山大里亚。1263年，两位君主之间结成了反对波斯汗国的特殊同盟"[2]。而这一系列的外交动作正是在1260年埃及马木鲁克获得了艾因・扎鲁特战役的胜利之后。由此，一个相对稳定的制衡关系形成，为埃及马木鲁克王朝和金帐汗国同时带来了边境的平静，客观上维护了两国之间贸易路径的安全。相反，金帐汗国与伊儿汗国之间的贸易条件急剧恶化：旭烈兀"将别儿哥所属之商民在帖必力思[3]者一并处死，没收其财产。别儿哥亦杀其国内旭烈兀所属之商人"[4]。因而，由蒙古帝国内部斗争所致，金帐汗国与伊儿汗国兄弟阋墙，埃及马木鲁克王国则得到了休养生息和发展的机会。而金帐汗国与伊儿汗国在宗教信仰上的差异亦加剧了这样的敌对形势——伊儿汗国建国之初，旭烈兀是亲基督教的。

由上可知，埃及马木鲁克王朝、钦察的金帐汗国，以及波斯的伊儿汗国三方关系决定了埃及马木鲁克的人员补给不可能再由中亚引入。1295年，伊儿汗国的第七代统治者合赞汗（Ghazan Khan）继位，随即改宗伊斯兰教，遵什叶派教义，并命令帝国上下的蒙古人悉数改宗，但三方之间的敌对情绪也并未见明显消退。加之中亚地区伊斯兰化的持续推进，中亚马木鲁克的供给缺乏也是在情理之中。再者，马木鲁克王朝与金帐汗国的交好和联盟，维护了两地间商路的安全，促进了两国之间贸易的发展。钦察草原大量的游牧突厥人充实了马木鲁克的供给，马

1　即埃及马木鲁克苏丹拜伯尔斯。

2　［法］勒内・格鲁塞：《草原帝国》，蓝琪译，商务印书馆2010年版，第501页。

3　即大不里士（Tabriz），旧译"帖必力思"，伊儿汗国首都。

4　［瑞典］多桑：《多桑蒙古史》，冯承钧译，上海书店出版社2006年版，第128页。

木鲁克王朝统治初期，往来于黑海北岸与埃及间的马木鲁克奴隶贸易异常繁荣，这个在国家层面上获得鼓励和支持的贸易行为自然受到了两国关系稳定的积极影响。而三股势力相互制衡，一定时期内促成了周边地区相对稳定的国际环境，保障了埃及包括马木鲁克贸易在内的国际贸易的持续繁荣。

切尔克斯马木鲁克

来自北高加索地区的切尔克斯马木鲁克也在这个时期开始大规模地进入埃及，他们构成了13—16世纪埃及马木鲁克阶层的第二个重要组成部分。

14世纪后半叶，金帐汗国逐渐由盛转衰，当地不断爆发的内战，很大程度上促使马木鲁克的购买中心由钦察草原向北高加索地区转移。另一方面，由于与埃及保持着一贯的友好关系，随着来自伊斯兰世界的商人、手工业者等源源不断地进入金帐汗国，客观上助推了当地的伊斯兰化进程。随着整个钦察草原和金帐汗国伊斯兰化进程的展开，该地区异教徒儿童的数量缩减，马木鲁克的来源面临枯竭。在这种情况下，从事马木鲁克贸易的商人们便将目光投向了钦察草原南面的北高加索地区。以大卫·阿亚龙为代表的部分学者也提出，是草原人口结构的改变造成当地的萧条，出生率下降，最终导致人口急剧减少，“钦察草原人口的下降在很大程度上是由于大量年轻的马木鲁克源源不断地向帝国迁移，这才足以在数个世纪中维持马木鲁克军团的统治力量。紧随这些男性之后，钦察草原的女性和女性奴隶也接踵而至，我们应该意识到，这些移民仅限于一个年龄段，即青少年，比起各个年龄段都覆盖的移民，这对当地人口造成的伤害更甚”[1]。总的来说，地区战乱导致的社会动荡、伊斯兰化进程的推进都使得在当地获得异教徒儿童的机会大大降低，加上持续不断的以奴隶买卖方式进行的人口输出，致使当地人口结构失调，青少年所占人口比例大幅降低，造成由当地输出的马木鲁

1　David Ayalon, *The Circassians in the Mamluk Kindom*, in *Journal of the American Oriental Society*, Vol.69, No.3 (Jul.–Sep., 1949), American Oriental Society, p.137.

克奴隶人数缩减。基于上述种种因素，奴隶中间商和埃及的购买者们不得不将他们的目光投向北高加索地区的切尔克斯居民。

“切尔克斯人”(Circassians)是那些生活于北高加索地区、库班河(Kuban River)沿岸的人群的总称。当时在北高加索地区并没有明确的切尔克斯人国家的概念，阿拉伯人将生活在北高加索地区的人群统称为“切尔克斯人”。因此，“切尔克斯人”是对当地的若干民族居民的总称。他们大多生活在黑海沿岸和库班河的南岸，所操的语言属于高加索语系西北高加索语族，而非阿尔泰语系-突厥语族语言。自6世纪起，当地居民大多受到拜占庭帝国的影响而信仰基督教。7世纪间，阿拉伯人征服高加索地区，但是并没有在当地大力推广伊斯兰教，该地区伊斯兰化进程十分缓慢，大约到了17—18世纪之间，伊斯兰教才在当地普及。蒙古西侵，建立金帐汗国之后，包括切尔克斯在内的北高加索地区之大部被纳入其管辖范围。钦察草原异教徒青少年数量的减少，使高加索地区成为新的马木鲁克来源地。大量的切尔克斯基督教儿童被卖到埃及，这些切尔克斯儿童被源源不断地从北高加索地区贩入中东，成为伊斯兰帝国的马木鲁克，后来逐渐得势，即历史上的埃及切尔克斯马木鲁克。

历史上最早关于切尔克斯马木鲁克在伊斯兰世界的记载出自伊本·赫勒敦，“撒列哈·艾优卜买入的马木鲁克中，就有切尔克斯马木鲁克”[1]。马木鲁克苏丹盖拉温(al-Malik al-Mansūr Sayf al-Dīn Qalāwūn al-Alfai al-Ṣaliḥiyyah，1279—1290年在位)是最早大批从北高加索引入切尔克斯马木鲁克的人，他将这些马木鲁克安置于开罗的萨拉丁城堡(Qal‘ah Ṣalāḥ al-Dīn，亦称“al-Qal‘ah”)[2]内的碉楼中，这成为“布尔吉系马木鲁克”[3]一名的由来，其中许多马木鲁克成为后来埃及和叙利亚地区权倾一时的艾米尔，1299年出任大马士革总督的艾古什·艾弗

1 David Ayalon, *The Circassians in the Mamluk Kindom*, in *Journal of the American Oriental Society*, Vol.69, No.3 (Jul.–Sep., 1949), American Oriental Society, p.137.

2 位于开罗东北部的莫卡西姆山上(al-Muqaṭṭam)的大城堡，始建于萨拉丁时代。因此也被后人称为“萨拉丁城堡”。

3 Al-Burjiyyah，源自阿拉伯语“al-burj”一词，意为“塔楼、碉楼”等，因此布尔吉系马木鲁克也被译作“碉楼系”，参见[美]菲利浦·希提:《阿拉伯通史》，马坚译，第614页。

拉姆·曼苏里(Aqūsh al-Afram al-Manṣūrī)便是出自该派系。苏丹穆扎法尔·哈吉(al-Muẓaffar Hajj b. Muḥammad b. Qalāwūn)第二次即位后(1346—1347年)便购入大量的切尔克斯马木鲁克以期制约突厥马木鲁克的势力。因此,切尔克斯马木鲁克一直存在于埃及,但他们长期受到人数更多、实力更强的突厥人的压制。到14世纪末苏丹贝尔孤格(al-Malik al-Ẓāhir Sayf al-Dīn Barqūq)在位期间,切尔克斯马木鲁克在埃及的优势统治才最终确立。切尔克斯马木鲁克出身的贝尔孤格成为苏丹之后,仍旧继续从北高加索地区购买切尔克斯马木鲁克。据记载,他曾购入约5 000名切尔克斯马木鲁克,组成扎希尔军团(al-Ẓāhiriyyah)。切尔克斯马木鲁克从此一直控制并影响着埃及政坛,这种政治垄断的情形直到格鲁吉亚马木鲁克被奥斯曼人大批引入埃及之后才有所改变。因此,由于区域环境和人口结构改变带来的钦察突厥马木鲁克供给匮乏,客观上为切尔克斯马木鲁克的引入和族群崛起创造了条件。

除去外部世界变化带来的影响外,从埃及内政的角度来说,切尔克斯人能取代钦察突厥人作为马木鲁克的主要补给进入埃及,还有苏丹平衡马木鲁克派系或族群力量的考虑,即以切尔克斯人的势力平衡突厥人独大的状况,尤以苏丹贝尔孤格时期最为典型。当贝尔孤格夺回苏丹宝座,第二次登基后,便开始以更大的规模购入切尔克斯马木鲁克,最终赶走了独霸埃及政坛的突厥马木鲁克,但结果却是切尔克斯马木鲁克的专权较前者有过之而无不及。尽管苏丹贝尔孤格突厥出身的妻子伊尔德(Ird)曾经告诫他:“让你的军队变得多元化,由四个部分组成——鞑靼人、切尔克斯人、罗姆人(Rūmī)以及突厥人,这样你和你的子孙才能喘口气。”[1]伊尔德的预言不幸言中,尽管贝尔孤格的继任者法拉吉(Nāṣir al-Dīn Faraj)和穆艾叶德(al-Mu’aiyyad Sayf al-Dīn Shaykh)都更倾向于突厥马木鲁克,但他们已无力改变切尔克斯人日益壮大的局面。

1　David Ayalon, *The Circassians in the Mamluk Kindom*, in *Journal of the American Oriental Society*, Vol.69, No.3 (Jul.–Sep., 1949), p.137.

除了突厥马木鲁克和切尔克斯马木鲁克之外，埃及还有少量来自小亚细亚的罗姆马木鲁克（Rūmī），如苏丹扎希尔·胡什盖德木（al-Ẓāhir Khushqadam）和苏丹扎希尔·帖木儿不花（al-Ẓāhir Taymūr Bughā）皆是罗姆马木鲁克出身。1421年，奴隶商将还是孩童的扎希尔·帖木儿不花带到叙利亚出售。伊本·白图泰也在他的游记中提到过在安纳托利亚地区出售的罗姆马木鲁克。

马木鲁克贸易主要商路

当时贯通钦察草原及高加索地区和埃及的商路主要包括海路和陆路两个部分，连接包括钦察草原、高加索、克里米亚在内的黑海北岸及东岸地区，地中海北岸及东岸地区，安纳托利亚，叙利亚等地，穿越黑海和地中海，途经金帐汗国、东罗马拜占庭帝国、罗姆苏丹国、亚美尼亚，以及部分伊儿汗国的势力范围，其复杂情况可想而知。这条商路不仅是奴隶贸易的主要途径，也基本涵盖了商业贸易和货物流通的主要地区，因此东西方各国都十分重视对该商路的争夺。

海上商路横跨黑海，穿越地中海后到达埃及，这条商路历史上长期处于拜占庭帝国势力之下，因此早期埃及马木鲁克政权与西方基督教世界，尤其是与拜占庭帝国的关系变化常常直接影响到这条商路的通畅与否。在拜伯尔斯和盖拉温当政的时代，埃及与拜占庭保持着较为友好的往来，双方曾多次互派使团，并签订和约：拜占庭承诺保护过往埃及商队的安全，确保其顺利通过。但也提出了释放和归还马木鲁克中基督教徒的条件，对于这一点，埃及方面并没有予以理睬。

直到金帐汗国在黑海北岸建立并占领克里米亚之后，经黑海向外运输奴隶变得相对容易。13世纪起，黑海毫无争议地成为世界贸易的中心集散地之一，被视作各种长距离贸易活动的中转站和补给处。兴旺的黑海贸易活动大约持续到15世纪上半叶。一名来自科尔多瓦的旅行家佩罗·塔富尔（Padro Tafur）曾经记载下卡法港口的情景："每天都有船只从遥远的港口驶来，随之而来的乘客操着各种语言，把街道挤得满满当当。香料、黄金、珍珠、奇石、俄国的厚毛皮和奴隶都在这里买卖，价格有时出奇地低。他也买了几个奴隶……这样他们可以免于落入不敬神的穆斯林之手。”[1]由此我们可以发现，途经地中海与黑海，连通黑海北岸及高加索地区和南面穆斯林世界尤其是埃及的奴隶贸易，在当时可谓盛极一时。黑海扼东西南北商贸活动之要冲，被看作是马木鲁克贸易的重要通道。

蒙古帝国的扩张与统治，在很大程度上促成了跨区域贸易在一定时期内的平稳进行，埃及马木鲁克王朝与黑海北岸的金帐汗国交好，也保障了马木鲁克奴隶贸易和商路的安全和顺畅。另一方面，埃及与金帐汗国的这种联合对占据波斯的伊儿汗国形成了有效遏制，迫使它不得不放缓向西和向北扩张的速度。“13至14世纪，黑海地区处于两个由鞑靼–蒙古政府产生的稳定政治力量的交界处：北面是金帐汗国，南面是伊儿汗国——定都大不里士[2]控制波斯的蒙古征服者。”[3]双方的相互抑制、克制的边境接触，一定程度上提高了黑海及相邻地区商路的安全性。

而途经地中海及周边地区的商路，由于多方势力在此交汇，其情况就要复杂很多，埃及一直积极致力于加大对途经地中海商路及周边地区的控制或影响，以维护马木鲁克贸易的顺利进行。

对于13世纪前后的埃及马木鲁克王朝来说，对奴隶贸易商路的最大威胁还是来自于蒙古伊儿汗国及其属国，双方一直保持着紧张对立，且不时有军事摩擦。13世纪末至14世纪初，伊儿汗国将目光转向欧洲，合赞汗频繁地与欧洲君主接触，以寻求联盟共同对抗马木鲁克统治下的埃及。1299年，他率军进攻叙利亚并攻占阿勒颇，于霍姆斯大败马木鲁克军队。1300年伊儿汗国的军队进入大马士革，但旋即于数月后撤退。1303年，合赞汗决定渡过幼发拉底河，再次向马木鲁克人发起进攻，结果遭遇惨败。一直到1322年，马木鲁克与伊儿汗国之间剑拔弩张的态势方才有所缓解，双方签订和约，这条奴隶贸易的陆上商路开始重新恢复起来。

该商路穿越的安纳托利亚地区，当时属于亚美尼亚王国管辖。亚

1　[美]查尔斯·金：《黑海史》，苏圣捷译，东方出版中心2011年版，第89页。

2　Tabriz，位于今伊朗西北部，东阿塞拜疆省省会。

3　[美]查尔斯·金：《黑海史》，苏圣捷译，第91页。

美尼亚自13世纪中期前后归附于蒙古统治，成为其附庸国，并多次联合向埃及和叙利亚地区发动攻势。以拜伯尔斯为首的马木鲁克苏丹曾经先后向亚美尼亚发动进攻和打击，这一方面是由于亚美尼亚与伊儿汗国的结盟、与欧洲十字军的友好关系一度使埃及陷入巨大的危机之中，另一方面便是出于保护商路的考虑。1293年，埃及攻亚美尼亚，并占据亚美尼亚东部大片领土。1303年，亚美尼亚与蒙古联军攻霍姆斯，结果遭遇失败。1304年起，亚美尼亚频繁遭到来自埃及马木鲁克的报复，丧失了大量在蒙古侵占叙利亚时获得的领土。1320年，马木鲁克苏丹纳绥尔·穆罕默德·本·盖拉温发兵攻打亚美尼亚。1322年埃及、拜占庭和亚美尼亚达成和解，旋即停战。1375年，安纳托利亚地区的贝伊公国在埃及的协助下攻克亚美尼亚王国，使之沦为埃及的附属国，从此以后的100多年中，亚美尼亚不再对通往埃及的商路构成军事威胁。这场看似宗教争端的背后隐藏的却是贸易利益的角逐，马木鲁克王朝与亚美尼亚之间的对峙和冲突更主要的动因是为了控制途经安纳托利亚中部地区的商路。

帖木儿帝国的迅速崛起和扩张增加了这条商路的风险，同时也导致了马木鲁克价格的攀升。1364年，帖木儿率兵驱逐了河中地的蒙兀儿人；1370年灭西察合台汗国并建都撒马尔罕；1388年征服花剌子模；至1393年灭伊儿汗国，并取而代之。1394—1395年间，埃及与金帐汗国深化结盟，以对付共同的敌人。1395年帖木儿远征金帐汗国，攻入其首都萨莱及热那亚人和威尼斯人的商业中心塔那城（Tana）[1]，苛刻地对待其中的基督教徒居民，下令焚毁他们的商店、教堂以及领事馆，沉重打击了途经当地的国际贸易。[2]1399年帖木儿占阿勒颇，继而攻陷大马士革，对埃及马木鲁克政权形成直接威胁。但迫于奥斯曼人的威胁，帖木儿于1402年退至安卡拉，1404年，帖木儿的突然死亡使埃及终于能够稍作喘息。1417年，埃及马木鲁克重新夺回安纳托利亚边境地区。

---

1 亦称“亚速”（Azov），位于今俄罗斯联邦境内。

2 ［法］勒内·格鲁塞：《草原帝国》，蓝琪译，第555页。

随着对地中海沿岸地区影响的扩张，埃及马木鲁克开始能够为自己的人员补充创造一条相对稳定和安全的陆上商路。1425—1426年间，埃及两次战胜塞浦路斯，并俘获其国王贾努斯（Janus），成功将塞浦路斯变成自己的附庸国，进而加强了对途经地中海东部贸易的控制权。

由此可见，马木鲁克制度在埃及的发展，其有力支撑是稳定的奴隶供给和安全通畅的商路，埃及在相关区域内的强大军事存在和政治管控是马木鲁克制度持续的基本保障。正因如此，马木鲁克才能通过繁荣的奴隶贸易源源不断地从遥远的欧亚草原乃至西北高加索地区向埃及输入。

15世纪初，奥斯曼土耳其人实现复兴，屡次与埃及在小亚细亚和叙利亚地区发生摩擦。1453年奥斯曼土耳其人攻占君士坦丁堡，终结了东罗马拜占庭帝国在这个地区已经日益颓败的势力，并接管了拜占庭人对地中海沿岸大部的控制，这无疑影响了包括奴隶贸易在内的埃及国际贸易的通畅，为后来双方的直接军事冲突埋下伏笔。

主要马木鲁克贸易商

当时主要的马木鲁克贸易从业者，除了部分钦察和北高加索地区的居民外，欧洲人——尤其是当时被视作欧洲商业帝国的威尼斯和热那亚——在其中也占有很大比例。马木鲁克王朝初期，黑海的控制权主要在拜占庭皇帝的手中。拜占庭帝国虽凭借其优越的地理位置，身处国际贸易的中心地带，但它明显疏于发展自己作为贸易中间商的优势，而是将往来黑海沿岸和途经地中海的贸易主导权让渡给了热那亚和威尼斯的商人，进而将高额的商业利益拱手于人。因此，此时从钦察草原购买奴隶及交易的主要中间商，也有热那亚及威尼斯的奴隶贩子。“在钦察汗都城，伏尔加河的萨莱城内意大利商人们也很活跃……据悉商人们还买年轻的突厥奴隶作为补充军，再卖给埃及的马木路克。这一贸易使草原丧失了优秀的士兵。”[1]有不少的马木鲁克是通过劫掠等暴力手段获得的，“他们（指来自热那亚的欧洲商人）将鞑靼儿童掠走，

1 ［法］勒内·格鲁塞：《草原帝国》，蓝琪译，第508页。

卖到伊斯兰教国家"[1]。另一方面，还有不少当地的居民迫于生活困顿等经济原因将自己的孩子卖给奴隶贩子，"他们手头无钱，只得将自己的孩子出卖。他(指商人)选走了一些值钱的最好的奴隶"[2]。那些卖出自己孩子的人一方面换来了余下家人生活的资金，另一方面则期待卖身为马木鲁克的孩子能得到更好的未来。

在马木鲁克贸易活动中受益的首先是威尼斯商人。"早在9世纪，拜占庭帝国通过给予威尼斯人商业特权来换取威尼斯海军的海上保护，包括君士坦丁堡的城市防御。在十字军东征时期，这种早期的联系发展成了威尼斯对于东方贸易实质上的垄断。……在1024年十字军攻占君士坦丁堡时，得益最多的便是威尼斯人。在之后对帝国的分割中，威尼斯获得了拜占庭3/8的土地，包括爱琴海群岛、希腊北部和黑海沿岸地区。"[3]威尼斯人是亲罗马的，他们趁着十字军洗劫君士坦丁堡，拜占庭皇室逃难之际，趁机取代拜占庭人，完全获得了对黑海的控制权，从而将途经黑海的东西方贸易置于自己的掌控之下。13世纪初，威尼斯人在黑海贸易中的优势地位达到顶峰。

热那亚人则没有那么幸运，他们在黑海的贸易始终处于威尼斯人的压制之下，但情况由于拜占庭皇室的复辟而发生改变。热那亚人与流亡的拜占庭朝廷结盟，拜占庭皇帝迈克尔八世·帕里奥洛加斯(Micheal Ⅷ Palaiologos)与热那亚签署协议："若热那亚人在接下来的战斗中提供援兵，则他们将会得到迄今仍为威尼斯人所有的君士坦丁堡的1/4及其他重要港口，以及自由进出黑海的权力。"[4]于是，当1261年拜占庭王朝重新返回君士坦丁堡并驱逐了十字军之后，威尼斯人风光无限的日子便一去不返了。热那亚随即取而代之，吞下了黑海沿岸的所有拜占庭帝国所属港口。此后，威尼斯、热那亚以及比萨对黑海及其周边地区展开了历史弥久的反复争夺。结果，比萨逐渐衰落而不得不

---

1 转引自［苏联］格列科夫，雅库博夫斯基：《金帐汗国兴衰史》，余大钧译，商务印书馆1985年版，第94页。

2 ［苏联］格列科夫，雅库博夫斯基：《金帐汗国兴衰史》，余大钧译，第95页。

3 ［美］查尔斯·金：《黑海史》，苏圣捷译，第85页。

4 ［英］诺威奇：《地中海史》，殷亚平等译，东方出版中心2011年版，第166页。

退出竞争，黑海上的绝对主角变成了热那亚人，威尼斯人虽然没有彻底从这片区域退出，但他们转而将更多的精力投入发展自己在地中海业已存在的势力，并且不断扩张。因此，在之后的很长时间内，热那亚人充当了途经黑海贸易的主要中间商，包括奴隶贸易在内的各种商业往来，为热那亚商人带来了巨大的财富。“13世纪末期，热那亚在重建的拜占庭内部建立了实质上是他们主导的帝国。从佩拉区（Pera）的高地上，热那亚社区的总督照看着一个在财富和地理广度上无可匹敌的商业帝国。……在整条黑海海岸线上，热那亚人都占据着政治和商贸中的支配地位。”[1]这些热那亚人控制的黑海港口都由派驻在当地的总领事统一管理，其行政中心位于克里米亚的卡法（Caffa）。一时间，卡法成为世界贸易的重要中转站。虽然当时这个地区在名义上处于金帐汗国的统辖，但实际控制该地区的是热那亚人。大量的奴隶从这里上船被运往埃及的亚历山大港。马木鲁克苏丹贝尔孤格就是一名来自北高加索的切尔克斯奴隶，他被带到克里米亚，一个叫作奥斯曼的奴隶商把他买下并带到埃及，又将他卖与艾米尔耶勒不花·欧麦里（Yalbughā al-‘Umarī）。当时的旅行者们也记下了这种繁荣的人口贸易：

在君士坦丁堡陷落几十年之前的15世纪早期，一个西班牙旅行者佩罗·塔富尔发现卡法的奴隶贸易是这个城市最繁荣的事业，其范围遍及全球。“在这个城市中出卖的男女奴隶，比世界上任何地方都更多，”他写道，“埃及的苏丹在这里设有代理人。他买了奴隶以后送到开罗。”塔富尔甚至带着这项繁荣商业的活证据回到了科尔多瓦：一个男人、两个女人和他们的孩子。[2]

1453年，奥斯曼土耳其人攻占君士坦丁堡，威尼斯人和热那亚人“立刻与苏丹建立了友好的关系”，以维持他们在这条商路上的一贯优势。

1　［美］查尔斯·金：《黑海史》，苏圣捷译，第86—87页。

2　［美］查尔斯·金：《黑海史》，苏圣捷译，第119页。

奥斯曼时代，统一的中央政权对黑海的有力控制使得途经黑海的贸易异常繁荣，为16世纪马木鲁克贸易的再次兴盛埋下伏笔。以卡法为代表的黑海周边港口城市在奥斯曼时代仍旧是主要的奴隶贸易集散地。但奥斯曼人在这个地区的崛起预示了马木鲁克统治末期所面临的尴尬局面：当它的军事补充力量中有很大一部分需要经过敌人的领地才能进入埃及时，可预期的供给匮乏开始显现。而这种匮乏直接导致了埃及对奥斯曼土耳其的军事弱势。

二、埃及马木鲁克的培养与使用

马木鲁克儿童作为军事人员的候选力量，他们在被奴隶商卖出时，一般先由苏丹的人进行挑选，他们会挑走最好的或者最有潜力的孩子，以保障自己手下的军事人员对于艾米尔的优势。而余下的则由艾米尔们分别买入。[1]

由苏丹购入的马木鲁克起先均被安置于开罗萨拉丁城堡的专业化的军营学校中（al-ṭibāq/ṭibāq al-mamālīk bi-al-Qal‘ah），每一个军营学校大约能容纳1 000名学员。到了14世纪，开罗约有12所这样的学校，[2]其规模和数量都不断扩大，主要用来安置和培养皇家马木鲁克。学员在学习期间不允许外出，任何破坏学校制度的行为都将受到严惩。马木鲁克在培养过程中首先接受的是宗教教育，有专门的教师教授他们《古兰经》、宗教教义以及沙里亚法，并有专门的伊玛目来领导他们进行礼拜。[3]通过这样的宗教学习，这些未成年的马木鲁克将会怀揣坚定的信仰，成长为捍卫伊斯兰教及伊斯兰文明的战士。之后，年轻的马木鲁克才能进行军事能力的训练。马木鲁克一般在青少年时期接受军事技能的训练，“包括马术，弓箭、刀剑以及长矛的使用”，以期成为合

---

1 Amalia Levanoni, *A Turning Point in Mamluk History: the Third Reign of al-Nāṣir Muḥammad Ibn Qalāwūn (1310–1314)*, p.15.

2 James Waterson, *The Knights of Islam: The Wars of the Mamluks*, Greenhill Books, MBI Publishing, 2007, p.116.

3 Amalia Levanoni, *A Turning Point in Mamluk History: the Third Reign of al-Nāṣir Muḥammad Ibn Qalāwūn (1310–1314)*, p.17.

格的骑兵，其中“骑射”是主要的学习内容之一。同时，这种训练还在于培养马木鲁克团体的忠诚度以及对权威——自己的主人、训练自己的长官的尊敬与服从。拜伯尔斯时代，军事技能比赛和演练被引入马木鲁克军事训练中。泰基丁·艾哈迈德·盖迪尔·麦格里奇在《诸王之邦国志》一书中就有关于这项活动的记载：“苏丹（即拜伯尔斯）从阿勒颇返回埃及，于3月14日进入山上的城堡，下令开始准备演练，人们于是开始准备。……5月5日演练开始，整个军队都骑马出行，装备精良。苏丹为他的马木鲁克分发精致的配具。来自罗姆的艾米尔们和各国使者悉数到场，来到苏丹面前。苏丹的马木鲁克们则身着胸甲和头盔。”[1]拜伯尔斯为训练皇家马木鲁克还设立了一项比赛，命名为“卡拜格”（al-qabaq），这是一个马上竞技项目，比赛在专门的广场（maydān）进行，在比赛中获胜的马木鲁克将士会获得各式的奖赏，有时是御赐斗篷，有时是来自异域的名贵马匹。[2]这种竞技活动往往会持续数日。另外，拜伯尔斯也会通过检阅、游行等方式，来检查和展示马木鲁克军队，所有马木鲁克士兵被要求携带配给的兵器参加[3]，据《诸王之邦国志》记载，这样做的目的是在阅兵的同时查验军事装备。拜伯尔斯还开创了那个时代的仪仗队阅兵（al-mawkib），即苏丹在众艾米尔、官员和部分军队的陪同下于城中巡游。盖拉温时代起，各级别马木鲁克开始有了服饰上的差异，这种差异不仅仅使马木鲁克异于普通民众，同时也可以反映出马木鲁克群体内部的等级。

在训练结束并且合格的情况下，马木鲁克会经过一个释奴仪式脱离奴隶的身份，成为其主人即苏丹的麦瓦里，并被分配以相应的职务。在整个成长和训练的过程中，马木鲁克被培养出一种忠诚（khushdāshiyyah），这种忠诚一方面是对自己主人（al-ustādh）的效忠，另一方面则是与“战友”患难与共、同进退的忠贞。马木鲁克的职业生

1　*Al-Sulūk*, 资料来源：http: //www.al-eman.com/لمعرفة%20دول%20الملوك%20(نسخة%20منقحة)
السلوك%20/الكتب)/i824&p1

2　James Waterson, *The Knights of Islam: The Wars of the Mamluks*, p121.

3　Amalia Levanoni, *A Turning Point in Mamluk History: the Third Reign of al-Nāṣir Muḥammad Ibn Qalāwūn (1310–1314)*, p.9.

涯一般都是从基本的职务开始，逐步积累经验，锻炼自己学到的技能，通过自身优异表现得到主人的赏识，从而获得晋升。

由艾米尔购入的马木鲁克也会经历类似的教育成长过程。宗教知识的学习和军事技能的训练与皇家马木鲁克的差别不大，但是就其待遇、装备以及学习条件等方面来说，其水平还是低于皇家马木鲁克。

13世纪下半叶起，在消除了蒙古人和十字军的威胁之后，以拜伯尔斯为首的马木鲁克苏丹开始着手系统地建设自己的军事力量。马木鲁克是13—16世纪埃及军队和军事系统的主要人员构成要素，自上而下的马木鲁克层级设置组成了埃及的基本军事建制。马木鲁克军队由高向低主要分为三个部分。

第一，隶属于苏丹的皇家马木鲁克。在马木鲁克王朝建立之初，这个部分主要由撒列哈、艾伊贝克以及拜伯尔斯名下的马木鲁克军团组成。以苏丹本人名义购入的马木鲁克称为“mushtarawāt”（意为“被购入者”），或者是“ajlāb”（意为“贩入的外国奴隶”），而那些最初有别的主人，后来才为苏丹服务的马木鲁克被称为“mustakhdamūn”（意为“被要求侍奉者”）[1]。早期的皇家马木鲁克约为2 000人；至拜伯尔斯时代，升至约6 000人，拜伯尔斯在位期间购入马木鲁克数量约为4 000人；盖拉温在位的12年间，其购入马木鲁克的数量约为6 000至7 000人；艾什拉弗·哈利勒（al-Ashraf Khalīl）在位时，名下约有不足10 000名马木鲁克，其中包括他父亲的马木鲁克。此后不断上升。“伯海里马木鲁克当政时期（1250—1382年），皇家马木鲁克的人数最多曾达到10 000人。切尔克斯马木鲁克当政时期，皇家马木鲁克的人数再没有超过这个数目。”[2]苏丹贝尔孤格曾购入约5 000名切尔克斯马木鲁克，至白尔斯贝（al-Ashraf Sayf al-Dīn Barsbāy）上任时（1422年）皇家马木鲁克的数量仅剩下了约3 000人，他于是在任期内（1422—1438年）继续购买了约计2 000名马木鲁克；苏丹盖伊特贝（Abū al-Naṣr Sayf al-Dīn al-Ashraf Qāytbāy）在位期间（1468—1495年）曾买入8 000名马木

1 David Ayalon, *The System of Payment in Mamluk Military Society*, in *Journal of the Economic and Society History of the Orient*, Vol.1, No.1 (Aug., 1957), p.42.

2 Ibid., p.42.

鲁克。在达比格草原（Marj Dābiq）[1]战役之前，皇家马木鲁克的数量约计7 000人。[2]皇家马木鲁克承担着主要的战斗任务，是埃及最重要的军队。而凭借着这支军队压倒性的优势，苏丹才能够对各级别的艾米尔形成制约，维护自己的统治权威。12世纪起，除伯海里系和布尔吉系外，较有影响力的马木鲁克军团派系还有隶属于苏丹拜伯尔斯的扎希里系（al-Ẓāhiriyyah）、苏丹盖拉温的曼苏里系（al-Manṣūriyyah）等等，这些均是直属于苏丹的皇家马木鲁克军团。

第二，艾米尔手下的马木鲁克。艾米尔首先是对军队指挥官的称谓，在苏丹之下设有各个级别的艾米尔。艾米尔大都由苏丹任命或提拔，在上任后，艾米尔往往会得到与其职务相应的封地（iqṭā'）——常常是若干个城镇或者地区，在其名下也可拥有规定数量的马木鲁克。因此，艾米尔的职务层级与他的封地所能承载的最低骑兵数量相一致，也就是说艾米尔名下的马木鲁克数量一般与他所处的等级相对应。从拜伯尔斯时代起，马木鲁克军队艾米尔的编制形成惯例，建立了更为清晰的军事等级，包括“十夫长”“十五夫长”“二十夫长”“四十夫长”“五十夫长”“八十夫长”“百夫长”等等，这些层级标明了艾米尔在其封地范围内最低应供养并指挥的骑兵数量。百夫长可以在作战时领导1 000名士兵，因此也被称为“千士官”（muqaddam alf）。这种以其统率的骑兵数量指代其官阶高低的马木鲁克艾米尔，是马木鲁克王朝基本的军事官员。艾米尔名下的马木鲁克直接受命于他本人，但在国家的对外征战中一般也可由苏丹统一调动。艾米尔的马木鲁克一般是由艾米尔的封地供养，而非苏丹或者国库。在等级固定的前提下，艾米尔可以根据封地收入适当扩大自己马木鲁克的拥有量。也就是说，艾米尔的等级不因其名下马木鲁克数量的增多而提升。

第三，隶属于苏丹的集团军（al-ḥalqah）中的马木鲁克。该集团军原形最早出现在萨拉丁的时代，类似于苏丹的亲卫队，由苏丹亲自指挥

1　位于今叙利亚北部与土耳其毗邻的边境地区，阿勒颇以北。达比格草原之役于1516—1517年间爆发于奥斯曼土耳其与埃及之间，结果奥斯曼人获胜，进而进攻埃及。

2　Carl F. Petry, *The Cambridge History of Egypt, Vol.1: Islamic Egypt, 640–1517*, p.305.

参战，早期在军队中地位尊崇，直至撒列哈丁·艾优卜时代仍存在。在马木鲁克王朝早期，其主要涵盖三种人员构成：

1. 艾优卜时代的马木鲁克，如阿齐兹系马木鲁克（al-'Azīziyyah）、纳绥尔系马木鲁克（al-Nāṣiriyyah），这两个军团是艾优比时代驻扎在叙利亚的军事力量，在艾因·扎鲁特战役之后，这些军队被允许留在埃及。[1]

2. 外来者（al-wāfidiyah），从13世纪到14世纪中，又陆续有突厥蒙古人（包括一些蒙古贵族）由伊儿汗国境内向马木鲁克控制下的埃及和叙利亚地区迁移或者出逃，这些人被称为"外来者"。据统计，拜伯尔斯时代，约计有15 000名外来者进入埃及。[2]1290至1296年间，又有11 000名外来者进入埃及。这些都是非马木鲁克出身的自由人。

3. 马木鲁克的后裔（awlād al-nās），鉴于马木鲁克的身份不能世袭，因此马木鲁克的后裔均属于自由人的身份。

这支集团军在理论上直接受命于苏丹，但其对于苏丹的依存度和亲密度都要大大低于皇家马木鲁克。除非在其主人（艾米尔、前任苏丹等）死去等特殊情况下，马木鲁克一般不会被编入该集团军。而相对地，失去主人的马木鲁克可以编入其中，也有可能再次出人头地，比如布尔吉系苏丹贝尔孤格。这支军队中失去前主人的年轻马木鲁克遂成为艾米尔们竞相争取的对象。

三、马木鲁克的晋升

稳定而有效的晋升机制是马木鲁克精英阶层形成的关键。因而它形成了马木鲁克制度的关键一环——人员的选拔与任用，它一方面完善了职业化军队的人员培养和应用，另一方面将这样的机制拓展至政治领域，成为中央官僚机构人才输入的重要方式之一。马木鲁克制度

---

1 Amalia Levanoni, *The Ḥalqah in the Mamluk Army: Why Was It Not Dissolved When It Reached Its Nadir?* In *Mamluk Studies Review Vol.XV (2011)*, Middle East Documentation Center (MEDOC), The University of Chicago, p.40.

2 Ibid., p.41.

也借此具备了军事制度和政治制度的双重性质，通过对军事人员和行政人员的双重培养选拔，整合形成了新的国家治理方式。

在艾优卜时代仅有少数的军事人员在政府中担任行政职务，同时也缺乏固定有序的军队人员晋升机制。这种情况到了马木鲁克王朝时期已经完全不同。除了能够在一定的条件下升任军队的高级艾米尔，马木鲁克也有机会晋升为行政官员，军事建制在很大程度上也影响着当时的行政体制。在撒列哈之前，马木鲁克还仅仅局限于国家的军事领域，无法深涉政治领域，也很难形成对国家政治的垄断。撒列哈在位期间（1240—1249），大量的受苏丹青睐的马木鲁克得以晋升艾米尔，担任政府要职，从而能够逐步摆脱军事身份的限制。在1250—1517这个历史时期内，埃及马木鲁克大批占据国家政治统治机构，他们的势力上至苏丹，下至各阶层艾米尔，全面且有效地控制国家行政部门并对之施加影响。因此，有效而稳定的晋升机制成为马木鲁克军事人员持续、有序地进入国家统治机构的方式。

根据伊本·台格利·比尔迪的《埃及历代国王本纪》中记载，切尔克斯马木鲁克主政的时代，艾米尔一般分为四个等级：[1]

第一等级，也是最高等级，被称为“百夫长和千士官（amīr mi‘ah wa-muqaddam alf）”。这类艾米尔可以拥有100名专属于自己的马木鲁克。同时拥有对1 000名军队士兵的指挥权。据史料记载，1315年，埃及一等艾米尔数量为24人，其中14人为外臣，另外10人为侍臣[2]。至贝尔孤格统治时期，一等艾米尔的数量下降至18人，“这是由于贝尔孤格减少了一等艾米尔的封地，将其分给属于自己名下的马木鲁克”[3]。外臣艾米尔的年收入约为80 000第纳尔，而近侍艾米尔的年收入则高达100 000第纳尔。

第二等级，四十夫长（amīr arba‘īn），总人数最初为40人，但后来

1　William Popper, *Egypt and Syria under the Circassian Sultans, 1382–1468 AD: Systematic Notes to Ibn Taghrībirdī's Chronicles of Egypt,* University of California Press, 1957, p.85.

2　“侍臣”指的是那些因职务关系每天出入苏丹宫殿的近臣，他们的居所也大都在萨拉丁城堡内。

3　William Popper, *Egypt and Syria under the Circassian Sultans, 1382–1468 AD: Systematic Notes to Ibn Taghrībirdī's Chronicles of Egypt,* p.86.

人数始终在变化中，没有固定的数目。他们的年收入总额约23 000至30 000第纳尔。

第三等级，十夫长（amīr ‘asharah），总人数约为50人，年收入约为9 000第纳尔。

第四等级，五夫长（amīr khamsah），总人数约为30人，多数有名无实或仅是名义上的头衔。

而除了这样的划分方法外，还有部分历史学家根据各个艾米尔所统率骑兵的数量将之细化为诸如“十五夫长”“二十夫长”“五十夫长”“八十夫长”等等，不一而足。

艾米尔的收入主要来自封地，其中三分之一由这个艾米尔本人占有，另外三分之二会分给他名下的马木鲁克。一些近侍艾米尔还经常能从苏丹那里得到额外的奖励。艾米尔的收入原则上来说是固定的，这点从盖拉温时代起就形成定规。但如果艾米尔在军队职务之外还被任命了其他行政职务的话，那么他的封地或收入也会相应地增加。

马木鲁克升任艾米尔是其进入政治领域的关键。也就是说，马木鲁克人员的晋升促进了埃及马木鲁克制度由军事制度向政治制度的转变。

在拜伯尔斯和盖拉温的时代，马木鲁克的晋升相对缓慢且等级严格，同样，对于晋升者的资格、能力以及服役年限的要求也非常高，这就是说，一个未经历练的年轻的马木鲁克很难快速晋升为高级艾米尔。以拜伯尔斯时代的艾米尔阿格孙古尔·法里卡尼（Āqsunqur al-Fāriqānī）为例，他在1267年马木鲁克军队征服安提俄克（Antioch）的战役中表现英勇并擒获安提俄克的统治者，遂被任命为十夫长；后来他又出色地完成了一次在哲齐赖地区的刺探行动，被擢升为四十夫长。[1]另一个例子是苏丹盖拉温手下的一名叫作“拜伯尔斯·曼苏里（Baybars al-Manṣūrī）”的艾米尔：此人于1261年作为马木鲁克被贩入埃及，1283年才首次获得晋封成为艾米尔，1284年晋升为四十夫长，

1 Amalia Levanoni, *A Turning Point in Mamluk History: the Third Reign of al-Nāṣir Muḥammad Ibn Qalāwūn (1310–1314)*, p.23.

1286年成为八十夫长，直到1293—1294年纳绥尔·穆罕默德第一次出任苏丹期间，拜伯尔斯·曼苏里才成为百夫长，[1]也就是说从他成为普通马木鲁克士兵到升任高级艾米尔，历时约30年。拜伯尔斯·曼苏里曾经这样描述盖拉温时代的晋升机制："晋升取决于马木鲁克服役年限的长短以及他的军事技能，盖拉温会擢升那些较有天赋的人；他手下等级最高的马木鲁克会被指派为四十夫长；第二等的会被指派为十五夫长或二十夫长；而第三等的马木鲁克则会成为十夫长，相应地，他们的封地也较少；随着他们服役年限的增长，他们会慢慢地升至百夫长。"[2]也就是说，此时马木鲁克的内部晋升机制是一种以服役年限为基础，以技能和军事表现为参照的人员管理机制，辅以相应的经济待遇（封地）和政治待遇（在政府机关中任职）。"盖拉温时代，每个马木鲁克的晋升都要经过漫长而严格的过程，在这个过程中他们接受训练，也收获经验，他们的薪俸将从每月3个第纳尔慢慢增至10个第纳尔，然后会获得一个职位。"[3]高级艾米尔的地位从不是一蹴而就的。

较长的晋升过程也带来了相对稳定的任期。纳绥尔·穆罕默德时代之前，高级艾米尔的更迭相对较少，因为足够的年资和军事表现是一个马木鲁克晋升的基础，这就提升了晋升的门槛。虽然在某种程度上看，这种晋升不免有些僵化，但它一定程度上促进了马木鲁克阶层内部的稳定，无疑有利于马木鲁克阶层的维护和稳固。马木鲁克的晋升体制理论上使得各级别的每一个马木鲁克均有升任艾米尔的机会。因此，"马木鲁克"是他们的出身，"艾米尔"是他们将要谋取或已经获得的官职，与后来奥斯曼时代的"马木鲁克贝伊"一样。这种晋升机制形成了马木鲁克进入国家统治机构的渠道。

1309年，纳绥尔·穆罕默德第三次登基成为苏丹后，这种稳定的晋升方式发生了改变。

1　James Waterson, *The Knights of Islam: The Wars of the Mamluks*, Greenhill Books, MBI Publishing, 2007, p.221.

2　Amalia Levanoni, *A Turning Point in Mamluk History: the Third Reign of al-Nāṣir Muḥammad Ibn Qalāwūn (1310–1314)*, p.26.

3　Ibid., p.54.

盖拉温的儿子艾什拉弗·哈里勒(al-Malik al-Ashraf Khalīl b. Qalāwūn)继位后不久即被废黜,他的另一个儿子纳绥尔·穆罕默德(al-Nāṣir Muḥammad b. Qalāwūn)接下来的统治则屡屡遭受挑战,他曾经于1293—1294、1298—1308、1309—1340年间三次就任苏丹,前两次都因自身势力无法抗衡他父亲的马木鲁克而被迫下台。1293年,时年8岁的纳绥尔·穆罕默德第一次继位成为苏丹,仅一年后,怯的不花(Kitbughā)即宣布废黜纳绥尔,由自己接任苏丹,并扶植蒙古马木鲁克的势力。为对抗突厥马木鲁克,怯的不花联合以拉金(Lājīn)为首的布尔吉系切尔斯克马木鲁克的势力,并任命拉金为副苏丹(nā'ib al-saltān)。拉金于1296年阴谋刺杀怯的不花,但他也于1299年被前苏丹赫利勒·艾什赖弗名下的马木鲁克(al-Ashrafiyyah)刺杀。1307年,纳绥尔·穆罕默德决定在自己年轻的马木鲁克的支持下,发动政变以摆脱拜伯尔斯·加什纳基尔(Baybars al-Jashnakīr)和赛义夫丁·萨拉尔(Saif al-Dīn Salar)这两名位高权重的马木鲁克艾米尔的控制,但这一计划因提前泄露而终告失败。1308年,纳绥尔·穆罕默德借口朝觐,退居卡拉克,拜伯尔斯·加什纳基尔即位成为苏丹,他名下的切尔克斯马木鲁克也借机夺权。纳绥尔在此期间则想尽办法获得了叙利亚地区大部分艾米尔的支持,而与之形成鲜明对照的是,处在内忧外患困扰下的拜伯尔斯·加什纳基尔的支持率则每况愈下。1309年,24岁的纳绥尔·穆罕默德返回埃及再次登上苏丹的宝座,拜伯尔斯逃至加沙也未能改变他的终局——他被勒死在这位新苏丹的面前。

纳绥尔·穆罕默德的统治时期被认为是埃及马木鲁克制度发展的一个节点。正是在这一时期,漫长却有序的晋升机制被打破。为了迅速培养起自己的马木鲁克艾米尔势力,纳绥尔·穆罕默德在这次登基后的第二年即囚禁了那些曾经主张废黜自己的艾米尔30余人,对于自己父亲留下的曼苏里系马木鲁克,起初纳绥尔·穆罕默德采取了相对和缓的态度——主要原因还是他们曾支持他复辟,这些马木鲁克或是保留原职,或是派往叙利亚的其他省区。但1311年至1316年间,苏丹纳绥尔·穆罕默德将大部分曼苏里系的马木鲁克囚禁或处刑,并开始大规模地以自己手下的马木鲁克来取代他们的位置。他首先将自己手下的32名马木鲁克擢升为艾米尔，1312年他再次任命手下的46名马木鲁克出任艾米尔，其中29人获封“四十夫长”，另外17人获封“十夫长”。而后，纳绥尔·穆罕默德又相继除掉了那些支持他复辟的叙利亚艾米尔，借此树立自己的绝对权威，其中只有大马士革、的黎波里两地的总督逃过一劫。除了报复的考量，纳绥尔·穆罕默德大批更迭艾米尔有效地防止了艾米尔势力坐大，避免他们对自己的统治形成威胁。

为了进一步扩大自己名下马木鲁克的数量和实力，纳绥尔·穆罕默德降低了马木鲁克的引入门槛，缩短了教育年限，使得大批新的马木鲁克在短时间内迅速获得擢升，从而确保了自身对其他马木鲁克艾米尔及各派系军团的优势。同样，成年男子进入马木鲁克阶层从这个时期起开始频繁出现。1320年，纳绥尔·穆罕默德迎娶金帐汗国别儿哥汗家族的女子，送亲的队伍中一名叫作“卡乌孙”（Qawṣūn）的男子得到了纳绥尔·穆罕默德的赏识，后者随即许诺：只要他愿意留在埃及，他的家人都可以从钦察草原迁移至此。于是，卡乌孙将自己卖给纳绥尔·穆罕默德，成为他的马木鲁克，很快此人就被封为艾米尔，并迎娶了苏丹的女儿。仅仅在迁居埃及的5年后，他便升至百夫长和千士官，后来成为埃及权倾一时的艾米尔。成年男子被引入成为马木鲁克意味着他作为马木鲁克的教育年限相应缩短，进而是晋升年限的缩短——他们为“出人头地”明显无法再等待二三十年之久。而相对于整个马木鲁克制度来说，以往有序而漫长的人才培养和擢升机制被人为地压缩，成长和培养阶段的重要性在降低。

纵观整个马木鲁克王朝（1250—1517），各个等级的艾米尔绝大多数都是马木鲁克出身。自拜伯尔斯时期起，马木鲁克开始出任政府官员，如宫廷总管（ustādh al-dār）、宫廷大臣（ḥājib）、司库大臣、掌笔大臣（dawādār）、驭马长（amīr ākhūr）、议长（ru'ūs al-nuwāb）、戍卫长（amīr al-majlis）、朝觐大臣（amir al-ḥajj）等等，[1]也就是说，马木鲁克艾米尔已经基本垄断了国家军事和政治体系，而以马木鲁克购买、培养、晋升为基

1　Ibn Taghrībirdī, *al-Nujūm al-Zāhirah: Mulūk Miṣr wa-al-Gāhirah, al-Juz' al-Sābi'*, Dār al-Kutub al-Miṣriyyah, 1938, p.183.

础的马木鲁克制度成为当时国家军事人员和官僚选拔、任用的主要方式，是影响国家政局的主要社会制度。到了切尔克斯马木鲁克当政时期，马木鲁克开始对艾米尔阶层形成垄断。马木鲁克阶层对埃及军事系统的绝对控制，尤其是对骑兵部门的垄断，保证了他们对埃及政治的有力干涉和影响，但这也为艾米尔与埃及苏丹之间的竞争、夺权埋下隐患。有权势的艾米尔，尤其是高级艾米尔，常常觊觎苏丹的宝座，急于取而代之，而马木鲁克军团派系之间的相互倾轧，则导致国家政局动荡，经济发展缓慢甚至停滞。

马木鲁克对艾米尔阶层的全面占据和对国家政治统治的加强，标志着马木鲁克精英阶层的形成。这个阶层以马木鲁克贸易为基础进行人员的引入，通过宗教知识和军事技能的训练，培养出一大批优秀的军事人员。再通过有序晋升，使之在国家的军事和政治系统中发挥作用，从而影响整个国家。马木鲁克制度的历史意义就在于：创造并维系一个军事精英阶层，并使他们以最有利于其群体的方式参与埃及的政治统治。

第三节　马木鲁克阶层与13—16世纪埃及的政治统治

一、马木鲁克王朝的苏丹统治

与之前的艾优卜王朝一样，马木鲁克王朝时期，埃及最高统治者被称为“苏丹”（al-sulṭān），苏丹在名义上由哈里发授权管辖埃及、叙利亚及阿拉伯半岛部分地区，但这种授权仅仅是形式上的——哈里发只是苏丹用以维护自己统治合法性的工具，有时甚至出现了哈里发向苏丹宣誓效忠的情形。例如苏丹纳绥尔·穆罕默德在位期间曾大肆干预宗教事务，他限制哈里发穆斯塔克菲（al-Mustakfī）的行动自由，不允许别人探访他，1339年哈里发去世时，纳绥尔·穆罕默德甚至完全无视哈里发的意愿，自行决定由瓦西格·易卜拉欣·本·穆罕默德（al-Wāthiq bi-Allāh Ibrāhīm b. Muḥammad）继任哈里发。同样是来自伊本·台格利·比尔迪的《埃及历代国王本纪》的记载，伊历785年（1406年），7月1日，艾米尔萨拉丁·穆罕默德·本·穆罕默德·坦齐兹（Ṣalāḥ al-Dīn Muḥammad b. Muḥammad b. Tankiz）前来向苏丹贝尔孤格禀报：哈里发穆泰瓦基勒与艾米尔古尔特·本·欧麦尔·土库曼尼（Qurṭ b. 'Umar al-Turkumanī）、侍从官易卜拉欣·本·古特卢格坦木尔·阿拉仪（Ibrāhīm b. Quṭlūqtamr al-'Alā'ī）密谋，意图趁苏丹在周六出城堡打球之际对他发动偷袭并杀掉他，这样哈里发就能够夺回统治权。参与此次共谋的还有大约800名库尔德骑兵与土库曼骑兵。……苏丹随即召来哈里发和这两名艾米尔，要求他们三人对质。结果，两名艾米尔被判处极刑，哈里发被废黜。[1]然而这并不是个例，这样的事情在马木鲁克统治期间时有发生。“某些哈里发曾被免职，罪名是不忠于伯海里系的苏丹阿里、布尔吉系的贝尔孤格和伊那勒。”[2]哈里发的存在对于马木鲁克苏丹统治除了宗教上的象征意义，几乎不具备任何的行政能力。

纵观整个马木鲁克王朝时期，我们可以发现，苏丹继位不外乎以下两种情形：一种是艾米尔废黜苏丹后自行出任；另一种是苏丹家族后裔因血统关系世袭。在伯海里系马木鲁克当政期间，包括艾伊贝克在内的24名苏丹中，有7人是非血统继承的，也就是说他们在成为苏丹之前都是当朝最有权势的马木鲁克艾米尔，他们分别是艾伊贝克（1250—1257年在位）、穆扎法尔·赛福丁·古突兹（1259—1260年在位）、麦列克·扎希尔·鲁克努丁·拜伯尔斯·奔杜格达里（1260—1277年在位）、麦里克·曼苏尔·赛福丁·盖拉温（1279—1290年在位）[3]，以及后来中断盖拉温家族世袭统治的怯的不花（1294—1296年在位）、拉斤（Lachin，1296—1298年在位）和拜伯尔斯·加什纳基尔（al-Muzaffar Baybars al-Jashnakīr，1308—1309年在位），前4个人均是艾优卜王朝苏丹撒列哈名下的马木鲁克。除去以上这7人外，其余的苏丹均是凭借血统获得统治权，他们分别是艾伊贝克的儿子努尔丁·阿

1 Ibn Taghrībirdī, *al-Nujūm al-Zāhirah fī Mulūk Miṣr wa-al-Gāhirah, al-Juz' al- Ḥādī 'Ashar (813–874)*, Dār al-Kutub al-'Ilmīyyah, 1992, p.193.

2 ［美］菲利浦·希提：《阿拉伯通史》，马坚译，第618页。

3 这4名苏丹原来都是艾优卜王朝撒列哈名下的马木鲁克，但艾伊贝克不属于伯海里系。

里、拜伯尔斯的儿子白赖凯（Barakah，1277—1279年在位）和塞拉米什（Salāmish，1279年在位），以及盖拉温家族的14位子孙，共计17人。盖拉温家族的苏丹，除盖拉温本人和他的儿子纳绥尔·穆罕默德外，余下的分别是：盖拉温的孙子艾布·伯克尔（al-Malik al-Manṣūr Sayf al-Dīn Abū Bakr，1340—1341年在位）、古祝格（al-Ashraf ‘Alā’ al-Dīn Kujuk，1341—1342年在位）、艾哈迈德（al-Naṣr Aḥmad，1342—？年在位）、伊斯玛仪（al-Ṣāliḥ Isma‘īl，1342—1345年在位）、卡米勒·舍耳班（al-Kāmil Sha‘bān，1345—1346年在位）、穆扎法尔·哈吉（1346—1347年在位）、哈桑（1347—1351、1354—1361年在位）、撒列哈（1351—1354年在位），他的曾孙艾什赖弗·舍耳班（1363—1381年在位），他的玄孙阿拉艾丁·阿里（1376—1381年在位）和撒列哈·哈吉（1381—1382、1389—1390年在位）。[1]1382年，布尔吉系马木鲁克出身的贝尔孤格终结了名存实亡的盖拉温家族的世袭统治，废黜苏丹撒列哈·哈吉。

纳绥尔·穆罕默德之后的盖拉温家族的12位苏丹，大都是被迅速替换，有5位在位仅1年或不足1年，除了艾什赖弗·舍耳班在位约13年、哈桑两次登基在位约10年外，其余苏丹大都在位不足5年。大多数苏丹都处在有权势的马木鲁克艾米尔如耶勒不花（Yalbughā）、贝尔孤格（Bargūg）等人的控制之下，废立、去留皆听命于人。这12位苏丹中，除了撒列哈·伊斯玛仪在位时病逝外，其余11人均被废黜，且其中有7人被杀。在马木鲁克艾米尔看来，血统所赋予的苏丹统治权威与这个王朝的哈里发别无二致——一个不具备实际约束力的职位，徒具象征意义而已。因此，大多数世袭苏丹对前任苏丹留下的马木鲁克艾米尔缺乏有效的控制和威慑，相应地，这些艾米尔对苏丹的忠诚度也大打折扣，对他们来说，选择谁坐上苏丹的宝座完全出于自己利益最大化的考虑。1376年，贝尔孤格立曼苏尔·阿里（al-Mansūr ‘Alī ‘Alā’ al-Dīn）为新任苏丹，1381年曼苏尔死后，贝尔孤格又立撒列哈·哈吉为苏丹，1382年，贝尔孤格在各个高级艾米尔的支持下自称苏丹。

---

1 ［美］菲利浦·希提：《阿拉伯通史》，马坚译，第615页。

到了切尔克斯马木鲁克当政的时期，这样的情况更甚。在大多数的时间内，苏丹一职都掌握在切尔克斯马木鲁克手中，最有权势且在位时间较长的9位苏丹全部为马木鲁克出身，他们分别是贝尔孤格（1382—1389、1390—1398年在位）、法赖吉（Faraj，1398—1405、1406—1412年在位）、穆艾叶德·舍赫（al-Mu'ayyad Shaykh，1412—1421年在位）、白尔斯贝（1422—1438年在位）、哲格麦格（Jaqmaq，1438—1453年在位）、伊那勒（Īnāl，1453—1460年在位）、胡什盖德木（Khushgadam，1461—1467年在位）、嘎伊特贝（Gāytbāy，1468—1495年在位）、冈素·奥里（Gānsūh al-Ghawrī，1500—1516年在位，他的马木鲁克突曼贝在他死后接任，成为埃及马木鲁克王朝的最后一位苏丹）。可见这个时候，马木鲁克军事阶层的强大已经足以抵制或压制世袭苏丹的统治，而这些苏丹的境况与后来奥斯曼帕夏在埃及的遭遇如出一辙。

对于马木鲁克王朝的统治权传承是否为世袭制，学界的意见还存在分歧。大卫·阿亚龙在他的论文《马木鲁克王国中的切尔克斯人》（*The Circassians in the Mamluk Kingdom*）中提出："马木鲁克王朝在很大程度上是承认世袭制度的"，"他们甚至没有想过要建立一个非世袭的王朝"。盖拉温家族的统治便是这种观点的最佳佐证。[1]持类似观点的还有霍尔特（P. M. Holt）、罗伯特·欧文（Robert Irwin）等人，他们认为尽管大多数的盖拉温家族的苏丹并没有掌握实权，艾米尔们充当着这个国家的真正统治者，但是盖拉温家族后裔的统治合法性从未受到质疑。也就是说艾米尔在越权统治的同时也承认盖拉温家族王权的正统性。

而以阿米莉亚·勒瓦诺尼（Amelia Levanoni）、丹尼尔·派普斯等为代表的学者们则认为，马木鲁克王朝的统治更倾向于一种"军事寡头政治"[2]（military oligarchy），其中各个军事集团通过竞争、压制等方式

---

1 David Ayalon, *The Circassians in the Mamluk Kingdom*, in *Journal of the American Oriental Society*, Vol.69, No.3 (Jul.–Sep., 1949), pp.145–146.

2 Amelia Levanoni, *The Mamluk Conception of the Sultanate*, in *International Journal of Middle East Studies*, Vol.26, No.3 (Aug., 1994), p.374.

获得统治权并分享特权。“到了突厥马木鲁克统治后期，由于缺乏有力的马木鲁克寡头成为统治者，马木鲁克艾米尔们就统治权达成共识，即在他们中推举较为有势力的人担任大艾米尔（al-amīr al-kabīr），成为领导者”，而盖拉温家族的苏丹们不过是傀儡而已。他们与此时身处开罗的阿拔斯家族哈里发并无本质差别。菲利浦·希提也持这种观点，尤其是“布尔吉系比伯海里系还要反对王位世袭的制度；素丹[1]只是同辈中的第一人，实权是在军事寡头集团的手中”[2]。这种竞争形式防止了统治权或政治利益向马木鲁克阶层之外转移，也降低了市民阶层分享或争夺统治权的风险。

本书支持第二种观点，即马木鲁克在本质上是非世袭的王朝，因为在这个时期，血统不是王权继承的关键和必要条件。相反，实力促成了非世袭苏丹的合法统治。对外来的、通过军事力量获得统治权的马木鲁克来说，这样的权力分享方式是最为妥善和安全的，并能确保其利益最大化。为了维护整个军事精英阶层的利益，他们更青睐于马木鲁克出身的苏丹，而不希望马木鲁克苏丹的后裔将整个集团的利益一点一点地纳入其家族势力范围之内。因此，马木鲁克军事精英阶层或许是埃及马木鲁克王朝王位世袭的最大政治阻力。几乎所有的世袭苏丹在继位时都受到了来自马木鲁克艾米尔及其军团的威胁。世袭苏丹因血统而获得统治权，缺乏来自马木鲁克群体的向心力，因此往往通过引入非马木鲁克人员来平衡国家统治阶层的权力。同时急于打破现有力量分配，代之以自己的新势力，以稳固自己的统治，这无疑会触动既有马木鲁克阶层的利益与稳定，也会引发马木鲁克集团的反弹。马木鲁克身份的非世袭与马木鲁克王朝苏丹的世袭统治之间必然存在着矛盾：身份的非世袭性和确保权力在本阶层内分享的要求，促使马木鲁克阶层内部排斥非马木鲁克出身的人。“一个马木鲁克的真正继承者是他的马木鲁克而不是他的儿子。马木鲁克制度内部最有力的纽带和忠诚，是一个奴隶对他的主人，以及经过释奴后，一个麦瓦里对他的保护

---

1 即苏丹。

2 ［美］菲利浦·希提：《阿拉伯通史》，马坚译，第634页。

人的忠诚。"[1]也就是说,马木鲁克统治阶层身份的延续是向自己的马木鲁克人员而非自己的子嗣身上转移的。当马木鲁克们把自己看作是其主人理所当然的继承者时,主人后嗣的横空出现甚至"争夺继承者身份"的行径必然是为他们所不容的。

世袭苏丹与马木鲁克艾米尔之间的交替统治、相互制约的互动关系,体现为中央集权与军事集团之间的抗衡,贯穿了马木鲁克王朝的统治历史。当一个马木鲁克艾米尔成功夺权,并登上苏丹的宝座后,往往尝试将权力以世袭的方式在自己的家族中传承下去。但这样的尝试会遭到马木鲁克艾米尔的挑战,世袭苏丹与马木鲁克军团之间大都是主仆关系,而非"战友情谊",其结果是苏丹可依靠的只有自己名下的马木鲁克,即自己购入并培养的马木鲁克,后者往往与前任苏丹的马木鲁克或主要掌权的马木鲁克艾米尔呈水火不容之势。于是夺权——世袭——夺权的斗争过程循环往复,成为马木鲁克王朝统治的一个最大特征。当苏丹的力量足够强大,并成功压制艾米尔的势力扩张时,他的家族及后裔便有机会实现世袭;反之,若马木鲁克艾米尔的势力过强,能够挟制苏丹时,那么后者的权势和地位以世袭方式延续下去的机会便十分渺茫。这是以苏丹为代表的中央集权和以各派马木鲁克艾米尔为代表的军事集团之间的争夺。在纳绥尔·穆罕默德之后,艾米尔的势力得到极大提升:艾米尔卡乌孙(Qawṣūn)名下有700名马木鲁克;而他的对手拜什塔克(Bashtāk)则至少有350名马木鲁克;与之形成鲜明对比的是,他们的苏丹所拥有的马木鲁克寥寥无几,力量对比非常悬殊。当这些苏丹想要摆脱艾米尔的控制(甚至威胁)或充实、培养自己的马木鲁克时,其悲惨的结局也就不可避免。

综上所述,埃及马木鲁克王朝的苏丹继承主要有两种模式:基于血统获得的世袭权利和凭借军事实力夺取统治权。世袭的苏丹由于缺乏马木鲁克军团的支持,急需扩建自己的马木鲁克军团来稳固自己的统治。夺权的艾米尔则要防止其他军团、派系或诸艾米尔的势力扩张,

1 Bernard Lewis, *Race and Slavery in the Middle East: A Historical Enquiry*, 1990, p.64.

以免在对峙中失去优势，并设法将统治权留在自己家族的手中。结果就是不论是哪一种苏丹进行统治，其首要任务都是通过扩充自己马木鲁克的势力来巩固统治。在这样的背景下，马木鲁克阶层不断壮大，其作为军事精英阶层参与国家统治的机会愈发增长。权力在马木鲁克人员内部的传递符合整个军事特权阶层的利益要求，同时保障了“最有力者据之”的政治权力分配。

二、马木鲁克阶层与马木鲁克后裔之间的权力争夺

马木鲁克作为军事精英阶层长期占据国家统治机构，左右埃及政局，同样，世袭苏丹因血统而获得统治权，他的目标在于强化中央集权、弱化军事精英阶层对统治的干预和控制。因此往往通过培植自己的势力、强化自己名下的马木鲁克军团势力，同时引入非马木鲁克人员来平衡、重整国家统治阶层的力量以稳固统治。在这种背景下，市民阶层的权利要求得到体现和回应，非马木鲁克人员在政府机构中被重用的例子增多，军事精英阶层与市民阶层相互制衡的局面逐渐出现。马木鲁克精英阶层则面临着来自外界的权利要求和挑战，这种挑战不仅仅要求分化他们独占的军事特权，更要对马木鲁克垄断国家政治统治的状况进行改变。非马木鲁克人员参与政治的机会在增加，马木鲁克阶层难以实现永久的政治垄断，常常受到以世袭苏丹为代表的非马木鲁克人员的挑战。其中有代表性的是大量的马木鲁克后裔成年并且要求分享权力。但马木鲁克制度的核心之一是马木鲁克身份的非世袭性：一个马木鲁克被买入，经过宗教、军事技能的学习，通过“释奴仪式”摆脱奴隶身份，成为“麦瓦里”，即异族穆斯林，其后裔即为自由人出身，也就不再是“马木鲁克”，他们被称为“那些人的儿子”（awlād al-nās），按规定这些人不能受封为军队艾米尔，因此也无法享有军饷或封地。这样的规定意味着“马木鲁克”及其特权仅局限在一代身上，不能通过血统承袭。马木鲁克集团内部通过新的人员的引入和晋升来维持政治特权在马木鲁克阶层内部的分配。

马木鲁克后裔对政治权力的分享要求成为非马木鲁克人员参与政

治统治的代表性例证之一。由于马木鲁克身份的非世袭性，马木鲁克的后裔已经不再属于马木鲁克阶层，技术层面来说，他们是不能够参与马木鲁克阶层的统治的。在纳绥尔·穆罕默德之前，极少有马木鲁克后裔出现在军事精英统治阶层中并获得权力。拜伯尔斯和盖拉温时代，埃及仅有8名马木鲁克的后裔被晋升为艾米尔，而且级别相对较低。[1]他们多被编排在集团军之中，而不被允许担任较高的职务。由此可见，事实上，整个马木鲁克军事精英阶层是排斥马木鲁克后裔进入的。但是，马木鲁克后裔分享权力的要求和竞争从来都没有消失过。从1290年盖拉温死后到1309年纳绥尔·穆罕默德第三次就任苏丹期间，仅有39名马木鲁克的儿子成为艾米尔并获得封地。而整个纳绥尔·穆罕默德的第三个任期中（1309—1340），至少有93名艾米尔是马木鲁克之子[2]，马木鲁克后裔在国家政治中的力量较以往显著增强。随着官阶的提高，他们的封地、俸禄都有大幅的提升。这标志着以马木鲁克后裔为代表的非马木鲁克军事人员对统治权力的要求开始上升并得到国家统治者的回应。上述93名艾米尔中，有9人位居“百夫长”，其待遇与马木鲁克出身的艾米尔无异。甚至在晋升时，马木鲁克后裔也不受任何的限制，许多马木鲁克的后裔因其父辈获宠而得到晋升。一个典型的例子就是纳绥尔·穆罕默德的高级艾米尔埃伊杜厄米什（Aydughmish），苏丹对其宠爱有加，他的三个儿子哈吉·麦列克（Amīr Ḥājj Malik）、艾哈迈德、阿里也都因此被加封为艾米尔。

更为极端的例子出现在1347年：艾米尔耶勒不花·叶海亚维（Yalbughā al-Yaḥyāwī）7岁的儿子获封为“四十夫长”。至最后一位盖拉温家族的苏丹结束其统治，1341至1382年中，埃及共计有257名艾米尔的出身为马木鲁克后裔。[3]其中至少44人获封为“千士官”。1367年，苏丹艾什拉弗·舍耳班（al-Ashraf Shaʿbān）任命哈里勒·本·卡乌孙（Khalīl b. Qawṣūn）为最高军事长官（atābak al-ʿasākir），这标志着非

---

1 Amalia Levanoni, *A Turning Point in Mamluk History: the Third Reign of al-Nāṣir Muḥammad Ibn Qalāwūn (1310–1314)*, p.42.

2 Ibid., p.44.

3 Ibid., p.49.

马木鲁克出身的人员获得了国家最高军事指挥权。由此可见，对于马木鲁克军事阶层垄断国家政治统治的现状，市民阶层有着自己的诉求，他们要求分享统治权，打破军事阶层对统治权的垄断，而这样的要求往往与苏丹的愿望不谋而合。因此，市民阶层或者非马木鲁克人员参与国家统治是平衡国家政治统治的需要，也形成了对马木鲁克军事阶层的制约。非马木鲁克人员进入国家行政体系分化了马木鲁克阶层的权力，一定时期内强化了中央集权，但也常常引发马木鲁克集团的反弹：苏丹哈桑想要提升马木鲁克的后裔为艾米尔，结果被他的副苏丹艾米尔耶勒不花·欧麦里（Yalbughā al-'Umarī）杀死。也就是说，一旦马木鲁克对苏丹，尤其是世袭苏丹缺乏忠诚度和荣辱与共的关联时，他们就会对统治权力有着更大的觊觎和僭越的野心。

三、布尔吉系马木鲁克的统治

一般认为，贝尔孤格的登基标志着切尔克斯马木鲁克成功取代突厥马木鲁克，获得国家统治权。就切尔克斯人而言，早在贝尔孤格成功登基前的35至40年间，他们就曾尝试发动军事政变。[1]甚至在突厥马木鲁克掌权期间，切尔克斯马木鲁克出身的拜伯尔斯·加什纳基尔就曾出任苏丹。但是切尔克斯马木鲁克整体取代突厥人而成为优势统治团体的过程并不是一蹴而就的，而是几经反复，经历了数十年时间。由于受到当政的突厥马木鲁克压制，切尔克斯人在很长一段时间处于朝不保夕的状态。据麦格里奇记述，仅在伊历814（1435年）这一年，苏丹法拉吉（Faraj）就杀死了630名切尔克斯马木鲁克。法拉吉给切尔克斯马木鲁克带来了毁灭性的打击，同时他还杀死了大量他父亲的马木鲁克。当然，结果是法拉吉本人也死于切尔克斯艾米尔的复仇。

主要由切尔克斯马木鲁克组成的布尔吉系马木鲁克军团是苏丹盖拉温在位时购入的，他将这支军队安置于萨拉丁城堡之中，这支军团由

---

1 David Ayalon, *The Circassians in the Mamluk Kindom*, in *Journal of the American Oriental Society*, Vol.69, No.3 (Jul.–Sep., 1949).

此得名。布尔吉系的马木鲁克当政之初,这支军团约有3 700人。它的成功崛起,结束了突厥人在埃及数百年的优势地位,也为马木鲁克制度未来的发展带来了新的变化。由于传统教育体制的衰落,马木鲁克之间的战友感情愈发被同族关系取代,因此切尔克斯马木鲁克表现出的族群认同或者说群体认同更强于突厥马木鲁克。历史学家伊本·台格利·比尔迪在描述切尔克斯马木鲁克统治时期这样写道:"贝尔孤格让自己的族人享有更多更大的特权,并将大量的封地和高官厚禄赏赐给自己名下的马木鲁克,而这些马木鲁克在军中势力极大,这才是这个国家衰落的原因所在。"切尔克斯马木鲁克往往凭借种族上的亲缘关系获得晋升,因此马木鲁克派系之争开始夹杂着日益突出的族裔斗争。为平衡军中各派力量,削弱切尔克斯马木鲁克的影响,苏丹穆艾叶德·舍赫曾尝试重新购买并重用突厥马木鲁克,但最终失败。哈里发甚至也成了这类斗争的牺牲品——由于支持反对切尔克斯马木鲁克,哈里发穆塔瓦基勒一世(al-Mutawakkil alā Allah al-Awwal)于1382年被迫逊位。可以见到,在这个时期,苏丹为维护自身的统治已经开始有意识地在马木鲁克集团内部制造竞争或者制衡机制,但是由于苏丹本身势弱,缺乏有效支持,这样的努力最终未能达成理想的效果。

到了16世纪初即马木鲁克王朝统治末期,马木鲁克派系、族群之争愈演愈烈,严重地分化了国家的军事力量,削弱了国家抵抗外来侵略的能力。

除了马木鲁克阶层内部派系及族群斗争的加剧,切尔克斯马木鲁克统治时期出现了以苏丹为核心的中央集权开始向艾米尔阶层分散的现象。苏丹的权力不断缩减,军队艾米尔权力却迅速膨胀,以至左右国家统治权,这意味着马木鲁克阶层对世袭苏丹愈发具有优势。

苏丹纳绥尔·哈桑继任之后,仍旧延续其父纳绥尔·穆罕默德的做法,对非马木鲁克出身的人员青睐有加,从而引发了其手下马木鲁克将领耶勒不花·欧麦里(Yalbughā al-'Umarī)的不满,后者于1361年策划暗杀了苏丹,先后扶植纳绥尔的孙子哈吉(Ḥājj)、曾孙艾什拉弗·舍班(al-Ashraf Sha'bān)出任苏丹。耶勒不花·欧麦里(Yalbughā al-'Umarī)开始重建马木鲁克军事精英阶层统治的绝对权威,在数位世袭苏丹没有实权的情况下，趁机将中央权力向马木鲁克艾米尔阶层转移。

贝尔孤格是耶勒不花·欧麦里手下的马木鲁克，1378年出任最高军事长官阿塔贝克（atābak al-'asākir），1382年废黜苏丹撒列哈·哈吉，自己出任苏丹。他曾在1389—1390年被迫让位，逃往卡拉克，但很快在1390年又再次复位，并在其执政期间最终确立了切尔克斯马木鲁克的统治。他的对手是以敏塔什（Mintāsh）为首的马木鲁克，此人是麦列克·艾什拉弗·舍班（al-Malik al-Ashraf Sha'bān）（即撒列哈·哈吉之前的苏丹）的马木鲁克，对废黜自己主人的切尔克斯马木鲁克怀有敌意。贝尔孤格的上台标志着马木鲁克军事精英阶层争夺权力的斗争再次开始。这个阶段对于后来奥斯曼土耳其时期马木鲁克制度在埃及的延续具有非常重要的意义。军事精英阶层的统治进一步确立，并最终确立以手握实权的艾米尔为核心的寡头统治。世袭苏丹均不能维持独立有效的统治，往往在短期内就被有权势的艾米尔推翻。苏丹愈发变成能者居之的职位。苏丹的更迭基本上演变为有权势的马木鲁克艾米尔之间的争夺，而嫡亲的世袭不过是马木鲁克苏丹更替之间短暂的间歇。

1422年起，相继有切尔克斯马木鲁克出身的高级艾米尔出任苏丹，他们通过对世袭苏丹的压制和操控，进一步维护和加强了马木鲁克阶层的优势地位。他们分别是白尔斯贝（Barsbāy，1422—1438年在位）、哲格麦格（Jaqmaq，1438—1453年在位）、伊那勒（Aynāl，1453—1461年在位）[1]、胡什盖德木（Khushqadam，1461—1467年在位）[2]、帖木儿不花（Timurbughā，1467—1468年在位）[3]。1438年白尔斯贝死后，他13岁的儿子麦列克·阿齐兹·优素福继任苏丹不足一年便被哲格麦格取代。同样，1453年哲格麦格死后，他的儿子即位不久即被伊那勒所取代。

切尔克斯马木鲁克统治期间，马木鲁克阶层的补充与培养仍在继续，如白尔斯贝名下的艾什赖弗系马木鲁克军团（al-Ashrafiyyah）。但

1 这三个人都是贝尔孤格的马木鲁克。

2 此人是舍赫的马木鲁克。

3 此人是哲格麦格的马木鲁克。

此时的马木鲁克培养过程已经大幅缩短至12—18个月。[1]马木鲁克一如既往地通过晋升进入国家统治机构，影响埃及政治。贝尔孤格之后，马木鲁克高级艾米尔的数量在一段时间内曾有过缩减：1486年，在任的仅有15名“百夫长”、10名“四十夫长”、60名“十夫长”以及40名近侍。但是到了1502年，马木鲁克高级将领的数量已经有了明显的增长，达到24名“百夫长”、75名“四十夫长”、180名“十夫长”以及800名近侍。到了苏丹冈素·奥里统治的末期，“百夫长”的数量已增至27名，“四十夫长”和“十夫长”的数量也累计达到300名。[2]

因此，布尔吉系切尔克斯马木鲁克统治时期，马木鲁克艾米尔的势力进一步扩大，而世袭苏丹的势力日益萎缩。其结果是每当有世袭的新苏丹上台，都会遭受到艾米尔的攻击乃至废黜，军队艾米尔实际掌控着国家的决策权，表现之一就是苏丹在这个时期的频繁废立和马木鲁克军事集团统治的进一步加强。这一时期，苏丹的中央集权统治已处于下风，而马木鲁克军事精英阶层开始确立绝对统治权威。这样的斗争结果也标志着权力由马木鲁克苏丹手中向马木鲁克军事团体或阶层转移，由一人集权统治彻底转变为军事精英阶层的统治。整个马木鲁克军事精英阶层开始成为完全意义上的国家主要政策决策者，并控制着国家行政权力。

切尔克斯马木鲁克的统治标志着马木鲁克军事精英阶层在权力斗争中的胜利。同时，马木鲁克后裔的地位在经历一段时间的提升后又明显降低，逐步被排斥在权力分配之外，从而进一步加强了马木鲁克军事精英身份的非世袭原则。

然而切尔克斯马木鲁克统治下的埃及，内忧外患层出不穷。频发的瘟疫几乎摧毁了埃及经济和社会的发展。1347—1348年间，埃及爆发黑死病，此后的逾百年中，埃及相继经历了55次黑死病疫情。[3]这在一定程度上影响了马木鲁克的持续输入。瘟疫造成的农业歉收和国家

1　Carl F. Petry, *The Cambridge History of Egypt, Vol.1: Islamic Egypt, 640–1517*, p.300.

2　Ibid., p.305.

3　Ibid., p.306.埃及的瘟疫爆发基本集中于以下的年份中：1347—1348；1388—1389；1397—1398；1403—1407；1410—1411；1415—1419；1429—1430；1438—1439；1444—1449；1455；1459—1460；1468—1469；1476—1477；1492；1498；1505—1505；1513—1514。可以看出整个切尔克斯马木鲁克统治时期，埃及基本上都笼罩在瘟疫的阴影之下。

财政困难也使得马木鲁克阶层的经济实力受到打击：农民在瘟疫中大批死去，致使耕地荒芜，作为大量封地的持有者的马木鲁克的收入急剧下降；军队无法发放俸禄。[1]整个埃及的经济状况直线下滑，社会民生凋敝；国内缺乏统一的中央权威，派系争斗不断加剧了政局的不稳定性；外部势力崛起对埃及国家安全造成困扰，而民不聊生的国内状况又使统治者无法有效地抵御外敌。内外危机的共同作用，最终导致埃及马木鲁克王朝在16世纪初覆灭。

第四节　埃及马木鲁克王朝的终局

一、切尔克斯马木鲁克统治末期的埃及

连年不断的瘟疫爆发，造成了埃及人口剧减，据记载，当时埃及的人口损失约占全国人口总数的四分之一甚至三分之一，与之相伴的是埃及经济发展停滞和社会的持续衰退。埃及原为世界贸易的中心走廊之一，然而瘟疫横行造成商路不畅，最终致使许多过境贸易放弃了经红海的海上运输。此外，15世纪末非洲南部好望角及连接东西方世界新航道的发现更使之备受冲击，由政府垄断的红海香料贸易大额缩减，[2]导致政府财政预算不足。与日益恶化的国内环境相对应的是，埃及周边的国际局势也愈发紧张。

长期以来，埃及的东面一直呈现为紧张对峙的政治局面。14世纪后半叶至15世纪初，帖木儿帝国的持续扩张曾一直威胁着马木鲁克所辖的叙利亚和埃及。1402年，帖木儿帝国在安卡拉战役中大败奥斯曼人，达到帝国鼎盛时期。但1405年帖木儿在进军途中死亡，终止了其帝国的扩张步伐。帖木儿死后，帝国继承人之争立现，国家随即陷入动荡并分裂成数个小国，1500年最终被乌兹别克游牧人所灭。但是东

1　Carl F. Petry, *The Cambridge History of Egypt, Vol.1: Islamic Egypt, 640–1517*, p.288.

2　15世纪初，埃及政府宣布途经红海的香料贸易由国家垄断。

方的威胁并没有就此消失：1501年，号称波斯萨珊王朝继承者的什叶派萨法维王朝建立并定都大不里士，开始自波斯持续向西北挺进，几年间就吞并哈马丹（1503）、设拉子和克尔曼（1504）、纳杰夫和卡尔巴拉（1507）、赫拉特和呼罗珊（1510），很快就与北面的奥斯曼土耳其人呈剑拔弩张之态。

奥斯曼帝国兴起于1299年。在分裂的罗姆苏丹国的基础上，土耳其卡伊部落领袖奥斯曼宣布独立。之后，奥斯曼人吞并了安纳托利亚的大部分地区，并持续向欧洲扩张。1389年后，迫于奥斯曼人的军事威胁，欧洲各国决定出兵支援拜占庭帝国。可惜，在1396年的尼科堡战役中（Battle of Nicopolis），英法十字军和匈牙利、波兰等国的联军不敌奥斯曼苏丹巴叶济德一世（Bayezid I）。但1402年，奥斯曼人败于帖木儿帝国军队，暂缓了向欧洲的扩张。1405年帖木儿死后，他的汗国也开始衰落。奥斯曼人再次复兴，他们结束国家的分裂局面并于1453年终结了拜占庭人的统治。在吞并了东南欧和地中海东部广大区域的基础上，奥斯曼人加紧向外扩张的步伐，而地中海南面的埃及此时正直面这个新兴的强大帝国。

由此可见，在16世纪初西亚北非及至地中海沿岸的广大区域内，主要竞争力量已经变为奥斯曼土耳其人、埃及和叙利亚的马木鲁克以及波斯的萨法维人。相对于埃及国力的下降，奥斯曼帝国和作为新起之秀的波斯萨法维王朝都呈现出方兴未艾之势。这样的力量对比，使得埃及原本就十分困难的处境雪上加霜。同时外部力量的敌对严重影响了埃及马木鲁克贸易的顺利进行，使马木鲁克军团无法持续地扩张壮大。

二、奥斯曼土耳其对埃及的征服

1484年起，埃及开始与奥斯曼正面冲突，1484、1484—1486、1488、1489和1490年战事相继爆发。嘎伊特贝在任期间（1468—1496年），为应付与奥斯曼人的战事，埃及耗资巨大、国库虚空，使埃及原本就衰弱的经济更加恶化。到他的继任者冈素·奥里（Qānṣūh al-Ghaurī）上任时，埃及已经无法再拨出足够的军事开销。埃及政府的财政持续恶化，入不敷出，进而导致埃及军事力量的衰减，影响到马木鲁克与奥斯曼土耳其人的战局，加速了埃及的沦陷。1491年奥斯曼苏丹巴叶济德二世（Bayezid Ⅱ）在位期间（1481—1512年），双方一度停战，甚至在埃及与葡萄牙人争夺贸易主导权时，巴叶济德二世还给予了埃及军事援助，[1]但这无法缓解埃及和奥斯曼人的紧张关系。

直至16世纪初什叶派萨法维王朝崛起，这种紧张对峙才略有缓解：出于对什叶派扩张的忧虑，奥斯曼土耳其人与埃及的马木鲁克在一定时期内形成短暂联盟。这在一定程度上挽救了埃及马木鲁克王朝的命运，为了抵制萨法维王朝及什叶派势力在西亚的扩张，奥斯曼土耳其人暂时需要埃及马木鲁克的存在。但好景不长，1514年赛里木一世率军在泰伯里斯坦大败萨法维人后，旋即掉头攻打马木鲁克统治下的叙利亚和埃及。赛里木一世的军队与马木鲁克军队在阿勒颇北部的达比格草原遭遇，而此时的马木鲁克军队无论在规模上还是在技术上均逊色于奥斯曼土耳其军队。马木鲁克的军队毫无悬念地战败，苏丹冈素·奥里向赛里木一世投降，同时交出了随军出行的哈里发穆台瓦基勒三世（al-Mutawakkil alā Allah al-Thālith）。包括最高军事指挥官、大马士革省总督、的黎波里省总督、萨法德省总督、希姆斯省总督在内的马木鲁克高级艾米尔被杀。[2]在此次战役后，赛里木一世任命了一名奥斯曼土耳其帕夏出任阿勒颇总督，负责当地的管理，自己则率军继续向南进发，随即进驻大马士革，并相继征服整个大叙利亚地区。

苏丹冈素·奥里兵败不久便死去，突曼贝（Ṭūmānbāy）在开罗被拥立继任苏丹。奥斯曼人向突曼贝劝降不成，[3]1517年1月22日其军队穿过西奈沙漠抵达开罗附近。突曼贝本欲前往撒列希亚

1 Carl F. Petry, *The Cambridge History of Egypt, Vol.1: Islamic Egypt, 640–1517*, p.493.

2 Ibid., p.499.

3 奥斯曼苏丹赛里木一世向突曼贝提出：在其归降后可获得囊括加沙地带的"埃及行省"的管辖权；埃及向奥斯曼帝国按年缴纳赋税；在周五的聚礼日上，埃及要为奥斯曼苏丹祈祷。参见：Fāḍil Bayāt, *Al-Dawlah al-'Uthmāniyyah fī al-Majāl al-'Arabī: Dirāsah Tārīkhiyyah fī al-Awḍā' al-Idāriyyah fī Ḍaw' al-Wathā'iq wa-al-Maṣādir al-'Uthmāniyyah Ḥaṣran (Maṭla' al-'Ahd al-'Uthmānī-'Awāsiṭ al-Garn al-Tāsi' 'Ashar*, Markaz Dirāsāt al-Waḥdah al-'Arabiyyah, al-Ṭabaqah al-Ūlā, 2007, p.395.

(Ṣāliḥiyya)迎战，但他手下的艾米尔们却坚持在开罗附近的莱达尼亚(al-Raydāniyya)固守。1517年1月23日，双方在莱达尼亚交战，马木鲁克军队大败，苏丹突曼贝逃走，标志着马木鲁克阶层自此丧失了其在埃及的绝对统治权。在接下来的聚礼日上，赛里木一世已然被称作“两圣地的仆人”[1]。赛里木随即展开了一场针对马木鲁克的大规模捕杀行动，甚至连他们的子女都不放过。1月28日，突曼贝集合了一部分余下的马木鲁克，联合贝都因人对赛里木的营地发动夜袭，“血腥的街斗持续了四天四夜”，[2]马木鲁克再次失败。4月2日，突曼贝在吉萨地区再次与奥斯曼人交战，结果依旧是失败，800名投降的马木鲁克被杀，而被俘的马木鲁克也多达700人。突曼贝在逃跑中遭人出卖而被奥斯曼人俘虏，随即被吊死在祖维莱门(Bāb Zuwaylah)，埃及马木鲁克王朝的统治就此终结。奥斯曼统治者宣布由哈伊尔贝(Khā'ir Bey)兼任埃及行省的总督(此人在马木鲁克统治时代就任阿勒颇总督，奥斯曼人占阿勒颇之后，此人获得留任)，其管辖范围包括开罗、三角洲以及埃及中部；而上埃及则交由哈瓦拉部族(Ḥawwārah)来管理。很快，赛里木又收到麦加总督愿意归顺的消息，由于麦加和麦地那相继向伊斯坦布尔交出管辖权，承认其宗主国的地位，伊斯坦布尔从此取代了开罗，成为逊尼派穆斯林世界的首都。1517年9月，赛里木启程返回伊斯坦布尔，并将最后一位阿拔斯裔哈里发穆台瓦基勒三世带离开罗。埃及马木鲁克王朝宣告终结。

三、小结：13—16世纪埃及马木鲁克制度

13—16世纪，来自黑海北岸的钦察突厥马木鲁克和黑海东北岸的切尔克斯马木鲁克通过贯穿黑海、安纳托利亚以及地中海的国际奴隶贸易被引入埃及，他们是这个时期埃及马木鲁克阶层的主要人员构成。这些马木鲁克大都由苏丹或者艾米尔购入以充实自己的力量，被买入

1　Carl F. Petry, *The Cambridge History of Egypt, Vol.1: Islamic Egypt, 640–1517*, p.503.

2　Ibid., p.504.

后，他们往往被单独安置和教育，通过宗教学习和军事技能训练获得“穆斯林战士”的身份，而他们所属军事团体则往往以其主人的名字来命名。通过封地政策和晋升机制，这些马木鲁克能够获得相应的经济利益并进入国家统治机关，从此左右埃及政局。马木鲁克在13—16世纪间的埃及历史乃至区域历史上都留下了不可磨灭的痕迹，他们有效地抵御了十字军东征，与东面的蒙古势力形成长期顽强的对峙，一定程度上保护了伊斯兰世界的历史文化成果，使开罗成为继巴格达和科尔多瓦之后新的伊斯兰宗教文化中心。

通过土地分封而获得财富是马木鲁克阶层的经济基础，而相对稳定的晋升机制则帮助马木鲁克由军事领域大量、有序地进入政治领域，进而形成一个能够进行国家统治的军事精英阶层。由于马木鲁克的身份不能世袭，马木鲁克的后裔天然被排挤出马木鲁克军事精英阶层，因而这个军事阶层的人员通过马木鲁克贸易来进行补充并循环往复。另一方面，马木鲁克人员不与埃及本土人混居融合，他们能够基本保持其游牧民族的特征，不会在城市文明的影响下被同化或者消失，从而确保了整个马木鲁克群体始终维持较强的战斗力和军力优势，进而保证他们持续垄断对国家的统治。

苏丹的世袭统治与马木鲁克制度始终存在着互动关系，尽管世袭制确实冲击甚至改变了马木鲁克制度的某些方面，但它并未中断马木鲁克制度。世袭制与马木鲁克制度本身是相左的，但二者间的互动与制衡，在埃及政治中形成了新的统治模式。在马木鲁克制度中，权力是通过能力获得的，而不是靠血统，因而这一制度从根本上说排斥统治身份的世袭，或者说与世袭制的理念完全相反。但是君主的世袭与军事集团权利的非世袭又是现实共存的。当世袭的苏丹足够强大时，便可以通过控制马木鲁克军事集团实现统治，权力由马木鲁克阶层向苏丹个人集中，保证了苏丹对马木鲁克军事组织或人员的有效控制；但当他的势力减弱或无能时，统治权力就会由马木鲁克军事集团掌握，权力在较有权势的艾米尔中协调分配，最终形成平衡状态。

一方面，在马木鲁克军事集团的制约下，苏丹很难实现高度集权的统治，苏丹的频繁废立正是这一点的体现；另一方面，马木鲁克阶层在人员的引入、任用等方面也受到苏丹政策的影响，一旦苏丹占了上风，那么他的个人行为很有可能会影响到整个马木鲁克阶层内部。一个强有力的苏丹对于马木鲁克制度的影响是客观存在的，他的一些行为，如对引入、教育、晋升规则的改变，增加非马木鲁克出身人员的政治参与等，无疑会给马木鲁克制度带来影响。纳绥尔·穆罕默德继位后的部分举措就曾在马木鲁克制度的发展过程中留下印记。这位苏丹常常被看作马木鲁克制度的破坏者，他在位期间的改革更常被看作是“去马木鲁克化”（Demamlūkization）[1]的阶段。但是，综合来看，纳绥尔·穆罕默德在位期间，马木鲁克的人数总量并没有明显减少，他名下的马木鲁克甚至比拜伯斯尔名下的马木鲁克更多。马木鲁克贸易也在进行中，尽管受到贸易条件恶化的影响，马木鲁克人数供给在一定程度上算不上充裕，但是整个马木鲁克阶层在国家事务中的参与水平和政治影响力都并未显著下降。纳绥尔·穆罕默德本人也是通过马木鲁克对自己的有力支持而重新获得权力的。因此，即使纳绥尔·穆罕默德真的有“去马木鲁克化”的意图，这种努力也不能算是成功的。

埃及的马木鲁克制度并没有随着马木鲁克王朝的覆灭而结束。这也解释了埃及马木鲁克在1517年之后持续长时间统治的原因：军事精英阶层的政治统治并没有随着苏丹的死亡而终结，强有力的马木鲁克艾米尔的存在成为马木鲁克政治统治延续的基础。王朝的覆灭并不意味着马木鲁克群体的消亡，相反，中央集权由开罗转向了伊斯坦布尔，而鞭长莫及的奥斯曼苏丹，对于埃及马木鲁克阶层缺乏有效的管控措施，使得马木鲁克制度及马木鲁克精英阶层的统治在埃及繁荣发展下去。可见，“马木鲁克”的实质是国家军事人员或者是军事精英阶层，而不完全是国家统治者的代名词。在13—16世纪的埃及，“马木鲁克出身的苏丹”与“马木鲁克王朝的苏丹”在很多情况下身份是不同的：苏丹并不一定是马木鲁克，因此研究马木鲁克苏丹不能完全解读马木鲁克制度；同样，“马木鲁克制度”也不等同于“马木鲁克王朝的制度”，在现代化的专业军队和由市民精英构成的官僚系统出现之前，

1　Carl F. Petry, *The Cambridge History of Egypt, Vol.1: Islamic Egypt, 640–1517*, p.288.

马木鲁克制度一直充当着埃及主要军事力量的组织方式和政府官僚的培养及使用手段。也正因如此，1517年埃及成为奥斯曼帝国的行省之后，马木鲁克制度又继续存在发展数个世纪之久。

第 三 章

16—18世纪埃及马木鲁克制度的变迁与发展

16世纪初，埃及马木鲁克制度经历了一个生死存亡的时期。在奥斯曼人的追击下，包括苏丹在内的大量马木鲁克人员被杀戮或关押，严重削弱了马木鲁克阶层的力量，为奥斯曼土耳其在埃及建立统治铺平了道路。但值得注意的是，奥斯曼人追剿和打击的是埃及既有的反抗力量，即马木鲁克王朝旧部。在实现对埃及的征服后，奥斯曼人默许了马木鲁克制度在埃及的继续存在和发展，甚至还参与了其重构的过程，为16—18世纪埃及马木鲁克军事精英阶层的复兴创造了条件，并最终促成其再一次实现对埃及政治的垄断。因此，奥斯曼人打垮的是马木鲁克王朝的军事精英阶层，尽管他们与奥斯曼埃及的马木鲁克精英阶层存在着重要的共同点，即都是马木鲁克军事人员出身，但二者之间并没有天然的传承或继承关系。这些奥斯曼时代的马木鲁克与1517年前的埃及马木鲁克大多既没有血统上的直接关联，也不是其王朝的余部，这一点在研究奥斯曼时代埃及马木鲁克时至关重要。因此，不能将这个时代的马木鲁克看作埃及马木鲁克王朝的遗老遗少，也就是说，这个时代马木鲁克群体对统治权的争夺、划分，不是要求复辟马木鲁克王朝，而是其作为政治团体或政治力量对权力的诉求。

然而，随着权力竞争的需要，17世纪开始马木鲁克更愿意将自己看作是马木鲁克王朝的继承者或传承人，传达的含义是：马木鲁克与埃及本土居民具有长久的历史渊源，皆以埃及人的身份存在。这样的身份认同，使埃及马木鲁克阶层不再作为奥斯曼帝国的代理人、附属品或依附者而存在，相反，他们能够以埃及本土精英的身份挑战奥斯曼中央政府，成为埃及政权的有力竞争者，与代表奥斯曼中央政府的总督分庭抗礼，随之而来的是马木鲁克军事精英阶层再次垄断埃及政治。这是马木鲁克制度在16—18世纪间的主要发展过程、特征和结果。

第一节　奥斯曼征服初期的埃及马木鲁克

奥斯曼人占领埃及初期，曾大肆杀戮马木鲁克王朝的抵抗力量，极力消除自己在埃及建立统治的障碍。但随着帝国相继征服北非和阿拉伯半岛的大部分地区，他们很快发现仅依靠自己的军队根本无力维持其在欧亚广大新领土上的统治。同时，东面萨法维人的威胁仍旧存在，埃及被奥斯曼人攻占不久，曾经被奥斯曼帝国击溃的萨法维人便卷土重来，并占领了美索不达米亚北部地区，成为奥斯曼统治者的心腹大患。萨法维人甚至意欲与欧洲人结盟，共同对抗奥斯曼土耳其人。加上地中海沿岸欧洲势力的不断扩大并形成反扑，紧张的国际环境下，奥斯曼政府不得不重新起用马木鲁克以维持自己在埃及、叙利亚等地的统治。

与此同时，埃及境内的情况也不容乐观，阿拉伯部落民即贝都因人持续发动叛乱，这些持有武器的贝都因人是奥斯曼在埃及统治的不稳定因素之一。赛里木一世离开埃及时，留下的戍军包括5 000名骑兵和500名火枪手。奥斯曼人在埃及的驻军总数共计10 000人左右。[1]但仅依靠这支数量有限的军队很难控制埃及如此广袤的区域。奥斯曼人迫于军力有限，无暇在对外展开军事行动的同时，兼顾帝国各省区庞大领土的管理并维持它的稳定。这也促使奥斯曼政府迅速赦免并重新起用马木鲁克。因此奥斯曼人选择马木鲁克作为自己在埃及的代理人来进行统治，从而确保这个帝国南部行省的安定。除了外部环境带来的军事压力外，埃及作为奥斯曼人征服的最大行省之一，能为帝国提供高额的赋税以及贸易收入，同时还能向奥斯曼帝国本土输入各种丰富的物产。因此，维护埃及局势的稳定及对其有效的管控，是奥斯曼中央政

1　M. W. Daly, *The Cambridge History of Egypt, Vol.2: Modern Egypt, from 1517 to the end of the twentieth century*, Cambridge University Press, p.21.

府在埃及政策的重心。这种留用地方政治精英的做法在奥斯曼对外征服的过程中早有先例。奥斯曼苏丹穆罕默德二世(Muḥammad Ⅱ, 1451—1481在位)统治期间,奥斯曼帝国高度集中的中央集权行政管理制度被打破,“帝国开始依靠地方显贵,而非之前由伊斯坦布尔指派到行省的总督。这些地方精英的权力为苏丹所承认”[1]。这一点对于埃及马木鲁克精英阶层在埃及的复苏和垄断产生了深远的影响。

因此,与马木鲁克的联合对奥斯曼人来说似乎是不可避免的。一方面,相对埃及的其他势力,马木鲁克无论在军事能力、管理经验上,还是可靠性上来说,都是奥斯曼人合作进行统治的首选。另一方面,作为一个外部输入的团体,马木鲁克阶层始终未能彻底融入埃及社会,进而缺乏足够强大的社会力量支持,社会动员能力较低。虽然埃及马木鲁克阶层在奥斯曼征服时期遭受重创,马木鲁克人员被大量杀戮或关押,但马木鲁克制度如今又为奥斯曼人沿用,直接促成了新时期埃及马木鲁克阶层的形成,也就是说,奥斯曼人在埃及的统治为马木鲁克制度的沿用和发展创造了条件。

面对帝国内外局势的新变化和对广袤国土进行统治的压力,赛里木一世一改最初针对马木鲁克的清剿政策,转而重新招抚:他在离开埃及前下令释放关押的44名马木鲁克艾米尔;[2]1517年9月13日,时任埃及总督的哈伊尔贝宣布大赦马木鲁克余部,约有5 000名四处藏匿逃命的马木鲁克听到消息后重返首都开罗,很快在两周后,哈伊尔贝再次下令,允许这些马木鲁克在城中骑马并购置武器。[3]马木鲁克人员被重新起用,并在奥斯曼管理下的埃及军事机构中任职,且保持相对独立的编制,而不是与其他军队混合整编,这种做法保留了马木鲁克军事团体的特性,有助于马木鲁克阶层的重新构建。但奥斯曼法律明文禁止他们穿着具有明显马木鲁克特色的服饰,要求他们按照奥斯曼军队的方式着装和修饰,如:马木鲁克的传统服饰有肥大的衣袖,但是现在他们必须改穿紧袖的服装;马木鲁克不许再蓄须;马木鲁克艾米尔的住所

---

1 [美]查尔斯·金:《黑海史》,苏圣捷译,第127页。

2 Carl F. Petry, *The Cambridge History of Egypt, Vol.1: Islamic Egypt, 640–1517*, p.511.

3 Ibid., p.511.

处，所有象征马木鲁克权势、地位的装饰被尽数取下。所有这些举措均促成一个效果——尽管其初衷也许仅仅是对马木鲁克的歧视和侮辱——马木鲁克在埃及的历史存在被刻意淡化模糊，以期他们顺利地转化为奥斯曼人的军事力量，并帮助奥斯曼人在埃及进行统治。

1517年，也就是埃及被奥斯曼人征服当年，苏丹赛里木一世即颁布法令，规定埃及每年向奥斯曼中央政府缴纳赋税，并在奥斯曼帝国对外战争时，负有出兵参战的义务；而埃及则相应地获得奥斯曼宗主国的保护。大量的埃及马木鲁克被派往红海港口、亚历山大等多地驻防，并作为奥斯曼军队向外出征。随着马木鲁克在国家军事机构中力量的逐步恢复，其被压迫的窘境也日渐缓解。1522年奥斯曼苏丹苏莱曼一世率大军攻打罗德岛（Rhodes），但遭到了岛上圣约翰骑士团（Order of Knights of the Hospital of Saint John of Jerusalem）的顽强抵抗。最后双方达成协议，圣约翰骑士团被迫离开罗德岛，基督教世界在东地中海最后一块领地也被奥斯曼人占领。17世纪时，奥斯曼人正是以此为基地，向克里特岛（Crete）进攻。首次作为奥斯曼帝国军队参战的马木鲁克，因其出色表现受到了统治者的赏识，之后便逐渐开始有马木鲁克被晋封并获任政府高官。

奥斯曼人在埃及的统治并不平顺。16世纪20年代前后，埃及即爆发了一系列反抗奥斯曼统治的起义。1520年奥斯曼苏丹赛里木一世死后，残余马木鲁克势力曾一度出现反弹。叙利亚总督占比尔迪·奥扎里（Janbirdī al-Ghazārī）为马木鲁克艾米尔出身，他曾经数次劝说时任埃及总督的哈伊尔一同反叛奥斯曼土耳其人的统治。1520年11月，他率兵起义并宣布为苏丹，号召马木鲁克和其他民众一起加入，恢复马木鲁克时代的统治，大批的切尔克斯马木鲁克从开罗秘密逃往大马士革，加入起义队伍，其中包括埃及总督哈伊尔贝的不少亲信和同僚。1521年2月，起义被奥斯曼军队镇压。1523年5月，在大批马木鲁克以及贝都因人的支持下，扎敏（Jāmin）与伊纳勒（Īnāl）在埃及公开反叛新任总督穆斯塔法帕夏（Mustafa Paşa）和奥斯曼中央政府的统治。次月，反叛活动即被镇压，包括扎敏在内的约计500名马木鲁克被杀。之后，余留下的大批马木鲁克被遣散，仅有少量马木鲁克留下参与开罗的戍防。

1525年4月，奥斯曼苏丹苏莱曼的大维齐尔易卜拉欣帕夏（Ibrahim Paşa）接任埃及总督，在其任期内，埃及马木鲁克势力被镇压，无法对奥斯曼政府或驻任埃及的奥斯曼总督形成实质性的威胁。

也是在1525年，奥斯曼中央政府授权易卜拉欣帕夏颁布《埃及法典》（*Qanun-name-ı Mısır*，亦作*Qanun name/Qanun nama*[1]），规定了埃及军事力量的构成及其义务和行为准则，该法典成为奥斯曼人在埃及统治的基础。奥斯曼埃及的军事组织结构便是在这个基础上形成的。

奥斯曼在埃及的驻军主要由7个军团（odjaks/ojaqs）组成，他们分别是：禁卫军军团（Yeñiçeri）[2]，它是奥斯曼帝国驻防埃及规模最大的军团，以步兵为主，因其主要任务是保卫开罗的萨拉丁城堡，人员限定约为1 000人，但到18世纪末其人员总数已经实现几倍的增长；阿宰卜军团（Azab），其规模和重要性仅次于禁卫军军团，以步兵为主，主要在通往萨拉丁城堡的要道和各港口驻防，除守卫城市之外，还经常承担护卫朝觐商队任务，人员限定约为500人，以上这两个军团原则上均不收编马木鲁克人员；扎乌什军团（Chavush）和穆塔法里格军团（Mutafarriq），这2个军团规模较小，包含有步兵和骑兵，主要担任奥斯曼驻埃及总督的护卫，分别建立于1524年和1554年，由奥斯曼帝国中央军队核心成员或其后裔组成，其设立的最初目的是制衡前朝遗留的切尔克斯马木鲁克骑兵团，人员限定起初均为40人，后来上升至各180人，由于与统治者关系较为紧密，这2个军团人员晋升速度更快，奥斯曼统治初期，许多贝伊即出自这2个军团，2个军团成立不久，“中央政府即颁布法令，规定只有这2个军团出身的人才能获封为桑贾克贝伊[3]”[4]，以期将埃及主要的政治参与者限于奥斯曼土耳其人的范围之内，因此这2个军团的实力提升很快；另外还有3个骑兵

1 源自波斯语，词义为“法典”。

2 即“Janissaries”，源自土耳其语，意为“新兵”。

3 注释见后文。

4 Jane Hathaway, *The Politics of Households in Ottoman Egypt: the Rise of the Qazdağlıs*, Cambridge University Press, 1997, p.11.

团(Sipahi[1]),分别是古努鲁军团(Gunullū)(意为“志愿兵”),主要使用弓、矛等武器,图芬克军团(Tufenkjiyan)(意为“步枪兵”),主要使用来福枪,[2]最后一个骑兵团就是被奥斯曼人编入驻防军中的切尔克斯马木鲁克骑兵团(Circassians)。作为前6个军团的补充力量,切尔克斯马木鲁克骑兵团最初常常受到歧视,甚至有时“薪俸会被拖欠7个月之久”[3],由此可见,在奥斯曼埃及早期的军事体系中,切尔克斯骑兵团的重要性和地位相对来说都是最底层的。而且该军团的总指挥官、副指挥官以及书记员必须是奥斯曼土耳其人,以确保奥斯曼中央政府对该军团的绝对管控。这3个骑兵团在整个驻军建制中地位最低,待遇最差,主要依靠政府薪金而没有其他收入,但政府又常常拖欠他们的军饷,以至于引发骑兵团暴动。16世纪末,埃及通货膨胀严重,3个骑兵团因不满自身的经济处境而首先发生骚动,继而多次引发军事暴乱。[4]

这7个军团中,每一个军团均有自己的各级指挥官,诸如:禁卫军军团的最高长官“阿格”(ağa);下面依次为副指挥官“凯赫亚”或“凯特胡达”(kahya/kathüda)——很多情况下,副指挥官常常掌握军团实权;助理指挥官“扎乌什”(çavuş);另外还有一些书记员(kātib)以及财政官员;等等。原则上,任何军团不得私自扩充人数,人员的补充均须得到中央政府授权。但到了16世纪后半叶,各主要军团的人数都有显著提升:禁卫军军团人数由1 000人上升至1 400人;阿宰卜军团人数由500人上升至700人;扎乌什军团由180人上升至450人。[5]除切尔克斯马木鲁克军团外,其他军团大部分是在奥斯曼征服之初由中央整

1 西帕希骑兵团,即“封建采邑骑兵团”,封建领主西帕希对帝国负有军事义务,即作为封建领主,他们受命于国家,从封地上获得经济利益,但须出兵参与国家的军事行动。他们的领地称作“蒂玛尔封地(Timar)”。一般情况下,此类封地不能世袭,但偶尔会出现在苏丹的允许下世袭的情况。由于奥斯曼政府在埃及没有采取该封地制度,因此当地“西帕希骑兵团”也与奥斯曼帝国其他行省不同,与封地并无直接关系。

2 M. W. Daly, *The Cambridge History of Egypt, Vol.2: Modern Egypt, from 1517 to the end of the twentieth century*, p.9.

3 Carl F. Petry, *The Cambridge History of Egypt, Vol.1: Islamic Egypt, 640–1517*, p.512.

4 M. W. Daly, *The Cambridge History of Egypt, Vol.2: Modern Egypt, from 1517 to the end of the twentieth century*, pp.17–20.

5 Ibid., p.14.

体调配到地方的，其人员也主要是在安纳托利亚、巴尔干等地区通过德乌希尔迈制度（Devşirme System也称“德姆斯尔”）[1]征兵获得。

考察这7个军团的建制，我们可以发现，埃及本土居民和阿拉伯部落民即贝都因人的力量并未被编入其中，奥斯曼中央政府显然有意将埃及本土力量排除出军事架构，以免其势力扩大后威胁到自身统治和奥斯曼帝国的整体利益。奥斯曼统治者虽然保留了马木鲁克和马木鲁克团体，但取消了其原有的封地，马木鲁克，尤其是原马木鲁克艾米尔的收入不再来自其占有的封地，而是由政府统一以军俸的形式发放。1553年，奥斯曼帝国政府在埃及实行土地改革，原有封地原则上收归国有，并由奥斯曼中央政府指定的官员负责征收土地赋税并上缴国家，从而大大加强了奥斯曼政府对埃及的控制。对马木鲁克而言，失去封地意味着丧失独立的经济来源，土地改革之后，他们的收入理论上都来自国家政府，通过这一手段奥斯曼政府成功使马木鲁克失去经济上的独立性，进而大幅提升了其对奥斯曼政府的依附程度。但到了17世纪，专职税收官员承担的税收任务基本被“包税制”（iltizām）[2]所取代，马木鲁克成为主要包税人，包税制为马木鲁克攫取经济利益创造条件，对其势力在埃及的复兴大有助益。

纵观奥斯曼对埃及的军事征服，尽管马木鲁克阶层经历了生死关头，但最后还是得以存活并继续发展。综合来看，埃及马木鲁克阶层虽然在奥斯曼人入侵时期遭受巨大损失，人员伤亡惨重，短期内似已无法维持其在埃及的优势统治地位。然而，埃及内外环境的持续吃紧却挽救了其命运：一方面是境内反叛暴动不断，贝都因部落与上埃及努比亚地区政局不稳，迫使奥斯曼人不得不联合埃及马木鲁克进行军事压制；另一方面，随着领土面积不断扩张，如此庞大的军事行动，对奥斯曼军队来说无论从人员数量上还是精力上都需要更有力的补充，而马木鲁克同为异族出身的身份，与埃及本土居民融合度较差，更易于被奥斯曼统治者操控；加之其战斗能力较强，各方面来说都能够成为奥斯曼军队的

1　奥斯曼土耳其征兵制度的一种，主要指从奥斯曼征服地区召集少年儿童（多为基督教儿童，但是也见穆斯林儿童）以组成苏丹的禁卫军，18世纪初，该制度被废除。

2　即对包税人的身份进行拍卖，价高者得。大多数包税人都是马木鲁克或是马木鲁克贝伊。

有力补充。这也是为什么奥斯曼人仍旧沿用马木鲁克官员而非埃及本土居民进行统治的原因。因此，内忧外患的威胁是埃及马木鲁克能够获得重生的根本原因，而这些存留下来的马木鲁克和马木鲁克统治传统为后来马木鲁克制度在奥斯曼统治时期的延续、马木鲁克军事精英阶层的再次形成创造了条件。应该认识到，奥斯曼人保留下来的不仅是马木鲁克个体或马木鲁克军团，更重要的是马木鲁克制度；之前的屠杀针对的并不是"马木鲁克"这一职业，而是前朝的有效抵抗力量；之后的赦免也是为恢复"马木鲁克"这一军事设置。这样才能解释奥斯曼征服后的大约3个世纪中，马木鲁克团体仍然存在，且不断地参与对埃及政权的争夺、对总督的无视以及与奥斯曼土耳其中央政府的公然对抗。

16世纪埃及的军事组织与军事行动整体处于奥斯曼政府的监管之下，且受中央政府的调遣，埃及军队也须参与奥斯曼帝国对也门及阿比西尼亚的军事行动。[1]同时，埃及还要负责帝国的部分军事开销。因此，此时的埃及尚无独立发展其本土势力的机会和能力。在新的历史条件下，新的马木鲁克阶层逐渐开始形成。

第二节　16—18世纪埃及马木鲁克阶层的构建

一、16—18世纪埃及马木鲁克的主要族群

16—18世纪，埃及马木鲁克群体中主要有切尔克斯马木鲁克和格鲁吉亚马木鲁克两个大的族群。与马木鲁克王朝末期相似，在奥斯曼帝国统治时期，切尔克斯马木鲁克在很长时间内仍旧是埃及最有影响的军事团体之一。除了在奥斯曼驻军中有独立的马木鲁克骑兵团外，埃及政府中的各个层级的官员仍旧持续不断地从北高加索地区购入切尔克斯马木鲁克以充实自己的实力。这一传统不仅力保马木鲁克势力免于消亡的命运，且使得切尔克斯族群在埃及政坛中的影响持续扩大。

1　Michael Winter, *Egyptian Society under Ottoman Rule 1517–1798*, Routledge, 1992, p.40.

整个奥斯曼统治时期，埃及马木鲁克主要来自高加索、外高加索、格鲁吉亚等地。切尔克斯人起初是埃及马木鲁克群体中的主要构成，16世纪末开始，奥斯曼中央政府开始有意地在军事系统中推进其奥斯曼土耳其化进程，限制政府留用的原马木鲁克王朝艾米尔继续大量购入马木鲁克，以期减少切尔克斯马木鲁克的影响。但事与愿违，许多调任埃及的奥斯曼军队官员也从高加索地区购买和培养自己的切尔克斯马木鲁克，[1]以充实自己的实力。其结果便是：作为前朝统治精英遗留的切尔克斯马木鲁克的数量确实在减少，但整个埃及军队建制中的切尔克斯马木鲁克数量却并未呈现下降趋势，反而在一定时期内上升。

切尔克斯马木鲁克势力的持续复苏与增长，对奥斯曼中央政府构成了极大威胁；加之奥斯曼人征服前切尔克斯马木鲁克在埃及的统治历史，种种因素都使奥斯曼中央政府清楚认识到纵容切尔克斯马木鲁克势力继续发展的危险性。作为应对措施，为维护帝国对埃及政局的控制及统治的稳定，奥斯曼中央政府诉诸于以新的族群平衡切尔克斯马木鲁克的策略，即向埃及引入格鲁吉亚马木鲁克。因此，格鲁吉亚马木鲁克的引入，从埃及内部来看，首先是奥斯曼帝国对埃及政治统治干预的结果。而从埃及外部环境来看，则是区域政治形势和贸易情况改变的结果。

1500年左右，金帐汗国败于克里米亚汗国，国家随即分裂。原臣服于金帐汗国的莫斯科大公国（Grand Duchy of Moscow，1283—1547）趁机崛起，很快形成了一个以莫斯科为首都的统一国家。1547年，莫斯科大公伊凡四世加冕，成为俄国沙皇，标志着俄国沙皇时代的开始。沙皇俄国（Tsradom of Russia，1547—1721）的势力在黑海北岸及北高加索地区迅速扩张，吞并了大量原属金帐汗国的领土，使得切尔克斯马木鲁克的供给出现紧张。16世纪中期起，俄国借口“保护切尔克斯居民免遭克里米亚鞑靼突厥人的劫掠而沦为奴隶”，在北高加索东部的捷

---

1 M. W. Daly, *The Cambridge History of Egypt, Vol.2: Modern Egypt, from 1517 to the end of the twentieth century*, p.37.

列克河(Terek River)沿岸建起军事堡垒,从而有效控制了该地区及周边的贸易活动。从这个时期开始,奥斯曼土耳其的对外扩张逐步停滞,而与之相反的是俄国的迅速扩张,它先后征服喀山汗国(The Khanate of Kazan)(1552年)和阿斯特拉罕汗国(The Khanate of Astrakhan)(1556年),成为欧亚大陆上继蒙古人之后的新兴势力。1721年,俄罗斯罗曼诺夫王朝的沙皇彼得一世加冕称"皇帝",俄国向帝国时代迈进,给奥斯曼帝国的边境地区带来了更大的压力。1767年,俄国入侵波兰,危及奥斯曼帝国在巴尔干的统治,奥斯曼帝国于次年向俄国宣战。1771年,俄国攻占奥斯曼帝国控制下的克里米亚,并于1783年正式吞并克里米亚,使得奥斯曼帝国途经黑海的商队受到极大影响。黑海西北岸如此的政局变换,使切尔克斯马木鲁克的向外输出变得日益困难。

面对俄国崛起所带来的威胁,奥斯曼帝国开始在高加索地区大力推广伊斯兰教义,并成功吸引了当地很多族群加入伊斯兰教,其中便包括原来信仰基督教的切尔克斯人。奥斯曼帝国希望能以伊斯兰化的高加索地区抵御沙皇俄国不断扩张的威胁,将后者与帝国本土分隔开来。"俄罗斯与土耳其[1]斗争的目标是到达黑海,获得它所认为的自己的天然的南部疆界……金帐汗国留在那里的后裔,克里米亚鞑靼人已经承认了土耳其苏丹的宗主权。"[2]因此切尔克斯人所居住的黑海沿岸地区就成为了双方角逐的焦点之一。在这一过程中,大量当地的切尔克斯居民成为穆斯林,切尔克斯族群由一个普遍信仰基督教的群体转换成一个逊尼派穆斯林占大多数的族群。

奥斯曼帝国推动当地伊斯兰化的另一个目的,是为了防范什叶派政权即伊朗的萨法维王朝(Safavid Dynasty, 1501—1736)势力在北高加索地区的持续扩张。这也在一定程度上解释了为何当时北高加索地区皈依的穆斯林多为逊尼派而非什叶派。这样的宗教派别划分,也决定了后来切尔克斯人被俄国从北高加索地区的故乡驱逐时,绝大多

1　即"奥斯曼帝国"。

2　[美]尼古拉·梁赞诺夫斯基,马克·斯坦伯格著,《俄罗斯史》(第七版),杨烨,卿文辉译,上海:上海人民出版社2007年版,第247页。

数难民都逃往奥斯曼帝国本土及各行省，而非什叶派萨法维王朝的领地。

在沙俄入侵并控制了北高加索地区之后，当地切尔克斯马木鲁克向埃及的持续大规模输入更加不可能实现。而格鲁吉亚毫无意外地一跃成为埃及马木鲁克首要来源地。格鲁吉亚居民大都信仰东正教，这里也是早期东方基督教流行的地区之一。位于外高加索的西格鲁吉亚地区自15世纪起就是奥斯曼帝国的属地，而东格鲁吉亚的征服则要晚很多。1546年，包括伊梅列季亚王国（Imereti）、卡提利王国（Kartli）以及萨姆茨赫–萨姆巴戈公国（Samtzkhe-Saatabago）在内的各格鲁吉亚王国联合起来，向奥斯曼人发动反攻，结果遭遇失败。奥斯曼的势力得以由南向北扩张深入高加索山区，并向东延伸至卡赫奇王国（Kakheti）。1550—1552年间，奥斯曼帝国的军队多次征讨格鲁吉亚西部并镇压当地反抗势力，尤其是黑海沿岸的古里亚公国（Principality of Guria），为奥斯曼帝国从当地引入格鲁吉亚马木鲁克以取代切尔克斯马木鲁克创造了条件。自16世纪下半叶，萨法维王朝对格鲁吉亚东部地区的控制逐渐加强，与控制格鲁吉亚西部地区的奥斯曼人形成对峙。1555年，奥斯曼人与萨法维人签订协议，承认后者在卡赫奇王国的势力。但到了1578—1590年间，在俄国和萨法维王朝乃至欧洲国家有可能对奥斯曼帝国形成联合夹击的威胁下，奥斯曼人对萨法维人发动了旷日持久的战争，结果萨法维人落败。奥斯曼人则通过这场代价高昂的战争，确保了其在高加索大部的绝对优势和在格鲁吉亚以及亚美尼亚地区的统治权威，同时对南面的萨法维王朝形成有力震慑。连续不断的地区动荡和奥斯曼人在当地势力的持续发展，为奥斯曼帝国带来了大量的格鲁吉亚奴隶。1579年，奥斯曼人占领伊梅列季亚王国，保障了奥斯曼帝国与格鲁吉亚地区的直接贸易往来不受其他外国势力的干扰。格鲁吉亚裔马木鲁克开始源源不断地大量输入奥斯曼帝国本土及包括埃及在内的各个行省。

1724年，奥斯曼与俄国签订《君士坦丁堡条约》（*Treaty of Constantinople*），获得了整个格鲁吉亚地区的宗主权，确保了当地奴隶向奥斯曼帝国的出口。1735年，波斯人打败奥斯曼土耳其的军队，暂时收回部分西部领土。1736年，波斯萨法维王朝灭亡，波斯人的势力退出格鲁吉亚，奥斯曼帝国在整个格鲁吉亚地区的势力扩张。而位于格鲁吉亚中东部、原先依附于波斯的卡提利与卡赫奇王国借机独立，成立卡拉卡赫季联合王国（Kingdom of Kartli and Kakheti）（1762—1801），该地区在18世纪时成为了埃及马木鲁克的主要来源地。这些马木鲁克最初大都是当地农民的孩子，被绑架或俘虏后卖给奴隶贩子，最后被贩入埃及。结果是新迁入的格鲁吉亚马木鲁克开始逐渐取代切尔克斯马木鲁克在埃及的优势地位。

但俄国势力的不断扩张限制了格鲁吉亚奴隶的持续输出。1783年，卡拉卡赫季联合王国的国王赫拉克勒斯（Erekle，即Heraclius Ⅱ）与俄国女皇叶卡捷琳娜二世签订《格鲁吉夫斯克合约》（*Treaty of Georgievsk*），卡拉卡赫季联合王国正式成为俄国的附庸国。奥斯曼帝国从高加索东部地区获取奴隶的难度增加。西高加索地区成为奥斯曼帝国与俄国之间的隔离带地区，当地有很多格鲁吉亚人应征入伍，成为奥斯曼人抵抗俄国势力扩张的力量，但是他们的孩子和妻女常常被人绑架，被当作奴隶贩入奥斯曼帝国。19世纪时，奥斯曼政府为了维护当地治安，避免俄国势力渗透，不得不严厉地打击当地的绑架行为，并限制当地奴隶出口贸易，以维持边境地区的安全。

综上所述，16—18世纪埃及马木鲁克的主要来源地是北高加索和外高加索地区。奥斯曼中央政府本来希望以格鲁吉亚马木鲁克制衡切尔克斯马木鲁克，从而重树自己在埃及的统治权威。令他们始料不及的是，当格鲁吉亚马木鲁克尤其是格鲁吉亚裔马木鲁克贝伊崛起之后，其对奥斯曼政府的抵触和违抗行动有增无减，他们对奥斯曼政府的敌意与切尔克斯马木鲁克相比有过之而无不及，其谋求埃及独立的尝试也从来没有停止。由于格鲁吉亚王国与俄国的被保护人关系，埃及的马木鲁克贝伊们甚至开始寻求与俄国政府合作，以对抗奥斯曼人的统治。这极大地威胁到奥斯曼政府在埃及的权威。奥斯曼政府曾派海军总司令大加齐阿尔及里·哈桑帕夏（Cazayirli Ghazi Hasan Paşa）率领舰队开赴埃及，打击以易卜拉欣贝伊和穆拉德贝伊为首的埃及格鲁吉亚马木鲁克的势力。[1]

除格鲁吉亚裔占主要部分外，埃及还有一些来自安纳托利亚、巴尔干地区其他民族或族群的马木鲁克，这是奥斯曼帝国大规模的对外扩张的结果。奥斯曼征服巴尔干地区后，有许多当地的居民改宗伊斯兰教，但仍有不少当地平民和贵族保持着基督教的信仰。而俄国南部的游牧民以及他们的保护者克里米亚汗国常常劫掠北方城市，大量的斯拉夫人在这些劫掠中沦为奴隶，这些奴隶往往都被贩往奥斯曼帝国。“仅在17世纪上半叶，就有20万名斯拉夫基督徒被捕捉为奴隶”[2]，虽然这些奴隶中有不少最后以国家支付赎金的形式重获自由。据奥斯曼时代著名的旅行家奥里亚·扎莱比（Evliya Çelebi，1611—1682）[3]的游记记述，17世纪埃及马木鲁克的组成除切尔克斯人外，还有阿巴扎人、格鲁吉亚人、俄国人、伊梅列希人（Imeretians）[4]、明格里亚人（Mingrelians）[5]等等。[6]

因此，整个马木鲁克阶层中除切尔克斯人、格鲁吉亚人、亚美尼亚人等高加索族群外，还出现了俄罗斯人、波兰人、匈牙利人、西班牙人以及马耳他人等其他群体。源源不断的奴隶从北高加索、外高加索、巴尔干、马格里布以及苏丹的达尔富尔等地区被引入埃及，一方面加强了埃及马木鲁克军事精英阶层的人员储备，为其垄断国家政治打下基础；另一方面则为后期马木鲁克家族派系之间的激烈斗争埋下伏笔，各方争斗不断，损失严重，却也在一定程度上抵消了埃及脱离奥斯曼中央政府重新自治的威胁。由此可见，埃及马木鲁克阶层人员的多样化，主要是受到马木鲁克贸易条件改变的影响，还有一部分原因是奥斯曼中央政府的刻意促成。

---

1 Daniel Crecelius and Gotcha Djaparidze, *Relations of the Georgian Mamluks of Egypt with Their Homeland in the Last Decades of the Eighteenth Century*, in *Journal of the Economic and Social History of the Orient*, Vol.45, No.3 (2002), BRILL, p.331.

2 ［美］查尔斯·金：《黑海史》，苏圣捷译，第146页。

3 奥斯曼土耳其著名游记作家，40年中游历了奥斯曼土耳其国境大部和邻国部分地区。

4 即伊梅列季亚人。

5 指高加索库塔伊西地区的明格里利亚人。

6 Michael Winter, *Egyptian Society under Ottoman Rule 1517–1798*, 1992, p.53.

二、16—18世纪埃及马木鲁克的引入

黑海仍旧是埃及马木鲁克贸易的主要海上通道，包括格鲁吉亚和切尔克斯地区在内，整个高加索地区的奴隶出口大都仰赖着黑海港口。1453年攻陷君士坦丁堡之后，奥斯曼帝国成为黑海地区及途经黑海贸易的新主人，“继热那亚和威尼斯之后，奥斯曼人一度通过征服和与地方统治者共管的形式，得以控制大部分的海岸”[1]。

1475年，奥斯曼人占领卡法及其他克里米亚南部港口，将其并入奥斯曼帝国的领土。1484年，奥斯曼人从摩尔达维亚公国（Moldavia）获得了基里亚（Kiliya）[2]和阿克曼（Akkerman）[3]，至此囊括了黑海沿岸所有的港口。1538年，奥斯曼帝国吞并普鲁特河（The Prut River）、多瑙河和第聂伯河之间（Dnieper River）的布贾克地区（Budjak），从而将黑海海岸线之大部纳入帝国版图。1578—1579年间，奥斯曼人确立对克里米亚汗国全境的宗主权，所有途经黑海的贸易如今都要向奥斯曼苏丹缴税。因此，至16世纪后半叶，黑海已经宛如奥斯曼帝国的“内海”，这样的情况延续长达300年之久。奥斯曼帝国在控制了黑海及其沿海地区后，一定程度上限制了该地区与西方的贸易活动，以避免对自身统治的威胁。1699年奥斯曼外务省在给俄国使节的公文中这样写道：

奥斯曼帝国政府坚决捍卫黑海，如同保护一名贞洁无辜少女一般，绝不容任何人侵犯。苏丹陛下宁可允许别人进入他的后宫，也不会允许外国船只在黑海水域航行，除非奥斯曼帝国倒塌的那天。[4]

---

1 ［美］查尔斯·金：《黑海史》，苏圣捷译，第9页。

2 位于今乌克兰西南。

3 今乌克兰的别尔哥罗德（Bilhorod-Dnistrovskyi），位于乌克兰西南。

4 转引自：Carl M. Kortepeter, *Ottoman Imperial Policy and the Economy of the Black Sea Region in the Sixteenth Century*, in *Journal of the American Oriental Society*, Vol.86, No.2 (Apr–Jun, 1966), American Oriental Society, 1966, p.109.

值得注意的是，在奥斯曼帝国统治时期，由于中央政府对途经黑海的外国船只以及外国贸易活动的限制，欧洲人，尤其是意大利商人的商业活动在一定程度上受阻。在奥斯曼人的打压下，意大利人在途经黑海的贸易活动中的影响正在逐渐降低。

以卡法为首的黑海沿岸港口城市，是奥斯曼时代主要的奴隶交易市场，也是当时奥斯曼人在当地的统治中心。“16世纪，奴隶贸易的税收占奥斯曼帝国克里米亚港口总税收的29%。奴隶的平均售价在20—40个金币之间，足够一个成年人两三年的生活费用。从1500年到1650年，每年来自波兰、俄国和高加索通过黑海运来的奴隶数量可能超过一万人。”[1]马木鲁克是其中的重要组成部分，另外还有部分奴隶是为满足欧洲劳力人口短缺的需求。黑海周边复杂的政治环境和连绵不断的战事为奴隶贸易提供了充沛的奴隶来源，其中包括战俘、被绑架的基督教农民等等，而不少当地居民，尤以切尔克斯人为主，出于改善自身生活前景的考虑将自己或子女卖给奴隶贩子。18世纪左右，埃及的开罗、亚历山大以及奥斯曼帝国的首都伊斯坦布尔都是当时著名的奴隶市场。另外，除了正常的贸易买卖，还有一些切尔克斯马木鲁克是以贡赋的形式进入奥斯曼帝国的：克里米亚汗国统治下的地区也生活着大量的切尔克斯人，每年他们要向克里米亚宗主国输送切尔克斯儿童作为进贡。[2]由此可见，除了战俘和被虏获变卖的儿童外，仍有不少马木鲁克是通过地方政府向中央进贡的方式进入奥斯曼帝国，转而进入埃及的。“如果说直到18世纪，整个克里米亚和大部分北部草原以及高加索高地的经济建筑在人口买卖上，那是绝不夸张的。”[3]整个奥斯曼帝国统治时期，克里米亚鞑靼蒙古人操控着当时大量的马木鲁克奴隶贸易。这种情况直到18世纪末俄国势力进入该地区时才有所改变。马木鲁克以及其他奴隶会通过黑海运抵伊斯坦布尔，而后转运至亚历山

---

1 ［美］查尔斯·金:《黑海史》,苏圣捷译,第119页。

2 Carl M. Kortepeter, *Ottoman Imperial Policy and the Economy of the Black Sea Region in the Sixteenth Century*, in *Journal of the American Oriental Society*, Vol.86, No.2 (Apr.–Jun., 1966), 1966, p.103, American Oriental Society.

3 ［美］查尔斯·金:《黑海史》,苏圣捷译,第120页。

大港口继而进入埃及。由于奥斯曼帝国对途经黑海贸易的控制，黑海地区奴隶贸易的发展在这个时期内相对稳定。但从1786年开始，奥斯曼帝国开始限制埃及的奴隶进口，[1]这项禁令一直延续到了19世纪下半叶，这或许与埃及马木鲁克势力不断膨胀，威胁到奥斯曼帝国对其的控制有直接的关系。

17世纪中期以后，面对哥萨克人的侵扰和俄国势力的挺进，奥斯曼人对黑海的控制已经呈现出乏力之势。18世纪下半叶起，俄国势力开始加紧在黑海及其沿岸地区扩张，遏制了当地的马木鲁克贸易。1768年，俄土战争爆发。1774年，双方签订《凯纳甲湖条约》(*Treaty of Küçük Kaynarca*)，俄国凭此获得了黑海出海口的控制权，克里米亚脱离奥斯曼帝国控制而获得独立。但随后在1783年，克里米亚正式被俄国吞并，奥斯曼帝国自此失去了黑海上最重要的港口。18世纪起，俄国的舰艇已能够在黑海海域自由行进，不受奥斯曼帝国以及其他国家的影响。而同时期由于俄国对黑海东部港口城市的控制，从当地出口奴隶需要躲避俄国的搜查。直到1856年克里米亚战争后，俄国在黑海的势力扩张才有所减缓。

途经黑海的马木鲁克贸易遭遇困境，但奥斯曼人对地中海沿岸地区的控制却有所加强。黑海和地中海贸易状况的改变，促进了商路由海上向陆路转移，较之切尔克斯马木鲁克由黑海向外运输的困境，格鲁吉亚地区的马木鲁克输出线路受到的影响较小。1638年，奥斯曼驻埃及军队收复巴格达，大大降低了波斯萨法维王朝对埃及和奥斯曼帝国本土的威胁。1669年奥斯曼军队征服威尼斯人控制下的克里特岛(Crete)，使途经地中海东部地区的商路更加安全，这也促进了马木鲁克贸易商路由黑海向地中海东部的陆路转移。因此客观贸易条件的便利，也促使从外高加索格鲁吉亚引入马木鲁克成为马木鲁克贸易活动的首选。

1　Y Hakan Erdem, *Slavery in the Ottoman Empire and its Demise, 1800–1909*, St. Martin's Press, Inc., 1996, p.121.

三、16—18世纪的埃及马木鲁克阶层

16世纪后半叶起，奥斯曼帝国的对外扩张活动开始逐渐减缓，但周边国家的崛起和竞争给奥斯曼帝国的边境安全和经济利益带来了很大隐患。国际环境的变化对埃及马木鲁克阶层产生了直接的影响：由于帝国对外用兵的减少，作为军事力量的马木鲁克更易于保存实力；同时，外部压力也为马木鲁克的继续存在和发展创造了理由。奥斯曼统治时期，随着马木鲁克被持续不断地输入埃及并大量地投入使用，埃及马木鲁克阶层的人员涵盖面不断扩大。随着时间的流逝，其作为马木鲁克王朝遗留的身份基本消失，新的马木鲁克阶层逐步形成和发展起来，最终成为埃及最有政治影响力的群体之一。

奥斯曼统治时期埃及马木鲁克阶层主要涵盖的群体随着时间推移而所有变化，主要由以下三个群体构成：

（一）奥斯曼驻防军队中独立编制的切尔克斯马木鲁克军团。

（二）马木鲁克王朝留下的切尔克斯马木鲁克艾米尔。他们在奥斯曼人的清剿中得以幸免并被奥斯曼政府留用，重新出任政府官员，凭借对埃及和阿拉伯部落相对熟悉的优势，这些马木鲁克艾米尔能够胜任一些奥斯曼人无法承担的职位。1517—1550年间，15名朝觐长官中有6名是原马木鲁克艾米尔出身。这些被留用的马木鲁克艾米尔仍旧继续购买和培养自己的马木鲁克，新任总督哈伊尔贝也继续购入马木鲁克。

（三）奥斯曼统治者帕夏、贝伊等官员自己购买的马木鲁克，尤其以穆塔法里格军团和扎乌什军团的将领为首。他们大都出身于奥斯曼帝国的核心军队，或是帝国高级将领的后裔，因此地位较高，与中央政府的关系密切，享有一定的特权优势，并被允许购买和培养自己的马木鲁克。据1675—1677年一次对波兰战役中埃及军队的统计数据显示：穆塔法里格军团359名登记在册的士兵中，有218人为马木鲁克出身；而扎乌什军团的129名士兵中，则有68名

马木鲁克,[1]均超过了军团士兵总人数的一半。为了维护自身的优势地位,禁卫军军团和阿宰卜军团的长官也不甘示弱,旋即不停购入马木鲁克以充实自己的力量,结果导致更多的马木鲁克进入国家的军事系统。在1737—1738年对奥地利的一次战役中,禁卫军军团的1 263名参战在编士兵中有467名马木鲁克士兵;阿宰卜军团的847名参战士兵中则有210名马木鲁克。[2]1747—1754年间,禁卫军团的副指挥官易卜拉欣凯特胡达(Ibrāhīm Kathüda)以及阿宰卜军团的副指挥官拉德万凯赫亚(Raḍwān Kahya)购买了大批马木鲁克,他们将自己名下的这些马木鲁克安置于军团中的重要职位[3]并予以晋升。大量新购入的马木鲁克人员就职于奥斯曼驻军各军团之中,加速了奥斯曼土耳其在埃及的军事架构的"马木鲁克化"。禁卫军军团的易卜拉欣凯特胡达于1743—1754年间基本垄断埃及政务,他名下有约2 000名马木鲁克,虽然他自己不是贝伊,但他手下的许多马木鲁克都已晋升至贝伊。易卜拉欣凯特胡达的继任者阿里·卡比尔贝伊('Alī Bey al-Kabīr)曾大力培养自己的马木鲁克以扩充军事实力。据记载,阿里·卡比尔贝伊名下约有6 000名马木鲁克,[4]易卜拉欣贝伊(Ibrāhīm Bey)拥有600名马木鲁克,穆拉德贝伊(Murād Bey)拥有400名马木鲁克。到18世纪下半叶,即使不是权威显赫的贝伊,也都基本拥有50至200名马木鲁克。[5]随着时间的推移,这些由奥斯曼官员新购入的马木鲁克群体规模不断扩大,人数不断增加,且有更多的机会获得晋升加入统治阶层,因此逐渐成为16—18世纪埃及马木鲁克阶层最典型的代表和主要构成部分。据奥里亚·扎莱比记载,17世纪30年代左右,埃及有许多的切尔克斯马木鲁克。[6]包括禁卫军首领在内的许多军团将领以及各个马木鲁克首领,都购买并培养自己的马木鲁克以扩大自己的政治影响。

1 Jane Hathaway, *The Politics of Households in Ottoman Egypt: the Rise of the Qazdağlıs*, p.40.

2 Ibid., p.41.

3 David Kimche, *The Political Superstructure of Egypt in the Late Eighteenth Century,* in *Middle East Journal*, Vol.22, No.4 (Autumn, 1968), Middle East Institute, p.455.

4 Ibid., p.461.

5 Michael Winter, *Egyptian Society under Ottoman Rule 1517–1798*, p.70.

6 Jane Hathaway, *The Politics of Households in Ottoman Egypt: the Rise of the Qazdağlıs*, p.33.

由此我们可以看到，奥斯曼统治时期，马木鲁克群体涵盖三个层次的内容：其一，从马木鲁克王朝末期到奥斯曼土耳其统治下，埃及马木鲁克人员的留存与过渡一定程度上保留了马木鲁克军团的实力；其二，马木鲁克人员仍旧在埃及的政治领域内发挥作用，并不断地恢复甚至扩大其势力，标志着在奥斯曼统治时代，马木鲁克开始再次有机会成为埃及政权统治的分享者；其三，马木鲁克制度在奥斯曼人统治下得以延续发展下去，军事系统的马木鲁克化复苏了奥斯曼人统治下埃及政治机构的马木鲁克化，也就是说，奥斯曼人虽然打击了原马木鲁克王朝的残余势力，避免其威胁到自己的统治，但与此同时，他们却沿用并发展了马木鲁克制度，使之成为自己在埃及统治的重要保证，客观上促成了奥斯曼统治时代新的马木鲁克阶层的形成。

前文我们已经提到，奥斯曼土耳其在埃及驻军部队中，所有军事人员的任命都要经过伊斯坦布尔中央政府的同意，任何军团不得私自扩充人数，人员的补充均须得到中央政府授权。这对于奥斯曼统治时代尤其是后来18世纪马木鲁克的引入来说是有影响的。而另一方面，这也说明在这个时期仍在进行的马木鲁克贸易和马木鲁克进入其军事系统是在中央政府的同意或默许下进行的。但往往事情发展下去就超出了奥斯曼中央政府的预期和控制，马木鲁克阶层成为埃及主要政治势力之一，影响甚至威胁到了奥斯曼政府在埃及的统治权威。

奥斯曼统治时期，埃及开始有平民拥有马木鲁克，甚至有个别宗教人士也会购买和培养马木鲁克。但是他们购买和培养的马木鲁克大都没有机会直接参与到政权或政治统治中，因此不在本书所讨论的范畴内。

第三节　马木鲁克阶层与16—18世纪埃及的政治角力

一、16—18世纪埃及的统治模式及军事家族的形成

作为奥斯曼土耳其在其本土之外的最大行省，埃及最高长官或管

理者为奥斯曼总督，一般都是由“帕夏”（Paşa）出任。除第一任总督哈伊尔贝是马木鲁克降将留任之外，埃及总督往往由奥斯曼苏丹从身居要职的官员中调派至埃及，足见其作为一个重要的行省在奥斯曼帝国中的位置。总督任期为1年，但通常会延长数个任期。在埃及作为奥斯曼帝国行省的281年中，共计有110名帕夏先后担任埃及总督。总督在名义上也是奥斯曼土耳其驻埃及军队的最高长官。他代表奥斯曼苏丹对埃及以及红海海域、希贾兹地区、也门、埃塞俄比亚等埃及传统势力范围进行全权统治，并负责收缴当地赋税，同时掌管埃及军队的维持和调动。埃及总督没有封地，其收入一般来自政府发放的薪俸。16世纪末至17世纪初由苏丹签发的法令中，出任埃及总督的帕夏有时也被称为“埃及众贝伊之首”（Mıṣır beylerbey），后来又被称为“埃及的总督”[1]。

埃及总督之下是各个“贝伊”，他们一般可作为埃及下辖二级行政单位桑贾克（Sanjaq，也称“旗”[2]）以及更小行政区域的长官，类似“区长”，也经常出任诸如“朝觐长官”“国库长官”以及“军队指挥官”等政府职务。总督、贝伊群体与奥斯曼在埃及驻军的军事将领共同组成了埃及统治阶层的核心。按照奥斯曼帝国统治模式，奥斯曼总督即帕夏总管奥斯曼行省全境的事务，而贝伊则可以负责管理行省内下属桑贾克的事务，因此也被称为桑贾克贝伊（Sanjaq Bey）。而自17世纪末卡兹达军事家族（the Qazdağlıs）兴盛起，其领导者易卜拉欣往往是通过将奥斯曼驻军中的自己家族的军官晋升为贝伊，而后授予他地方管辖权，从而完成其从军事领导到政治统治领域的跨界，加强自己军事家族的权势。

16—18世纪的埃及，围绕着以上这些政治统治核心人员，一系列重要的军事家族（bayt，有时亦作“ṭaraf” 或“ṭā’ifah”等）在埃及形成。除了驻军高官外，帕夏、桑贾克贝伊甚至埃及本地精英都可以组建自己的军事家族。通常情况下，一些埃及驻军的高官在获得足够显赫的职

1　Michael Winter, *Egyptian Society under Ottoman Rule 1517–1798*, p.33.

2　参见［美］菲利浦·希提：《阿拉伯通史》，马坚译，第658页。

位和高薪酬之后，常常购入自己的私宅，在其中招揽愿意前来依附的人并安置购入自己的马木鲁克，从而形成自己的势力范围。除大量的家臣和包括马木鲁克在内的军事人员外，其家族中还包括有诸如家仆以及妻妾在内的其他人员。所有这些人依附于这名官员而生活，共同构成了奥斯曼时代埃及的军事家族。以马木鲁克出身的阿里・卡比尔贝伊为例，据说他出生于格鲁吉亚西北部的阿布哈兹，后在反抗奥斯曼帝国统治中被俘并卖入埃及。得势后，阿里・卡比尔贝伊于1766年将自己的侄子和妹妹通过买入的方式引入其马木鲁克家族，一同被“买来”的还有阿里・卡比尔贝伊本人的父亲。[1]之后，他又将自己的妹妹嫁给他最信赖的马木鲁克穆罕默德・艾布・扎海卜贝伊（Muḥammad Bey Abū al-Dhahab），[2]以联姻的方式加强了其家族内部的亲密度和凝聚力。再以艾哈迈德・吉扎尔（Aḥmad Cezzar）为例，他是波西尼亚穆斯林出身，但后来投靠到阿里・卡比尔领导的卡兹达军事家族，失去阿里・卡比尔的信任后又转投奥斯曼苏丹，后被任命为赛达行省总督，得势后，他又将自己名下的马木鲁克任命为的黎波里行省总督。[3]综合来看，这些军事家族所囊括的人员并非全部是马木鲁克出身，但其主要力量是来自马木鲁克。军事家族的首领为这些新加入的马木鲁克提供教育、经济支持等。这些军事家族的马木鲁克和家臣往往能够通过这种依附关系获得提升和发展的机会，晋升入军事或政治系统。到了18世纪，马木鲁克出身的人员已占据各军事家族中的大部分，包括马木鲁克在内的军事家族成员很多情况下也被统称为“追随者（tābi‘）”。关于“mamlūk”和“tābi‘”这两个词指代含义的异同，学者历来存在分歧：大卫・阿亚龙认为，“tābi‘”一词在这个时期还是对马木鲁克的称呼；而加布里埃尔・皮特伯（Gabriel Piterburg）认为，“tābi‘”一词所指代的一定是一个非马木鲁克出身的人员；简・海瑟威则认为，“tābi‘”并没有

---

1 Daniel Crecelius and Gotcha Djaparidze, *Relations of the Georgian Mamluks of Egypt with Their Homeland in the Last Decades of the Eighteenth Century*, in *Journal of the Economic and Social History of the Orient*, Vol.45, No.3 (2002), BRILL, p.326.

2 Ibid., p.324.

3 Suraiya N. Faroqhi, *The Cambridge History of Turkey, Vol.3, The Later Ottoman Empire, 1603–1893*, Cambridge University Press, 2006, p.199.

限定一个人是否是奴隶出身，它仅仅表达其“追随者”的意思，即强调了这个人对某个军事家族或军事家族首领的依附关系。[1]事实上，这个时代中“tābi‘”与“mamlūk”两个词的混用从侧面表明：马木鲁克人员的奴隶出身不再是人们关注的重点，而其作为军事人员的社会属性、与军事家族的依附关系或是密切关联才是这个时代“mamlūk”或“tābi‘”一词所表达的核心含义。

与埃及各军事家族势力增长形成对比的是奥斯曼中央政府在埃及的权威不断缩减，总督在后来的几个世纪中愈发有名无实，奥斯曼驻军及其官员的地位和势力都不断弱化。

二、埃及军事家族的发展与马木鲁克势力的复兴

奥斯曼统治下的埃及，先后出现了四个较有影响的军事家族或家族联盟，它们的成长、角逐以及各方势力的此消彼长，形成了这个时代埃及军事及政治的发展脉络和显著特征。

17世纪起，埃及兴起两大敌对的军事家族，即法格里亚派系（al-Faqāriyyah）和卡西姆派系（al-Qāsimiyyah），他们的创立者分别为祖·法格尔贝伊（Ghu’ l-Faqār Bey）和卡西姆贝伊（Qāsim Bey）。这两个派系分别由不同的小的军事家族联盟而成，因此也可称为“法格尔家族”和“卡西姆家族”。两者之间的关系始终剑拔弩张，双方又各自与不同的贝都因部落结盟：法格尔系的同盟是赛耳德部落（al-Sa‘d），卡西姆系的同盟则是哈拉姆部落[2]（al-Harām）。[3]这两个军事派系出身的人员占据着桑贾克贝伊阶层的大部分职位。1660年及随后的几年中，卡西姆派系在艾哈迈德贝伊（Aḥmad Bey）的带领下，秘密与埃及总督穆斯塔法帕夏（Mustafa Paşa）、阿宰卜军团结盟，共同对抗法格尔

1　Jane Hathaway, *The Politics of Households in Ottoman Egypt: the Rise of the Qazdağlıs*, 1997, p.22.

2　哈拉姆部落在埃及有着较长的历史，最著名的是他们曾经出卖了马木鲁克王朝最后的苏丹——突曼贝。

3　Michael Winter, *Egyptian Society under Ottoman Rule 1517–1798*, p.21.

系，结果许多法格尔系的马木鲁克在塔拉那（Tarrana）[1]被杀。[2]1661年，继任的埃及总督易卜拉欣帕夏又策划暗杀了艾哈迈德贝伊，试图趁机终结这两个军事派系的力量，从而巩固奥斯曼人对埃及的控制。于是，两大军事家族旷日持久的争斗最终被奥斯曼总督利用，双方的力量在某种程度上都受到了打击。卡西姆派继任首领伊瓦兹贝伊（'Ivaz Bey）和易卜拉欣·艾布·沙纳卜贝伊（Ibrāhīm Bey Abu Shanab）分别于1711和1718年去世，该派从此陷入分裂。

17世纪末，曾经在奥斯曼驻军中占显赫地位的穆塔法里格军团的势力开始减弱，禁卫军军团和阿宰卜军团的势力则进一步扩大。18世纪初期，在法格里亚派系和卡西姆系都先后陷入低迷的时候，禁卫军军团的穆斯塔法凯特胡达（Muṣṭafā Kathüda）带领他的卡兹达军事家族开始崛起。卡兹达家族一直掌控着禁卫军军团，其家族人员占据着该军团大部分高级军官的职务，并借助禁卫军军团势力向贝伊阶层渗透，因此它很快成长为能与法格尔系和卡西姆系相抗衡的重要力量。哈桑凯特胡达（Ḥasan Kathüda）随后成为穆斯塔法的继任者，继续领导该家族的发展。1724年后，卡兹达家族的新领导者奥斯曼尼凯特胡达（'Uthmānī Kathüda）已全面掌握禁卫军的领导权。

而第四个出现的重要军事家族就是与卡兹达家族结盟的扎勒菲军事家族（al-Jalfiyyah），它起源于奥斯曼驻军中的阿宰卜军团，其规模较小，[3]但往往通过与大的军事家族结盟来发挥自己的影响力。卡西姆系当初和总督联盟打击法格尔系的势力，扎勒菲家族的势力也曾参与其中。

1724年，穆罕默德贝伊担任卡西姆系的首领，亦被称为"开罗长官"（shaykh al-balad）。1730年，穆罕默德贝伊在反叛总督的行动中被杀，这标志着卡西姆系开始衰落。法格尔系趁机开始复苏，并大量占据贝伊阶层。此时掌握埃及政权的人物包括：卡兹达家族的奥斯曼尼凯特胡达、代表阿宰卜军团利益的优素福凯特胡达（Yūsuf Kathüda）

1 位于开罗以北70千米左右。

2 Michael Winter, *Egyptian Society under Ottoman Rule 1517–1798*, p.22.

3 Jane Hathaway, *The Politics of Households in Ottoman Egypt: the Rise of the Qazdağlıs*, p.52.

以及代表卡西姆系的穆罕默德·卡塔米什贝伊(Muḥammad Bey Qatamish)。但三人皆于1736年被奥斯曼总督巴吉尔帕夏(Bakir Paşa)所杀。

1736年的这场杀戮之后,各派系新一代领导人出现,政治势力划分重新洗牌。法格尔系和扎勒菲家族逐渐失势;卡西姆系势力分裂,其中一个较有影响的分支——卡塔米什家族(al-Qatamishiyyah)开始独立发展,其创立者就是上文提到的穆罕默德·卡塔米什贝伊,此人曾是卡西姆系盖塔斯贝伊(Qaytas Bey)名下的格鲁吉亚马木鲁克。1736年穆罕默德·卡塔米什被杀之后,其名下的马木鲁克易卜拉欣·卡塔米什成为该派系领导者,并出任"开罗长官"一职。卡塔米什家族成员大都就职于奥斯曼驻军中的阿宰卜军团,列德旺凯特胡达(Riḍwān Kathüda)担任其家族领袖期间,甚至能与卡兹达家族的易卜拉欣凯特胡达分享统治权。但易卜拉欣凯特胡达死后,其继任者阿卜杜·赖哈曼与卡兹达家族的贝伊们立即联合将列德旺赶出开罗。[1]卡塔米什家族自此难挽衰落之势,而卡兹达家族则逐渐独大。

1740年,卡兹达家族奥斯曼尼凯特胡达的儿子阿卜杜·赖哈曼('Abd al-Raḥman)在易卜拉欣凯特胡达(此人与哈桑凯特胡达是马木鲁克同门,即"khushdāsh")的支持下成为禁卫军首领,被称为"阿卜杜·赖哈曼凯特胡达"(此人不是马木鲁克出身,也没有晋升至"贝伊"),但1747年易卜拉欣凯特胡达又将他流放至麦加,直至1751年方才返回。易卜拉欣凯特胡达于1743—1754年间掌握埃及政权,也是这个时期卡兹达家族的领导者,他与中央政府保持了较好的合作关系,并且按时向中央政府缴纳赋税,[2]因此较获中央政府的青睐。1754年易卜拉欣凯特胡达死时,埃及实际权力已掌控在卡兹达家族手中。1760年,阿卜杜·赖哈曼支持阿里·卡比尔贝伊出任"开罗长官",但1765年,阿卜杜·赖哈曼被他所支持的阿里·卡比尔贝伊再次流放至麦加。而后者趁机夺取卡兹达家族的领导权。在阿里·卡比尔贝伊的带领

1 Jane Hathaway, *The Politics of Households in Ottoman Egypt: the Rise of the Qazdağlıs*, p.91.

2 Ibid., p.95.

下，卡兹达军事家族的力量极速扩张，最终压制了控制阿宰卜军团的卡西姆系而成为埃及最有影响的军事家族。

卡兹达家族的成功崛起，很大程度上有赖于家族中的格鲁吉亚马木鲁克。据贾巴尔提（al-Jabartī）记载，阿卜杜·赖哈曼名下有许多格鲁吉亚马木鲁克。18世纪中，卡兹达家族的成员乃至领导者大都是格鲁吉亚马木鲁克出身，如哈桑凯特胡达、奥斯曼尼凯特胡达等人。许多隶属于卡兹达家族的马木鲁克能够升任至桑贾克贝伊。到18世纪末，实际掌握埃及政权的格鲁吉亚裔贝伊中的大部分均出自卡兹达家族，而他们基本上都是马木鲁克出身，大都在易卜拉欣贝伊掌权期间被买入，其中包括后来最著名的阿里·卡比尔贝伊、阿里·卡比尔贝伊的马木鲁克穆罕默德·艾布·宰海卜贝伊（Muḥammad Bey Abū al-Dhahab），以及穆罕默德·艾布·宰海卜贝伊的马木鲁克——后来埃及政坛的主要权力争夺者易卜拉欣贝伊和穆拉德贝伊[1]。他们将自己名下的马木鲁克晋升至贝伊并引入奥斯曼驻军军团。这些马木鲁克贝伊还掌控着亚历山大港口和途经红海的贸易，同时占有大量的包税土地，[2]操控着埃及大部分的经济收入，进一步巩固了其政治优势。

上述四个军事家族之间不存在天然的继承关系，且其建立之初均有不同的民族背景：最初形成之时，法格尔系大都为切尔克斯人，卡西姆系则多为波西尼亚人（Bosnian），卡兹达家族则主要是起源于17世纪末移民至埃及的安纳托利亚突厥人，尤其是来自西安纳托利亚伊达山区（Mount Ida）的居民，这也是该家族名称的由来，[3]后来卡兹达家族逐渐为其中的格鲁吉亚马木鲁克所主导。这些军事家族均不是埃及军事力量中的独立单元，但其家族成员大批地占据各个驻军军团的重要位置，使军团的实际影响和地位受控甚至是从属于这些军事家族。这四个军事家族的存在与竞争使他们争相购买和引入马木鲁克并加以培

---

1 Jane Hathaway, *The Politics of Households in Ottoman Egypt: the Rise of the Qazdağlıs*, p.101.

2 M. W. Daly, *The Cambridge History of Egypt, Vol.2: Modern Egypt, from 1517 to the end of the twentieth century*, p.73.

3 伊达山区（Mount Ida），现代土耳其突厥语作“Kazdağı”，今土耳其西北部山区。

养，这些马木鲁克又凭借着各自军事家族的势力得到晋升，进而不断地加强其所属军事家族的实力。如此循环往复，最终促成了马木鲁克人员大批进入奥斯曼土耳其在埃及的军事和政治机构中，以马木鲁克贝伊为代表的马木鲁克势力重新崛起。“17世纪末至18世纪初，这些埃及军事家族成功地将马木鲁克贝伊和自由穆斯林结合起来，掌控着驻防军队的主要职务，但是到了18世纪下半叶，这种掌控已经变成了一个马木鲁克政权，自由人出身者已经被排挤出领导层。”[1]根据贾巴尔提的记载，易卜拉欣凯特胡达本人是否是一个马木鲁克历史上并没有定论，有记载显示，他曾经是苏莱曼凯特胡达名下的马木鲁克。但是，阿里·卡比尔贝伊明确曾是易卜拉欣的马木鲁克。[2]易卜拉欣凯特胡达及其继任者对埃及的统治被看作马木鲁克势力在埃及的再次崛起。

18世纪60至70年代间，阿里·卡比尔贝伊成为“开罗长官”，极力打压埃及禁卫军军团中奥斯曼人的势力，逮捕或处决大批禁卫军高官，严重地削弱了奥斯曼人在禁卫军军团中的势力。马木鲁克在埃及军事系统的实力进一步强化。

在阿里·卡比尔贝伊和他的继任者穆罕默德贝伊相继去世之后，卡兹达家族的贝伊们开始分化为两个阵营：一派是“开罗长官”易卜拉欣贝伊（Ibrāhīm Bey）及穆拉德贝伊（Marād Bey）领导的穆罕默德家族（al-Muhammadiyyah）；另一派则以伊斯玛仪贝伊（Ismā‘īl Bey）和哈桑·吉达维贝伊（Ḥasan Bey al-Jiddawī）为首——前者是阿里·卡比尔贝伊的同僚（khushdash），后者则是阿里·卡比尔贝伊名下的马木鲁克，[3]因此也常被称为阿里家族（al-‘Alawiyyah）。1775年起，穆罕默德贝伊手下的马木鲁克易卜拉欣贝伊担任“开罗长官”之职，但很快就在1777年与穆拉德贝伊一道被伊斯玛仪贝伊驱逐。1778年，伊斯玛仪贝伊因手下背叛而失势，逃往伊斯坦布尔，他的同盟者哈桑·吉达维贝伊

1　M. W. Daly, *The Cambridge History of Egypt, Vol.2: Modern Egypt, from 1517 to the end of the twentieth century*, p.64.

2　转引自：Jane Hathaway, The Military Household in Ottoman Egypt, in International Journal of Middle East Studies, Vol.27, No.1 (Feb., 1995), p.42, Cambridge University Press.

3　M. W. Daly, *The Cambridge History of Egypt, Vol.2: Modern Egypt, from 1517 to the end of the twentieth century*, p.83.

则逃往上埃及。[1]埃及的统治权重新回到易卜拉欣贝伊和穆拉德贝伊手中，但两人间颇有嫌隙，并于1784至1785年间数次交火。持续的武装冲突造成埃及社会发展停滞，人民生活困苦。1786年，奥斯曼大加齐阿尔及里·哈桑帕夏进入埃及平乱。1787年，作为哈桑帕夏同盟者的伊斯玛仪贝伊出任“开罗长官”。1791年，伊斯玛仪贝伊死于瘟疫，易卜拉欣贝伊与穆拉德贝伊再次返回开罗，重掌统治权。

因此，这些军事家族经年不断的竞争和势力扩张，使埃及军事领导权开始由奥斯曼驻军将领向马木鲁克贝伊手中转移。18世纪下半叶起，奥斯曼驻军各军团的势力已经极度萎缩，它们不再是埃及主要的政治参与单位，而其中的马木鲁克人员及其组织形式——以马木鲁克为核心的军事家族成为了埃及政治生活中的主导性力量，以至于人们常常忽视一个事实，即马木鲁克人员本身也是奥斯曼驻军中的一个部分。这种情形一直持续到法国入侵时才有所改变。C·F·沃尔尼（C. F. Volney）[2]曾经这样描述当时的奥斯曼驻军：

> 如今的禁卫军团、阿宰卜军团以及其他的奥斯曼军团无非是一群匠人、随军杂役以及流浪汉。他们守着城门，就为了拿到那点可怜的薪水，只要一瞥见马木鲁克的影子，他们就会像普通开罗民众那样颤抖不停。[3]

三、马木鲁克对埃及贝伊阶层的占据及其影响

奥斯曼帝国将新征服地区划成各个行省并入帝国版图，由中央政府指定总督，进行直接管理。最初行省的长官称为“beylerbey ”意思是“贝伊之首（bey of beys）”，由此这些行省亦被称为“beylerbeylik”。

---

1 M. W. Daly, *The Cambridge History of Egypt, Vol.2: Modern Egypt, from 1517 to the end of the twentieth century*, p.83.

2 法国著名历史学家，东方学家及政治家，1757—1820。

3 转引自：David Kimche, *The Political Superstructure of Egypt in the Late Eighteenth Century*, in *Middle East Journal*, Vol.22, No.4 (Autumn, 1968), p.456, Middle East Institute.

16世纪末，这个省区的名称为“Eyalet”所取代，1867年，奥斯曼帝国颁布法令将行省称谓由“Eyalet”改为“Vilayet”。埃及在奥斯曼统治时期被称为“Eyalet-ı Mışır”，埃及总督一般由伊斯坦布尔中央政府指定。贝伊是奥斯曼时代的爵位，一般贝伊可出任副级军政官员，地位低于帕夏或者其他军事机构的首领。至于桑贾克贝伊（sanjaq bey）在埃及的内涵与在奥斯曼帝国的其他行省内不同。行省下一级单位为“桑贾克”（Sanjaq），这个词源自土耳其语，意为“区”或“旗”，在阿拉伯语中有“旗帜”（liwā’）的意思。一个桑贾克中包含若干个区（nāḥiyah）。在奥斯曼征服后，埃及作为其行省之一，下辖12个桑贾克，桑贾克最高长官一般被称为“桑贾克贝伊”，有时也被称为“旗长”（’amīr al-liwā’）。[1]

与其他奥斯曼帝国行省不同，由于埃及并没有实行蒂玛尔（Timar）封建采邑制度，埃及的桑贾克贝伊并不享有任何封地，他们的收入也不来自其占有的土地，而是由国库发放。[2]因此桑贾克贝伊在埃及没有任何区域或土地占有的含义，它仅仅是一个类似“帕夏”的行政长官的尊称或爵号。“桑贾克贝伊”这个词在贾巴尔提的著作中常常被提到，被用来指代贝伊这个职位。桑贾克贝伊一般由高级军官出任。[3]值得注意的是，整个16世纪中，马木鲁克出身的人能够升任至贝伊的寥寥无几：1519年，哈伊尔贝伊名下的马木鲁克出任朝觐长官；1537年，掌管国库的贝伊是切尔克斯马木鲁克出身的穆罕默德·本·苏莱曼（Muḥammad b. Sulaymān）。[4]而且奥斯曼中央政府规定，只有穆塔法里格军团和扎乌什军团的人才能出任桑贾克贝伊，更进一步限制了马木鲁克成为高级军事人员和政府官员的可能性。因此在这个时期，桑贾克贝伊与马木鲁克王朝时期的艾米尔毫无共性可言，更不消说存

---

1 Bernard Lewis, *Studies in the Ottoman Archives—I*, in *Bulletin of the School of Oriental and African Studies, University of London*, Vol.16, No.3 (1954), p.471, Cambridge University Press.

2 P. M. Holt, *The Beylicate in Ottoman Egypt during the Seventeenth Century*, in *Bulletin of the School of Oriental and African Studies*, Vol.24, No.2 (1961), University of London, p.219.

3 M. W. Daly, *The Cambridge History of Egypt, Vol.2: Modern Egypt, from 1517 to the end of the twentieth century*, p.11.

4 P. M. Holt, *The Beylicate in Ottoman Egypt during the Seventeenth Century*, in *Bulletin of the School of Oriental and African Studies*, Vol.24, No.2 (1961), p.222.

在任何继承、传承之类的关系。16世纪末，埃及约有41名桑贾克贝伊。1609年，穆罕默德帕夏镇压了一次军事政变，之后便革去大部分贝伊的封号，仅保留了12名最核心的、最有能力的贝伊。[1]

16世纪末起，埃及的贝伊阶层开始获得发展。贝伊阶层本身与埃及的军事机构并没有直接或者内在的联系，与“帕夏”类似，起初“贝伊”只是尊称、封号，而非军事官员的职务。但至17世纪中期，情况就已发生改变。此时的贝伊阶层占据着包括埃及军事将领在内的埃及军政坛的主要职位，如财政监管（daftardār）、朝觐长官（amīr al-ḥajj）、埃及各港口长官、负责将埃及赋税收入送往伊斯坦布尔的官员[2]等等。此时贝伊的数量再次达到约40人。17世纪末，权力开始由奥斯曼驻军军团尤其是禁卫军军团和阿宰卜军团的手中，向贝伊阶层转移集中。18世纪20年代起，开始有奥斯曼驻军的高官将自己军事家族中的成员引入埃及的军事系统，甚至晋升贝伊，其中当然包括了这些军事家族中的马木鲁克。贝伊阶层在国家行政机构和军事机构中的扩散，致使国家权力越来越向他们手中集中，以至于贝伊的权力往往威胁甚至超过了总督的实际权力。

奥斯曼尼凯特胡达在担任卡兹杜厄里家族的领导人期间，曾经将自己名下的马木鲁克晋升至贝伊阶层；[3]禁卫军的副统领易卜拉欣·卡兹达凯赫亚（Ibrāhīm Kahya al- Qazdağlı）于1748年至1754年间掌控着埃及的主要领导权，他将大量隶属于自己军事家族的格鲁吉亚马木鲁克擢升至贝伊，从而确立了其军事家族，即卡兹达家族在埃及政治领域和军事领域的绝对优势。在这个过程中，贝伊阶层的实力不断扩大，而禁卫军军团，尤其是其中奥斯曼军官的实力则显著下降。

而从另一个角度来看，卡兹达家族绝对统治权威的确立，实质是格鲁吉亚马木鲁克在埃及建立起政治统治权威的过程。至18世纪末，格鲁吉亚马木鲁克已经基本覆盖在埃及占统治地位的卡兹达军事家

1 M. W. Daly, *The Cambridge History of Egypt, Vol.2: Modern Egypt, from 1517 to the end of the twentieth century*, p.11.

2 Ibid., p.10.

3 Ibid., p.76.

族，进而压制了其他竞争者，完全垄断了埃及的政治统治。发展到后来，"桑贾克贝伊"往往被用来专门指代格鲁吉亚马木鲁克出身的贝伊。虽然并非全部的桑贾克贝伊都是马木鲁克出身，但不能否认的是，马木鲁克人员占据了桑贾克贝伊阶层的很大一部分，并且随着其势力的稳步扩张，这种占据和影响呈现出上升的态势，直到格鲁吉亚马木鲁克基本垄断埃及的贝伊阶层。马木鲁克贝伊是一个数量可观的团体。马木鲁克出身的桑贾克贝伊常常被称为"马木鲁克贝伊（the mamlūk bey）"。

随着贝伊阶层逐步控制国家的土地税收，对国家政治影响日益扩大，马木鲁克人员的地位开始逐渐上升。从17世纪中期开始，以马木鲁克为主的贝伊已经充斥了埃及政治和军事机构，他们出任副省长（qā'im maqām），在奥斯曼总督交替的过渡期担任埃及的实际统治者，甚至可以行使总督的权力，从而使奥斯曼帝国的总督逐渐丧失了对埃及的掌控。至18世纪，埃及政治已经基本掌握在这些马木鲁克贝伊手中，奥斯曼总督在大多数情况下则形同虚设。

18世纪20年代起，"开罗长官"成为埃及实际上的统治者。而占据这个职务的人往往是马木鲁克贝伊，这个时期最著名的"开罗长官"便是我们前文提到的阿里·卡比尔贝伊。他在1760年成为"开罗长官"，但于1766年被赶下台。1767年，阿里·卡比尔贝伊复位并对反对者展开报复。之后他将自己名下的10名马木鲁克晋升至贝伊，以对抗那些包括敌对马木鲁克家族或派系在内的敌人。阿里·卡比尔贝伊拒绝接受奥斯曼总督在埃及的统治，由自己取而代之，成为埃及实际的统治者。此外，马木鲁克贝伊还长期占据着诸如国库长官、朝觐长官等重要职位。以利德万贝伊（Riḍwān Bey）为例，他出身切尔克斯马木鲁克（属于法格尔系），后晋升为桑贾克贝伊，任朝觐长官长达25年之久（1631—1656），其深远影响在于，在他之后的很长一段时间内，这一职务都由法格尔系出身的贝伊担任。[1]

1　P. M. Holt, *The Beylicate in Ottoman Egypt during the Seventeenth Century*, in *Bulletin of the School of Oriental and African Studies*, Vol.24, No.2 (1961), p.221.

因此在这个阶段，马木鲁克制度的意义不仅是马木鲁克人员对埃及的统治，而且是更多的贝伊以及军事家族的领袖通过马木鲁克制度来统治埃及。马木鲁克人员对贝伊阶层的垄断标志着其重新掌握埃及政治的主导权。而以贝伊为代表的埃及高级官员继续购买、安置和使用马木鲁克，促成了马木鲁克制度在奥斯曼统治时代的延续和发展。这个历史作用是16世纪初被奥斯曼人留用的切尔克斯马木鲁克军团所不能比拟的。也就是说，就马木鲁克制度的延续发展而言，前朝留下来的切尔克斯马木鲁克军团并没有什么作为，而是后来的马木鲁克贝伊主导和维护了这一制度的发展。马木鲁克贝伊阶层的形成与壮大标志着马木鲁克出身的军事人员对埃及政治的控制甚至垄断的形成，是16—18世纪埃及马木鲁克阶层对埃及政治施加影响的主要体现。

四、埃及马木鲁克贝伊与奥斯曼总督的角逐

"总督"作为奥斯曼中央政府和奥斯曼苏丹在地方的代表，是埃及最高统治者，尽管在很多时候那只是名义上的。出任第一任埃及行省总督的人是哈伊尔贝，此人曾在马木鲁克王朝时代出任政府高官。现在他兼任埃及和阿勒颇总督，称号为"众贝伊之首"[1]。他在任内开始重新起用马木鲁克出身的官员，从而开创了奥斯曼驻埃及官员购买和使用马木鲁克的先例，对马木鲁克制度在埃及的延续具有重要影响。而以赛里木为代表的奥斯曼统治阶层，从最初就没有放弃依靠马木鲁克来统治埃及，尽管必须处置那些会对自己政权产生威胁的人。

自16世纪末期开始，马木鲁克军事人员不断地挑起骚乱，威胁到埃及总督的实际统治权。1586年，马木鲁克士兵叛乱并袭击政府和总督官邸。1604年，开罗爆发以马木鲁克为主的骑兵军团叛乱，埃及总督易卜拉欣帕夏被杀。1609年，埃及再次爆发反抗奥斯曼政府的起义，主要参与力量仍是切尔克斯马木鲁克骑兵团和另外两个西帕希骑兵团，暴乱起因于奥斯曼政府拒绝骑兵团增加军饷的要求。这场叛乱

1 源自奥斯曼土耳其语"beylerbey"。

一直持续至1607—1611年穆罕默德帕夏（Mehmed Paşa）在任期间才被平息，为稳定局势，并重新掌控埃及军队，穆罕默德帕夏将大批叛乱者处决，又将300名反叛者流放至也门，[1]他也由此被称为“Kul Kıran”，意为“打败马木鲁克的人”。奥斯曼统治初期，马木鲁克的叛乱大都是切尔克斯军团发动的，且多是出于经济利益的驱使。但是随着17世纪起马木鲁克人员势力的扩张，其反抗奥斯曼总督的目标也由提高经济利益转向政治诉求。这种情况自17世纪一直延续至18世纪末拿破仑入侵埃及。

穆罕默德帕夏之后，历任埃及总督的势力不断下降，受到越来越频繁且严重的马木鲁克叛乱的威胁，他们甚至有时会被“禁足”于自己的官邸之内，仅在名义上维持着奥斯曼苏丹在埃及的权威而已。与之形成鲜明对照的是，马木鲁克贝伊开始掌握埃及实际领导权，甚至有能力废黜总督，在新的奥斯曼总督到任之前全权代理埃及的管理事宜。这种行为在不少情况下也是被奥斯曼中央政府默许的，旨在限制埃及总督权力的过分膨胀。1631年，穆萨帕夏（Musa Paşa）因不满盖塔斯贝伊对自己权威的挑衅，策划并实施了对后者的暗杀行动，结果引发其他贝伊的不满和反叛，他们选举出自己的领袖担当埃及最高长官，并将穆萨帕夏驱逐出埃及。1659年，穆罕默德帕夏拒绝中央政府对他的任命，不肯出任阿比西尼亚总督，并试图以武力对抗争取埃及的独立，结果兵败被处死。1676年，时任埃及总督的艾哈迈德帕夏欲在埃及临时增收赋税并削减一些军团的开支，此举引发了军队的不满，直接导致艾哈迈德帕夏被驱逐。[2]

17世纪开始，伊斯坦布尔中央政府越来越无力干预和控制埃及。至18世纪，总督一职基本形同虚设，他所剩下的只是一些仪式性工作。代表实际权力的“开罗长官”与“朝觐长官”这两个职位都掌握在马木鲁克贝伊手中。朝觐长官主要任务是保障朝觐之路和朝觐者的平安，应对贝都因人的袭扰，维护商路上经济活动的正常有序，因此无论在政

1　Michael Winter, *Egyptian Society under Ottoman Rule 1517–1798*, p.19.

2　Ibid., p.50.

治、军事还是宗教上都享有较高的地位；同时朝觐长官还要负责管理朝觐基金，因此马木鲁克贝伊对该职位的垄断，使马木鲁克阶层对宗教相关事务及朝觐商队途经地区的控制明显加强。

1760—1766年、1767—1772年间，阿里·卡比尔贝伊先后两次出任“开罗长官”。1767年起，阿里·卡比尔贝伊开始打击奥斯曼驻军以及贝伊阶层中反对自己的势力，同时将自己名下的马木鲁克晋升至贝伊阶层。1768年，阿里·卡比尔贝伊派遣自己的马木鲁克同僚前往上埃及平息贝都因部落的叛乱。1769年，他再次派出自己的马木鲁克穆罕默德·艾布·宰海卜贝伊前往上埃及作战，终结了哈瓦拉家族在当地的统治，使之重新归于开罗的管辖之内，[1]这也标志着马木鲁克阶层对埃及全境控制的恢复。1769年，阿里·卡比尔贝伊驱逐了奥斯曼中央政府任命的埃及总督，并公然阻挠新任总督进入开罗，进而由自己取而代之成为埃及的最高领导者，并下令在星期五的礼拜上颂自己的名字。[2]

此外，阿里·卡比尔贝伊不再通过奥斯曼中央政府来开展埃及的外交活动，而是自行处理埃及的外交事宜。他开始了更为积极的脱离奥斯曼帝国统治的独立运动，并谋求与外国政府的合作以抑制或抵抗奥斯曼中央政府的权力。他极力开展与外国的贸易往来，并向外国商船开放红海，允许他们经红海进入苏伊士运河。这一举措为埃及带来了巨大的贸易收入，各个地中海沿岸港口的贸易额也显著增长，经济发展与独立无疑也将增加埃及政治独立的砝码。

同时，阿里·卡比尔贝伊开始了对叙利亚和希贾兹地区的军事行动，以谋求恢复埃及在这两个地区的主导地位。占领希贾兹后，阿里·卡比尔贝伊擅自撤换了驻吉达的奥斯曼总督，改由自己从埃及的马木鲁克贝伊中选择一人出任。[3]1771年4月，阿里·卡比尔贝伊在加

---

1 M. W. Daly, *The Cambridge History of Egypt, Vol.2: Modern Egypt, from 1517 to the end of the twentieth century*, p.79.

2 Michael Winter, *Egyptian Society under Ottoman Rule 1517–1798*, p.26.

3 Suraiya N. Faroqhi, *The Cambridge History of Turkey, Vol.3, The Later Ottoman Empire, 1603–1893*, p.199.

利利(al-Jalīl)[1]统治者谢赫・扎希尔・欧麦尔(Shaykh Ẓāhir al-'Umar)和俄国人的支持下进攻叙利亚,公然无视奥斯曼苏丹的命令。同年8月,大马士革首先被攻陷。但是,征服叙利亚的行动功败垂成,伊斯玛仪贝伊(Ismā'īl Bey)与穆罕默德・艾布・宰海卜贝伊在奥斯曼苏丹宣布与俄国开战之际,停止了对叙利亚的军事行动,转而折返埃及。1772年,穆罕默德贝伊与伊斯玛仪贝伊联合了哈瓦拉家族的余部,向阿里・卡比尔贝伊发难,无奈之下,阿里・卡比尔贝伊只得逃往巴勒斯坦北部,1773年,他再次潜回开罗,伺机重新夺权,却被自己以前的马木鲁克俘虏,后死在囚中。

穆罕默德・艾布・宰海卜贝伊是阿里・卡比尔贝伊的马木鲁克,于1772年出任"开罗长官"一职。穆罕默德・艾布・宰海卜贝伊很大程度上延续了阿里・卡比尔贝伊的对外政策,尤其是推动与西方国家的贸易往来。乔治・鲍德温(George Baldwin)在其回忆录中曾经指出:穆罕默德・艾布・宰海卜贝伊非常热衷于开放红海作为贸易航路,"他鼓励西方国家在埃及地中海港口的贸易并为之提供保护;还与英国东印度公司签订协议,允许他们的船只开入苏伊士运河"。[2]但与阿里・卡比尔贝伊不同的是,穆罕默德・艾布・宰海卜贝伊统治期间,埃及与奥斯曼宗主国之间的紧张态势得到缓解,奥斯曼政府任命的总督得以重新进入埃及。1775年,穆罕默德・艾布・宰海卜贝伊奉奥斯曼苏丹之命出兵讨伐谢赫・扎希尔・欧麦尔,却在途中暴毙,死于阿卡[3]。1775年起,穆罕默德贝伊手下的马木鲁克易卜拉欣贝伊担任"开罗长官"之职,与穆罕默德的另一名马木鲁克穆拉德贝伊(Murād Bey)联合统治,埃及遂停止了每年向伊斯坦布尔缴纳赋税。他们不停地购入马木鲁克,并凭借这些马木鲁克强化自己对埃及政权的垄断。

1786年8月,奥斯曼大加齐阿尔及里・哈桑帕夏进入埃及平乱,试

---

1 即"Galilee",今以色列北部地区。

2 David Kimche, *The Opening of the Red Sea to European Ships in the Late Eighteenth Century*, in *Middle Eastern Studies*, Vol.8, No.1 (Jan., 1972), Taylor & Francis, Ltd., p.67.乔治・鲍德温(George Baldwin),18世纪末至19世纪初,英国商人、作家及外交官,常年留驻埃及。资料来源:https: //en.wikipedia.org/wiki/George_Baldwin_(diplomat).

3 'Akkā,即"Acre",今以色列北部城市。

图重建奥斯曼帝国在埃及的权威，他成功驱逐了易卜拉欣贝伊与穆拉德贝伊及其马木鲁克势力。但仅一年后，哈桑帕夏被伊斯坦布尔召回以应对俄国的战争威胁，于是他的同盟者伊斯玛仪贝伊获得统治权，成为“开罗长官”，此人是阿里·卡比尔贝伊名下的马木鲁克。1791年，伊斯玛仪贝伊死于瘟疫，易卜拉欣贝伊与穆拉德贝伊一同返回开罗接掌统治权。1798年7月1日，拿破仑的军队登陆亚历山大。

18世纪末，随着马木鲁克贝伊势力的不断扩张，奥斯曼总督形同虚设，毫无实权，乔治·鲍德温曾经这样形容：“帕夏仅仅是宗主国的代表，一个象征宗主统治权威的摆设。这个国家中所有的行政管理机构他都无法插手。”[1]这样的状况一直持续到穆罕默德·阿里出任埃及总督后方有所改观。而奥斯曼中央政府对埃及总督一职也是颇有忌惮，埃及地处国际商路中枢地段，且长久以来都是奥斯曼帝国最富庶的行省之一，其政局的稳定与发展走向对奥斯曼帝国有着重要的影响。因此，在埃及总督的问题上，伊斯坦布尔也是有着多重考虑的，希望能够在奥斯曼总督、埃及驻军将领与马木鲁克贝伊之间形成相互制衡，以确保埃及无论在军事上，还是在政治、经济上均无法完全脱离伊斯坦布尔中央政府的管控。

埃及的实力不断强大，其独立要求也越来越迫切。一方面是其国际战略地位的重要性凸显；另一方面还因为其在国际商路上的重要地位使之力量不断充实。

综上所述，16世纪以后，奥斯曼驻军—贝伊—总督构成了埃及政治统治的主体架构：中央政府通过贝伊控制埃及的赋税等经济事宜，通过驻军形成军事控制，通过总督进行政治管理。三者间的制衡最能够确保奥斯曼政府在埃及利益的最大化。这样统治的结果是埃及政坛出现了各种形式的竞争：各个军事家族之间竞争；马木鲁克贝伊与奥斯曼总督的竞争；马木鲁克贝伊与奥斯曼驻军之间的竞争。同时他们势力交错，互相形成制约，一定程度上维持了奥斯曼帝国在埃及统治的

---

1 转引自：M. W. Daly, *The Cambridge History of Egypt, Vol.2: Modern Egypt, from 1517 to the end of the twentieth century*, p.61.

延续。因此也就能够理解，奥斯曼政府向埃及引入格鲁吉亚马木鲁克以此达到政治平衡不仅仅是出于抑制切尔克斯马木鲁克的目的——也许这是奥斯曼统治初期的考虑，还有平衡埃及政治力量——总督、奥斯曼驻军军团的效果。所以在总督与贝伊的争夺中，奥斯曼苏丹并不总是无条件地站在总督一边，而仅仅是当贝伊力量过大而会威胁到中央统治的时候才如此。奥斯曼总督任期一年，同样是中央政府出于防止其在埃及势力坐大的目的。以1743年埃及总督奥斯曼帕夏被逐出开罗为例，苏丹支持的是易卜拉欣贝伊，而不是总督。[1]由于18世纪后期马木鲁克人员大量占据贝伊阶层，这样的政争常常被解释为马木鲁克中要求独立的势力与总督所代表的奥斯曼宗主国之间的斗争，这是有偏差的。

马木鲁克人员通过军事家族的培养和提拔，在埃及政府机构中各个部分的出现及增长，说明马木鲁克阶层在埃及政坛的复苏，并最终垄断埃及政治，形成对奥斯曼中央政府的威胁。即马木鲁克首先由某个军事家族进入埃及主要的军事或政治机构并获得晋升，马木鲁克对贝伊阶层的占据、垄断标志着其政治实力扩张，并足以威胁奥斯曼总督的统治，马木鲁克贝伊出任“开罗长官”标志着马木鲁克阶层重新全面控制埃及的统治权。因此，在奥斯曼统治时期，马木鲁克开始并非作为一个单独的团体参与权力竞争，而是通过对以上各部分的渗透，形成对这些职位或者相应政治统治机构的控制，进而影响埃及政治的，即通过军事家族的培养和提拔，向埃及军事、政治机构渗透并不断占据，扩大影响，最终，作为政治权力分享者的马木鲁克精英阶层再次形成。

格鲁吉亚马木鲁克贝伊对埃及政治的垄断标志着马木鲁克制度在这个时期发展顶峰的到来，在其基础上，它已完全达成了对马木鲁克人员在行政领域的安排和使用。除在军事系统中地位较高外，格鲁吉亚马木鲁克贝伊也同时在行政部门中担任要职。军事家族的成员从军官兼任贝伊，意味着各地（尤其是除了开罗等大城市外的农村地区、小省

1 参见：Jane Hathaway, *The Politics of Households in Ottoman Egypt: the Rise of the Qazdağlıs*, 1997, p.92.

区）的收入都掌控在这些马木鲁克贝伊手中，使他们能够从经济、军事各方面控制埃及，进而影响埃及政治走向。军事家族的首领将自己手下的军官，尤其是与自己人身依附关系更紧密的马木鲁克提拔培养成为贝伊。由于马木鲁克制度所特有的人身依附关系，马木鲁克与其军事家族的关系更紧密，亲近感也更强，忠诚度更高。因此较之自由民，马木鲁克对贝伊职务的占领更有利于其军事家族首领对埃及政治和经济的控制，这也构成了军事家族在埃及的统治模式。马木鲁克贝伊日益增长的权力要求不仅仅压制了总督，而且几度威胁到中央政府在埃及的统治，这才是埃及与奥斯曼宗主国的矛盾所在，而不是其作为马木鲁克王朝的遗留要求独立而引发的敌对。

16—18世纪，埃及马木鲁克以其军事家族为依托对埃及政治进行统治和权力分配，同时通过与奥斯曼驻军的竞争、与奥斯曼总督的争夺，将埃及政权控制在数个主要由马木鲁克组成的军事家族手中。通过这些军事家族对政治的干预与权力争夺，马木鲁克阶层的权力得到加强，并最终垄断埃及政治。马木鲁克阶层以及其军事家族的经济基础是埃及实行的包税制度，奥斯曼中央政府改变了埃及马木鲁克王朝时代封地税收制度，改由伊斯坦布尔的中央政府任命埃及地方的税收官员，负责将该地区的税收上缴中央政府。由于封地制度的废除，马木鲁克没有与自己职位相对应的封地。到了17世纪，这种由专职税收官员承担的税收任务基本被“包税制（iltizām）”所取代。封地制度为包税制所取代，彻底改变了马木鲁克阶层的经济基础。17世纪后半叶埃及的包税人尚且呈现多样化的分布，但是到了18世纪，马木鲁克已经成为埃及主要的包税人，垄断着埃及的大量财富和国家土地收入，“成为占有全埃及三分之二农田的大封建主”[1]。马木鲁克人员从土地和佃农身上获得经济收入，以此购入更多的马木鲁克扩大自己的势力。他们还将包税权以世袭或赠予的方式在自己的军事家族内传承下去，从而形成了对埃及土地和税收的垄断。因此，包税制成为这个时期马木鲁克阶层发展的经济基础，它与马木鲁克军事家族统治相结合，形成了

1　杨灏城：《埃及近现代史》，北京：中国社会科学出版社1985年版，第11页。

16—18世纪间马木鲁克制度在埃及的重要发展脉络。

五、16—18世纪马木鲁克精英阶层的特征

16—18世纪埃及马木鲁克阶层的显著变化是马木鲁克族群更加多样，甚至出现了黑色人种的马木鲁克，打破了“马木鲁克仅用来称呼白色人种奴隶的”的传统。商路的发展、奥斯曼帝国的扩张与国际形势的新变化带来了马木鲁克族群的多元化。“作为军事奴隶的马木鲁克，一如既往地从格鲁吉亚、高加索和明格列里亚等地被引入；每年，那些贝伊会责成他们在伊斯坦布尔的代理人们购入一定数量的马木鲁克，如果供应不足或者花费太高的话，他们就会代之以来自非洲内陆的黑奴，这些黑奴若是能够被教化，那么就会获得和其他人（马木鲁克）一样的装备与安置。”[1]这种多样化客观上有利于打破单一族群对马木鲁克阶层的控制，民族或族裔的共性或认同在马木鲁克阶层中的影响逐渐降低，相应的，马木鲁克对其军事家族及“职业身份”的认同感在上升。奥斯曼时代，马木鲁克军事家族或派系之间的矛盾已经上升为马木鲁克阶层内部的主要矛盾。

其次，马木鲁克身份及特权非世袭的惯例在这个时期被打破，标志着马木鲁克身份的核心即“奴隶出身”这一社会属性被淡化。奥斯曼土耳其时代的埃及，许多马木鲁克的后裔获得晋升，得到了贝伊的称号，在这个时代，“一个马木鲁克贝伊死后，习惯性的做法是指定他的儿子来继承他的位置和特权，而不是他的马木鲁克”[2]。马木鲁克的儿子们经常能够承袭其父亲的职位，并且能够参与维持和延续整个马木鲁克阶层人员的既得利益，这在以往是不多见的——马木鲁克阶层对其后裔的排斥是一贯的。马木鲁克贝伊的特权被他的儿子继承，少数的例外则是由于这些死去的马木鲁克没有子嗣或者儿子年幼。马木鲁克

1 David Ayalon, *Studies in al-Jabartī I. Notes on the Transformation of Mamluk Society in Egypt under the Ottomans (Continued)*, in *Journal of the Economic and Society History of the Orient, Vol.3, No.3,* BRILL, (Oct., 1960), pp.275–325.

2 Ibid., p.156.

的后裔不再由于是自由人出身而被排挤出马木鲁克精英阶层，相反，只要他认同并维护马木鲁克阶层的既得利益，就能够有机会继承他父亲的身份和特权。因此，奴隶出身愈发不是一名“马木鲁克”的标志，其作为“军事家族成员”的身份已成为“马木鲁克”的主要含义。奥斯曼埃及的军事家族中，即使有些新加入人员是自由人出身，很多情况下也是以马木鲁克的身份获得与家族领导的人身依附关系，从而进入该家族。

马木鲁克身份的认同变化经历了一个漫长的过程。马木鲁克王朝早期，马木鲁克的身份认同主要来自于其作为奴隶被购入的身份，“主奴关系”或“同僚关系”是其身份认同的关键，因此，早期马木鲁克均以其所属军团来命名或相互区别。马木鲁克族群多样化加强了马木鲁克身份认同的新元素：民族，马木鲁克可因其民族的异同而更加敌对抑或更加亲近，早先的突厥马木鲁克和切尔克斯马木鲁克如此，奥斯曼统治前期切尔克斯马木鲁克与格鲁吉亚马木鲁克的关系亦是如此。军事家族的崛起某种程度上淡化了马木鲁克之间的族群差异，不同民族的马木鲁克如今为同一个军事家族的利益联合在一起，军事家族之间的斗争取代了马木鲁克族群间的斗争，每一个马木鲁克所属的军事家族成为其身份认同的核心。军事家族的相互竞争和势力扩张，反过来则加强了马木鲁克阶层对埃及军事领域和政治统治的垄断，至1798年拿破仑入侵埃及之时，马木鲁克人员尤其是格鲁吉亚马木鲁克贝伊已经成为了埃及军事统治阶级的核心。[1]

奥斯曼统治时期，一种具有更重要历史意义的新认同在马木鲁克群体中开始形成：“埃及人”（Mısırlı）被马木鲁克用来称呼自己，以区分奥斯曼土耳其驻埃及的官员，而奥斯曼人对这样的称呼也是认同的，马木鲁克与奥斯曼土耳其人之间的相异处愈发突出，而与埃及本土人的融合逐渐上升。“突厥人”（Turks）一词开始更多地单独用来称呼从奥斯曼本土及安纳托利亚地区来到埃及的突厥人或奥斯曼土耳其人。马

1 Jane Hathaway, *The Military Household in Ottoman Egypt*, in *International Journal of Middle East Studies*, Vol.27, No.1, Feb., 1995, Cambridge University Press, p.39.

木鲁克与埃及人之间的认同度在上升，这与马木鲁克多年以来对抗奥斯曼中央政府统治的尝试密切相关，这在一定程度上保持了埃及的独立性倾向并为穆罕默德·阿里摆脱奥斯曼宗主国的控制打下基础。同样，马木鲁克在埃及本土居民眼中，其同质性也远大于奥斯曼土耳其人，迈克尔·温特（Micheal Winter）指出，“埃及人这样的认同在很大程度上与宗教有关：马木鲁克被人们看作是虔诚、正直的穆斯林；而奥斯曼土耳其人则相对来说对宗教没有那么热衷”。马木鲁克“是受欢迎的令人敬佩的精英，是人们所喜爱的贵族阶层”[1]。虽然话语有些夸大，但是可以看出，马木鲁克在埃及数百年的存在，是有利于这种认同产生的，而从反抗奥斯曼宗主国统治的共同诉求上看，马木鲁克与埃及本土居民的身份认同也较为容易达成。

埃及人在被征服后将自己的国家称为“al-Diyār al-Miṣriyyah”，意为“埃及人的土地”。[2]埃及作为独立国家的历史和记忆始终没有消失，而这点共同的记忆，在奥斯曼统治时期，成为了埃及马木鲁克阶层形成新的身份认同的重要因素：在埃及的长久历史使他们能够以“埃及人”自居，并以此代表自己的马木鲁克出身。[3]进而赋予自己反抗奥斯曼统治的正当性，同时在社会动员方面有更强的说服力。从埃及本土大众的角度来说，征服之初，留在埃及的奥斯曼驻军更多地被埃及人称为“土库曼人”（Tarākima）或“罗姆人”（Arwām），“突厥人”（Atrāk）一词则被保留继续用来称呼马木鲁克；但逐渐地，人们也不再用“Turks”称呼马木鲁克团体，而代之以“切尔克斯人（Charākisa）”或“乌古斯人（Ghuzz）”，甚至干脆直呼为“马木鲁克”。[4]伊本·伊亚斯就将奥斯曼土耳其人称为“罗姆人”“土库曼人”或者“奥斯曼人”。马木鲁克与奥斯曼土耳其人的隔阂日益增大：在奥斯曼人统治之前甚至奥斯曼土耳其征服初期，埃及民众认为马木鲁克就是“突厥人”，而

1　Daniel Crecelius, *Eighteenth Century Egypt: The Arabic Manuscript Sources*, Regina Books, 1990, p.16.

2　Michael Winter, *Egyptian Society under Ottoman Rule 1517–1798*, p.31.

3　Suraiya N. Faroqhi, *The Cambridge History of Turkey, Vol.3, The Later Ottoman Empire, 1603–1893*, p.198.

4　Carl F. Petry, *The Cambridge History of Egypt, Vol.1: Islamic Egypt, 640–1517*, p.505.

300年之后，马木鲁克称呼自己是“埃及人”，认同发生了改变，他们由奥斯曼帝国统治者的盟友，变成了埃及人——共同受奥斯曼帝国统治的被压迫者。这点对于马木鲁克在埃及垄断统治权、排挤奥斯曼总督是非常重要而且有效的手段。随着与埃及本土民众认同的增加，原本那些立于马木鲁克阶层与埃及本土人员之间的隔阂通过通婚、共事，甚至同属一个军事家族而减弱；相反的是，马木鲁克与奥斯曼人之间的敌对情绪不断上涨。

根本性的转变在17世纪开始显现，更多的马木鲁克出身的贝伊开始将他们自己视作马木鲁克王朝的后继者，以此来反对奥斯曼中央政府的统治，甚至摆脱它的束缚，尽管此时马木鲁克王朝已经消亡百余年。因此，马木鲁克王朝的历史成为17—18世纪马木鲁克阶层尤其是马木鲁克贝伊等高层军事精英人员对自己身份的认同之一，并逐渐被强化。需要指出的是，此时的马木鲁克不是13—16世纪埃及马木鲁克王朝的天然继承者或是后裔：那时的马木鲁克与此时这些马木鲁克出身不同，来源地不同，语言也不同，除了作为马木鲁克进入伊斯兰帝国的共同身份和经历外，没有任何的相同之处，而“奴隶出身”作为身份认同的可能性不大。但是，13—16世纪马木鲁克在埃及的统治历史，可以被18世纪的马木鲁克利用，成为其抵抗奥斯曼宗主国统治的有力武器。马木鲁克将自己与奥斯曼土耳其人的异族统治区别开来，同时借此拉近与埃及本土人的认同，降低自己统治的难度。他们开始由奥斯曼土耳其的附属者再次向比肩的竞争者转变，“他们也不再对叛变的哈伊尔贝的墓地致意，而是在最后的马木鲁克苏丹突曼贝的墓前低下了头”[1]。身份认同的转变或许正可以解释在18世纪末法国入侵埃及的时候，马木鲁克承担了埃及主要的防御和战斗任务，除去其作为军事人员的身份之外，其作为“埃及人”，担负起了奥斯曼埃及驻军无力承担或消极应对的任务。

1 M. W. Daly, *The Cambridge History of Egypt, Vol.2: Modern Egypt, from 1517 to the end of the twentieth century*, p.46.

第四节　18世纪末法国入侵对埃及马木鲁克制度的影响

18世纪末的埃及基本已经处于半独立的状态，以格鲁吉亚马木鲁克为核心的埃及马木鲁克阶层屡次尝试摆脱奥斯曼中央政府的管控，重建埃及的独立主权。无论是在财政上还是在军事行动上，埃及马木鲁克精英都对奥斯曼中央政府的命令置若罔闻，更有甚者，他们公然反抗奥斯曼政府的禁令，与欧洲签订贸易协议，向西方船只开放红海的航行权。凡此种种都是对奥斯曼统治权威的极大挑衅。他们甚至与俄国秘密协定，共同对付奥斯曼帝国。[1]就在马木鲁克势力日益强大，奥斯曼中央政府的权威在埃及迅速消减的时候，法国的入侵严重打击了马木鲁克阶层在埃及的统治：一方面，抗法战争消耗了大量的马木鲁克军事力量；而另一方面，法国的殖民统治也打破了马木鲁克阶层在埃及的政治垄断地位，为市民阶层上台创造了条件，同时奥斯曼中央政府也借机挽回其在埃及日渐衰败的统治。

18世纪末期，法国商人频频受到埃及当地统治者的骚扰。1786年，穆拉德贝伊向亚历山大的法国商人征收重税，并威胁他们，如果不能按时缴纳的话，"就会烧毁他们的房子并将他们处决"[2]。法国随即向奥斯曼苏丹政府提起诉讼，并态度强硬地表示："如果苏丹政府无力解决问题的话，那么本国政府将介入。"[3]奥斯曼政府于是派出大加齐阿尔及里·哈桑帕夏率军队平息埃及的混乱局势。之后哈桑帕夏很快又被调离埃及以应对和俄国的战事，走之前，他任命伊斯玛仪为新任"开罗长官"，由他来继续追剿逃亡中的穆拉德贝伊和易卜拉欣贝伊，但这名新任的长官不久便死在1791年席卷埃及的瘟疫中。

1　Daniel Crecelius and Gotcha Djaparidze, *Relations of the Georgian Mamluks of Egypt with Their Homeland in the Last Decades of the Eighteenth Century*, in *Journal of the Economic and Social History of the Orient*, Vol.45, No.3 (2002), p.322.

2　M. W. Daly, *The Cambridge History of Egypt, Vol.2: Modern Egypt, from 1517 to the end of the twentieth century*, p.84.

3　Ibid., p.84.

伊斯玛仪贝伊死后不久，易卜拉欣与穆拉德于当年重返埃及。此时的埃及内外交困，瘟疫未尽，人口急剧缩减，而外国商人在埃及的境遇更糟，屡屡遭受马木鲁克的冲击，商业发展条件恶化。1795年，法国政府向易卜拉欣贝伊与穆拉德贝伊发出警告：若再次干扰法国商人及其贸易活动，法国政府将采取行动。[1]但这些马木鲁克贝伊并未予以理睬。为维护法国的贸易利益，当然更多的考虑是为了消弭英国在印度洋势力扩张的影响，1798年法国军队入侵埃及。出于维持与奥斯曼政府之间和平关系的考虑，同时避免与奥斯曼人正面交战，法国军队在拿破仑的带领下，踏上埃及的土地，高喊着"为推翻埃及马木鲁克的腐败统治"，并表明自己将"以苏丹的名义统治埃及，同时每年向伊斯坦布尔中央政府缴纳更多的赋税"[2]。1798年7月，法军相继占领亚历山大、罗塞塔和开罗，继而向上埃及进发，追剿马木鲁克。

拿破仑在入侵的时候标榜自己是"奥斯曼苏丹陛下的朋友，与奥斯曼苏丹为敌者也将是自己的敌人"。他首先将埃及马木鲁克阶层作为要推翻的统治者摆在了敌对的位置上，而在他看来，埃及大众必将接受这样的划分并支持法国人推翻马木鲁克统治。[3]法国人试图将马木鲁克统治阶层与埃及民众区分开来，以"结束马木鲁克统治、解放埃及人民"为自己的行动目标。马木鲁克作为埃及的统治者和实际抵抗力量，成为法国侵略者首要解决的问题。

马木鲁克在与法军交战的过程中遭受重创。据记载，曾有4 000名马木鲁克用毛瑟枪抵抗法国的战舰。[4]1798年7月21日，穆拉德贝伊率领的马木鲁克军团在金字塔战役中大败，约有6 000名的马木鲁克参战，穆拉德贝伊兵败撤退至上埃及；同年8月11日，易卜拉欣贝伊在三

---

1 M. W. Daly, *The Cambridge History of Egypt, Vol.2: Modern Egypt, from 1517 to the end of the twentieth century*, p.86.

2 J. C. B. Richmond, *Egypt 1798–1952: Her Advance toward a Modern Identity*, Routledge, 2013, p.17.

3 M. W. Daly, *The Cambridge History of Egypt, Vol.2: Modern Egypt, from 1517 to the end of the twentieth century*, p.118.

4 资料来源：https: //en.wikipedia.org/wiki/French_campaign_in_Egypt_and_Syria.

角洲东部的撒列西亚(Ṣālihiyyah)战败,率领余部撤退至巴勒斯坦。在英国军队的干预下,法军接下来的两次清剿马木鲁克余部的行动均功败垂成,马木鲁克贝伊趁此机会再次集结力量以待反扑。这为马木鲁克保存了实力。

入侵埃及之初,法国当局不遗余力地清除马木鲁克的力量,同时禁止马木鲁克人员在埃及政府中任职。在开罗,马木鲁克作为包税人所拥有的土地被法国当局没收,其中一部分被分给农民。同时法国殖民当局允许非马木鲁克人员成为包税人,并一度试图彻底废除包税制度,代之以直接缴纳赋税的方式。这在当时确实严重打击了马木鲁克阶层的经济基础,但是在法国撤军之后,以马木鲁克为主体的包税制度又逐渐恢复。

然而,鉴于埃及是奥斯曼帝国重要的粮食和农产品产地,且占据国际通航要道,伊斯坦布尔中央政府不可能对埃及的沦陷置之不理。加上英国于1798年8月击败法国停留于亚历山大港口附近的舰队,促使奥斯曼帝国很快向法国宣战。1799年,奥斯曼帝国联合英、俄、奥以及神圣罗马帝国等国家,形成第二次反法同盟,奥斯曼政府出兵埃及,与英国舰队协同作战。1800年1月,法国与奥斯曼帝国签订《阿里什协定》(*Convention of El-Arish*),宣布撤军。但紧接着在3月,英法相继违背约定,法军向奥斯曼帝国的军队开战,从而触发了埃及第二次人民大起义,此时已返回埃及的马木鲁克首领易卜拉欣贝伊及其手下的马木鲁克也参加了此次起义。4月,时任法国占领军统帅的克莱贝尔与盘踞在上埃及的穆拉德贝伊达成协议,承认其领导的马木鲁克集团在上埃及的势力,以换取穆拉德贝伊对法国占领军在开罗的军事支持,并帮助法国人稳固其在三角洲地区的统治。不久,易卜拉欣贝伊旋即背叛起义民众,向法军妥协。

1801年3月,英国联合奥斯曼土耳其军队进攻埃及,在攻占阿布基尔(Abū Qīr)后直取开罗,奥斯曼土耳其军队同时从叙利亚向开罗增兵。法军在内外夹击下于6月被迫投降,并撤离开罗,同年10月法军余部撤离亚历山大港,结束了法国在埃及的占领。英国承认法国在西欧的霸权,作为交换,法国承诺不再挑战英国在中东及海洋贸易上的霸权。

法国战败离开后，奥斯曼中央政府在英国的帮助下得以重树其在埃及的统治权威。1802年3月，新的和平条约签订，旨在使奥斯曼帝国及其附属领土均回归至其战前所处状态。这一时期英国在中东地区的主要考量大都与其在印度的贸易活动和贸易利益有关，因此，英国制止法国占领埃及，主要是避免贸易航道受阻、海上霸权不保。1803年，法国威胁既除，英国便决定从埃及撤军，但为了防止法国军队趁英国撤军之际再次卷土重来，“英国首要考虑的是：究竟谁掌权才能有效地阻止法国人再次占领埃及”[1]。英方内部就此产生分歧：一方支持在埃及独立统治已久的马木鲁克，他们曾与法军作战，因此更能胜任这个任务；而另外一方则主张由奥斯曼人重掌埃及，[2]结果，马木鲁克贝伊被认为“比奥斯曼人更有能力完成这项任务”[3]。因此，在法国撤军后不久，英国便极力主张奥斯曼政府对那些曾协助英军抗法的埃及马木鲁克将领实施大赦，并设法帮助他们重树在埃及的统治权威，[4]以免这些马木鲁克投入法国人的怀抱，进而影响到英国在整个地区的利益。结果，马木鲁克势力在埃及重新上台，但其势力已经大不如前。奥斯曼政府虽然迫于英国压力，默许了马木鲁克势力在埃及重新掌权，但仍对其心存芥蒂。埃及民众及宗教人士由于不满马木鲁克在抗法斗争中对法国的妥协而反对马木鲁克，甚至在1804年爆发了驱逐马木鲁克的运动，这场运动直接导致了穆罕默德·阿里的上台，从此打破了马木鲁克阶层对埃及政治的垄断。

由此可见，法国人和英国人都认为重树马木鲁克在埃及的统治是对自己有利的——尽管法国人入侵埃及的理由就是“将埃及人民从马

---

1 M. W. Daly, *The Cambridge History of Egypt, Vol.2: Modern Egypt, from 1517 to the end of the twentieth century*, p.133.

2 Edward Ingram, *The Geopolitics of the First British Expedition to Egypt-Ⅳ: Occupation and Withdrawal, 1801–3*, in *Middle Eastern Studies*, Vol.31, No.2 (Apr., 1995), Taylor & Francis, Ltd, p.328.

3 M. W. Daly, *The Cambridge History of Egypt, Vol.2: Modern Egypt, from 1517 to the end of the twentieth century*, p.133.

4 Ibid., p.133.

木鲁克的腐朽统治中解放出来”。而这样的出发点也决定了马木鲁克在英法撤军之后能继续在埃及政坛存在。

在英国撤军之后，埃及政坛主要的力量有：以易卜拉欣贝伊、亲法的奥斯曼·巴尔迪西贝伊（‘Uthmān Bardisi Bey）、亲英的穆罕默德·埃勒菲贝伊（Muḥammad Alfi Bey）以及哈桑·吉达维贝伊（Hasan Bey Jiddawi）为首的各个马木鲁克家族；以胡斯劳帕夏（Khusrav Paşa）、阿里·阿尔及里帕夏（‘Alī Paşa al-Jaza’irli）、曾任亚历山大长官的胡尔希德帕夏（Khurshid Paşa）为代表的奥斯曼总督及其追随者；奥斯曼帝国派驻埃及的阿尔巴尼亚军团。他们各怀心思，都希望在外国势力撤退后留下的权力真空期攫取埃及统治权。

法国入侵对埃及马木鲁克阶层造成了前所未有的打击。首先，在法国入侵前的10至15年中，由于埃及经济危机、瘟疫横行及马木鲁克军事家族间不断的暴力斗争，埃及马木鲁克阶层人员短缺的问题早已暴露出来。[1]加上法国入侵对马木鲁克阶层的重创，截至1802年，马木鲁克的人数已经由战前的10 000—12 000人下降至2 000—3 000人左右。[2]而从法国撤军到穆罕默德阿里上台之前，马木鲁克阶层又缺乏足够的时间和经济能力从这样的打击中恢复：埃及马木鲁克阶层经济收益降低，购买力不振；马木鲁克贸易环境持续恶化，人员引入不足；培养新的马木鲁克也需要时间。因此，抗法战争消耗了大量的马木鲁克军事力量，使他们无法在短时间内恢复元气，为穆罕默德·阿里在其执政时期有效地抑制和打击马木鲁克创造了条件。其次，法国的殖民统治也打破了马木鲁克在埃及的政治垄断地位，为市民阶层进入埃及行政机构创造了条件。抗法斗争使得埃及社会经历了一场大的变革，包括贝都因人在内的埃及本土大众、宗教学者等更多的社会力量开始有机会参与国家决策行为。马木鲁克阶层无法再垄断埃及政治统治。因此，法国入侵和英国占领都没有直接消灭马木鲁克阶层或马木鲁克人员，相反，在一定时期内他们都依靠马木鲁克势力来维持或加强自己对

1 M. W. Daly, *The Cambridge History of Egypt, Vol.2: Modern Egypt, from 1517 to the end of the twentieth century*, p.136.

2 Ibid., p.136.

埃及的控制,一定程度上维护了马木鲁克制度的残存。但是,英法的入侵和占领掘开了马木鲁克精英阶层尤其是马木鲁克贝伊对埃及政治垄断的豁口,市民阶层以及宗教人士在埃及政治生活中的影响自此逐渐增大,这样的权力分散为后来的穆罕默德·阿里扫平敌对势力、树立中央集权统治奠定了基础。

第 四 章

19世纪埃及马木鲁克制度的消亡

第一节　马木鲁克与19世纪埃及的政治统治

一、穆罕默德·阿里执政初期对马木鲁克的政策

19世纪的埃及无疑是穆罕默德·阿里的舞台，他成就了其家族在埃及的世袭统治，终结了马木鲁克混战的历史，将奥斯曼总督赶回伊斯坦布尔，一定程度上实现了埃及的自治。穆罕默德·阿里与马木鲁克军事家族从合作到敌对，再到势不两立的殊死相搏，双方关系也经历了一个渐变的过程。

法国和英国先后于1801年和1803年从埃及撤军，埃及社会迅速陷入混乱：新的统治权威没有完全确立，马木鲁克军事精英阶层尚未能从法国的军事打击中恢复。马木鲁克集团内部领导人员更迭带来了更多的不稳定因素：穆拉德贝伊于1801年死于瘟疫；而年迈的易卜拉欣贝伊此时也基本无力维持自己的领导地位。取而代之的是穆拉德家族中的奥斯曼·巴尔迪西贝伊（'Uthmān Bey Bardīsī）和穆罕默德·埃勒菲贝伊（Muḥammad Bey al-Alfī），派系之争愈演愈烈，谁也无法取得对埃及的无可争议的统治权威，这为奥斯曼帝国重新在埃及树立统治提供了机会。1801年，大维齐尔优素福·齐亚帕夏（Yusuf Ziya Paşa）率7 000人开赴开罗平乱，但由于英国人的干扰，优素福·齐亚帕夏此行未能彻底驱逐马木鲁克在埃及的势力。1802年英国宣布承认奥斯曼帝国对埃及的宗主国地位并计划于次年即1803年撤军。当时在埃及政坛上颇有影响的军事团体包括：马木鲁克军事家族及马木鲁克贝伊、奥斯曼政府派至埃及的阿尔巴尼亚军团以及驻埃及的奥斯曼禁卫

军军团。他们旋即开始了对埃及政权的角逐。英国原计划在埃及扶植旧有的马木鲁克贝伊势力以防范法国人卷土重来，但马木鲁克军事家族由于在反法战争中受到的重创尚未恢复，在规模上与奥斯曼驻军相比力量悬殊，因此其地位常常受到奥斯曼驻军的挑战，双方僵持不下。奥斯曼人则希望在这个权力真空时期，趁着埃及的局势不稳，重树中央政府在埃及的统治权威。正是在这一背景下，以穆罕默德·阿里为代表的阿尔巴尼亚军团趁机崛起，最终奠定了穆罕默德·阿里王朝在埃及的世袭统治。

穆罕默德·阿里于1801年应召入伍，加入奥斯曼土耳其的军队，参与了抵抗拿破仑入侵埃及的战斗，由于其优越的表现，不足两年就由一名普通下级军官升为阿尔巴尼亚军团的主要将领。[1]优素福·齐亚帕夏返回伊斯坦布尔后，奥斯曼苏丹随即任命胡斯劳帕夏（Khusrav Paşa）出任埃及总督，胡斯劳帕夏在任期间曾按照法式传统训练和培养自己的马木鲁克军团。1804年，阿尔巴尼亚军团因不满薪俸被拖欠而发起反抗奥斯曼总督的暴动，胡斯劳帕夏被推翻，逃离开罗，藏身于迪木亚特。阿尔巴尼亚军团首领塔希尔帕夏（Tahir Paşa）暂时取得了埃及的统治权，但不久后，驻埃及的奥斯曼禁卫军暴乱，杀死塔希尔，穆罕默德·阿里出任阿尔巴尼亚军团指挥官。上任后，穆罕默德·阿里即与巴尔迪西贝伊为首的马木鲁克军事家族达成和解，而此时的马木鲁克贝伊正苦于奥斯曼总督的苛刻对待，双方于是合力将逃亡的奥斯曼总督胡斯劳帕夏逮捕并彻底驱逐出埃及。也是在1804年，另一名新任埃及总督命丧于阿尔巴尼亚军团和马木鲁克军团之手。[2]1805年，新任奥斯曼驻埃及总督由于无力掌控埃及局势，被迫将权力转交给穆罕默德·阿里，在宗教人士尤其是宗教长老的支持下，1805年7月穆罕默德·阿里被奥斯曼苏丹任命为埃及总督（wālī of Egypt，1805—1848年）。由此可见，穆罕默德·阿里最初是依靠与马木鲁克家族势力联合，加上宗教长老的支持从而获得埃及统治权的。通过与马木鲁

1　杨灏城：《埃及近代史》，第56页。

2　M. W. Daly, *The Cambridge History of Egypt, Vol.2: Modern Egypt, from 1517 to the end of the twentieth century*, p.143.

克的联手，穆罕默德·阿里首先稳固了自己对阿尔巴尼亚军团的领导权，同时制止奥斯曼中央政府染指埃及政治，不允许奥斯曼总督在埃及立足。

解决了奥斯曼总督后，穆罕默德·阿里随即将矛头指向曾经的盟友——马木鲁克，他一方面着意再次挑起巴尔迪西贝伊与埃勒菲贝伊为首的两大马木鲁克家族间的敌对，另一方面则联合了埃及宗教人士（'ulamā'）共同对付马木鲁克。两大马木鲁克家族首领巴尔迪西贝伊和埃勒菲贝伊分别受到法国和英国的支持，各自代表不同的外部势力的利益，急于分享埃及的统治权。由于他们实力尚不够强大，又缺乏埃及本土宗教长老的支持，因此很难成事。而此时的欧洲局势风云突变，拿破仑称帝，法兰西第一帝国（The First French Empire，1804—1815年）宣告成立，法国在欧洲大力扩张其势力。为防止法国再次攻占埃及，英国决定抢先一步，它一方面支持马木鲁克首领埃勒菲贝伊夺权，另一方面则向奥斯曼政府提议"废黜穆罕默德·阿里，恢复土耳其省督的地位；将大权移交给埃勒菲，埃勒菲保证臣服于素丹（苏丹）"[1]，希望借由马木鲁克的力量维护英国在埃及的利益。

因此当穆罕默德·阿里稳固了自身势力后，一方面，他不满再与马木鲁克家族分享统治权；另一方面，清除马木鲁克对政权的控制和影响也成为穆罕默德·阿里确保其统治的必要条件，对马木鲁克的打击也可削减那些企图在埃及政治角逐中谋利的外国势力。

首先，为打破马木鲁克阶层政治垄断并建立自己的统治权威，穆罕默德·阿里开始将自己的家族人员及亲信安置在政府任职。他首先任命自己年仅16岁的儿子易卜拉欣为开罗萨拉丁城堡的总管。此后又不断地任命自己家族成员在政府机要部门任职，逐步掌握埃及政治。时机出现在1807年，马木鲁克领导者巴尔迪西贝伊和埃勒菲贝伊于1806年11月和1807年1月相继去世，各马木鲁克家族陷入群龙无首的状态，这成为穆罕默德·阿里战胜马木鲁克的契机。他

1 杨灏城：《埃及近代史》，第58页。

联合宗教长老的势力，开始公开与马木鲁克家族为敌。1807年3月，英国占领开罗的行动遭到挫败后，退回亚历山大，这使马木鲁克失去了外部支援。而马木鲁克这次里通外国的危机使穆罕默德·阿里更加下定决心要彻底铲除马木鲁克的势力。1807年5月，穆罕默德·阿里首先率军攻打上埃及的马木鲁克。同年9月，他打败据守三角洲地区的马木鲁克并将他们赶至上埃及。1808—1809两年中，马木鲁克的势力基本被控制在上埃及，从而无法染指开罗事务。1810年，穆罕默德·阿里借口上埃及地区拖欠赋税而再次率军南下攻打。结果马木鲁克战败，穆罕默德·阿里自此确立了其在埃及全境的统治。大部分马木鲁克将领被软禁于开罗，以防止他们在地方滋事。

1811年3月，穆罕默德·阿里宣布响应奥斯曼中央政府的命令，派军队前往希贾兹地区平乱，他的儿子吐尔逊（Ṭūṣūn）被奥斯曼苏丹任命为此次远征的指挥官，穆罕默德·阿里在官邸设宴为军队饯行。在这场著名的“鸿门宴”上，约450名马木鲁克将领被杀，[1]而在接下来的清剿中，又有近千名身在开罗的马木鲁克丧命，其余则向埃及南部逃亡。1812年，易卜拉欣帕夏率军南下，追剿在逃的马木鲁克，结果又有约千名马木鲁克被杀。马木鲁克阶层在这一系列的军事打击中遭受重创。此外，在穆罕默德·阿里所施行的土地改革中，大量原属于马木鲁克的土地被政府没收，马木鲁克阶层失去了赖以生存的经济基础，遭受到前所未有的打击，无论是在经济上还是人员上均损失惨重。而穆罕默德·阿里本人的年收入则在1805—1812年间增长了3倍。[2]

来自伊斯坦布尔的威胁对于穆罕默德·阿里来说依旧如鲠在喉。奥斯曼苏丹一直试图打击并瓦解穆罕默德·阿里在埃及的势力，因此反复促其出兵希贾兹和叙利亚，借以削弱他的力量，从而稳固奥斯曼政府对埃及的控制，穆罕默德·阿里则以埃及局势未平、军队尚无能

1　M. W. Daly, *The Cambridge History of Egypt, Vol.2: Modern Egypt, from 1517 to the end of the twentieth century*, p.146.

2　Ibid., p.149.

力外出平乱为借口屡次推托。1806年，奥斯曼苏丹再次欲以萨洛尼卡(Salonika)的总督穆萨帕夏替代穆罕默德·阿里出任埃及总督，结果由于后者在埃及的支持势力庞大而只得作罢。1811年，穆罕默德·阿里同意奥斯曼苏丹出兵半岛的要求，一方面借机解决马木鲁克在开罗的残留势力，另一方面则是为了扩大埃及自身的影响，确保其东部边境的安全。在穆罕默德·阿里对马木鲁克的清剿行动中，我们也应该看到，马木鲁克背后外国势力的支持与唆使也是促使穆罕默德·阿里对马木鲁克痛下杀手的原因之一。由于立足未稳，任何外来力量的干涉都有可能打破埃及政治力量的短暂平衡，改变这次权力角逐的结果。因此就客观效果而言，穆罕默德·阿里对这些马木鲁克的打击既阻断了奥斯曼政府希望在埃及恢复总督管辖的努力，也在某种程度上限制了外来势力对埃及政治的介入。

在打败竞争者、确立自己绝对统治权威的同时，种种威胁也迫使穆罕默德·阿里充实自身的军事和政治力量，以稳固统治。这为后来马木鲁克在埃及的继续存在创造了条件。

这个时期可以看作是对马木鲁克政治统治势力的终结，但马木鲁克制度或者马木鲁克在埃及的历史却并未就此完结。事实上，在后来的穆罕默德·阿里王朝的统治历史中，我们仍旧可以看到马木鲁克人员被购买和培养，马木鲁克贸易仍在进行当中。马木鲁克此时已经不再是埃及绝对的、唯一的领导者，但仍旧作为一个有影响的军事团体和政治力量而存在，与埃及穆罕默德·阿里王朝的其他力量和各方势力形成制衡。穆罕默德·阿里对埃及本土人缺乏足够的信任，他的支持者主要是由土耳其人、阿尔巴尼亚人和切尔克斯人组成。但阿尔巴尼亚军团桀骜难驯，穆罕默德·阿里始终对其有提防之心。因此他也在稳固了自己的势力之后，开始着意培养一支效忠于自己的马木鲁克军队。1813年初，埃及军队征服麦加和麦地那，接下来的军事行动却屡屡受挫，穆罕默德·阿里不得不亲自出征。他派自己手下的一名马木鲁克将领莱提夫(Laṭīf Ağa)将两座圣城的钥匙交给奥斯曼苏丹，以示埃及对伊斯坦布尔中央政府的臣服。奥斯曼苏丹授予莱提夫“帕夏"的头衔,并怂恿他起兵反叛穆罕默德·阿里。[1]最终,叛变的莱提夫被穆罕默德·阿里的手下穆罕默德·拉祖厄鲁(Muḥammad Lazughlu)杀死。

1818年前后,易卜拉欣帕夏曾率领阿尔巴尼亚军团与马木鲁克军队联合出征阿拉比亚。1820年,他与穆罕默德·阿里的女婿穆罕默德贝伊所领导的两次远征栋古拉(Dunqulā)[2]和科尔多凡(Kurdufān)[3]的军事行动中,军队中均有马木鲁克人员出现。1822年,伊斯玛仪曾带领手下10名马木鲁克巡查苏丹各地。[4]上述事例说明,仅仅是马木鲁克阶层的军事领导及其中反对穆罕默德·阿里的势力被驱逐、杀戮,而马木鲁克人员并未就此消失。1820年穆罕默德·阿里远征苏丹,其主要目的之一就是从当地掠夺奴隶以便他能够"打造一支可以信赖的军队"[5]。这说明马木鲁克制度在一定时期内仍旧是一种有效的征兵方式,它仍旧维持了埃及这一阶段军事力量的组织,为统治者提供着一支不为地方势力左右的忠诚可信的军队。虽然穆罕默德·阿里屠杀了那些对其统治构成威胁的马木鲁克将领,但是在穆罕默德·阿里及其家族统治期间,仍保留了购买和使用马木鲁克的传统,仍旧有马木鲁克士兵在军队中接受训练和培养,马木鲁克制度仍旧对埃及社会和政治统治发生着影响。马木鲁克人员在埃及的政府机构和军事部门中仍有位置,穆罕默德·阿里的继任者阿拔斯在统治期间(1848—1854年间)为自己购买培养了马木鲁克,甚至任命马木鲁克出任地方长官。[6]阿拔斯死

---

1 M. W. Daly, *The Cambridge History of Egypt, Vol.2: Modern Egypt, from 1517 to the end of the twentieth century*, p.150.

2 位于今苏丹北部。

3 位于今苏丹中部。

4 Arthur E. Robinson, *The Conquest of the Sudan by the Wali of Egypt, Muhammad Ali Paşa, 1820–1824. Part Ⅱ*, in *Journal of the Royal African Society*, Vol.25, No.98 (Jan., 1926), Oxford University Press, p.174.

5 M. W. Daly, *The Cambridge History of Egypt, Vol.2: Modern Egypt, from 1517 to the end of the twentieth century*, p.155.

6 Gabriel Baer, *Slavery in Nineteenth Century Egypt*, in *The Journal of African History*, Vol.8, No.3, (1967), Cambridge University Press, p.417.

后，留下了大约500名马木鲁克[1]。

但是，随着穆罕默德·阿里家族在埃及的统治日益稳固，马木鲁克人员在政府职能部门中出现的频率和比例都在不断降低。

二、穆罕默德·阿里王朝政治体制变迁中的马木鲁克

1815—1879年间，穆罕默德·阿里及其继任者们将埃及的政权牢牢控制在其家族的掌控之下，并建立起高度集权的中央统治。1840年之后，穆罕默德·阿里家族的赫迪威为埃及的实际最高统治者，奥斯曼苏丹仅仅在名义上维持着对埃及的宗主国地位。1841年，奥斯曼苏丹艾布·马吉德一世（Abdülmecid I）授予穆罕默德·阿里家族对埃及总督的世袭权利，承认其家族对埃及世袭统治的事实，这也标志着以马木鲁克为代表的军事精英在埃及统治的终结，马木鲁克在埃及的绝对优势被削减。

在穆罕默德·阿里统治期内遭受过毁灭性的打击之后，马木鲁克阶层基本丧失了争夺统治权的能力，但其群体仍然存在，马木鲁克人员的引入和任用也没有因此而中断。相反，在较长的一段时间内，穆罕默德·阿里家族的统治者仍旧持续引进新的马木鲁克充当其统治工具。另外值得注意的是，穆罕默德·阿里统治初期，阿拉伯人在军队中只能担当等级较低的职务，高级军官则只能由"说突厥语的人出任"[2]。这种做法避免了埃及本土人员对政权的威胁，有效地防范国家政治和军事机构的本土化，对强化其王朝的统治有相当大的保障作用，对于穆罕默德·阿里这名外乡人在埃及的统治是十分有利的。而马木鲁克在这样的政策影响下还是有机会在埃及的军事领域获得生机和发展的，马木鲁克制度在此时仍旧为国家统治者提供了一个解决军队忠诚度的可靠选项。

但是随着穆罕默德·阿里政府改革的推进，马木鲁克重新进入政

---

1 Gabriel Baer, *Slavery in Nineteenth Century Egypt*, in *The Journal of African History*, Vol.8, No.3, (1967), Cambridge University Press, p.417.

2 M. W. Daly, *The Cambridge History of Egypt, Vol.2: Modern Egypt, from 1517 to the end of the twentieth century*, p.155.

府权力中心的机会逐渐降低，此时的马木鲁克基本上是作为社会群体而非统治阶层参与到国家事务中。因此，这个阶段的马木鲁克阶层的特征与以往不同，由于失去国家政治统治的特权，马木鲁克群体的阶层身份特性正在丧失。另一方面，随着马木鲁克人员的职业化和专业化，其奴隶出身的特征也在淡化。马木鲁克保留的仅仅是作为军事人员的特征。同时，市民精英在军事机构中的比重仍然很小，也就是说，在这个阶段，军事精英和市民精英之间的分界更加明显。马木鲁克的活动范围大都局限于军事领域。

穆罕默德·阿里执政之初，占据政府要职的大都是土耳其人以及来自巴尔干地区、切尔克斯地区和格鲁吉亚地区的外来移民。1825年起，穆罕默德·阿里相继新增或改造了一系列具有现代化特征的管理体系，增设诸如财政部、金融部、教育部、内政部等多个部门，同时还增设专门的管理部门负责国家的海军、防务等等。这些现代化部门的建立首先标志着埃及作为一个国家在西方的影响下进行的现代化改革，同时体现出以穆罕默德·阿里为代表的埃及统治者在谋求埃及独立自主、脱离奥斯曼帝国管控方面的努力。其影响之一便是埃及民族国家身份认同不断上升。在上述系列改革过程中，政府部门对专业管理人员或行政人员的需求明显上升，从而为普通市民阶层尤其是受过教育的埃及市民阶层进入国家统治机构创造了条件。此外，行政改革的范围不仅仅局限于开罗，而是从国家首都到各区县行政部门，由上而下逐级推进。于是政府机构中的马木鲁克人员逐渐地被专业行政管理人员所取代。因此，埃及政府的现代化改革阻碍了马木鲁克制度的继续发展，马木鲁克军事精英阶层无法继续垄断埃及政治，市民精英阶层开始有机会进入国家统治机构甚至埃及总督的内阁。19世纪40年代起，随着穆罕默德·阿里对政府机构改革的不断推进，奥斯曼土耳其人和马木鲁克在其中的地位均不断受到冲击，越来越多的埃及本土精英开始出任地方高官，甚至省长。尽管在穆罕默德·阿里本人统治的时代，这种改革的效果尚未完全显现，其名下的奴隶和家族成员仍旧是其统治的坚实基础，家族政治的影响根深蒂固；但是到其子孙统治的时期，文职官僚阶层已经逐步接掌国家统治。

奥斯曼土耳其在埃及的权贵人数呈下降趋势，也在一定程度上促成了埃及市民阶层人士进入国家统治机关。在这个时期，以自由穆斯林为主的埃及市民阶层开始大量进入埃及的国家统治机构，进一步降低了马木鲁克阶层参与政治统治的比例。穆罕默德·阿里在其统治后期开始招募埃及本地人员进入国家政治机关和军事部门，甚至可以在海军中任职。而赛义德在位期间（Muḥammad Sa'īd Paşa，1854—1863）已经开始有埃及本土人员升任至陆军中尉或上校军衔。[1]

埃及官僚机构及行政体系逐步摆脱奥斯曼土耳其的影响，其本土化的进程也在不断加深，这与穆罕默德·阿里不断寻求埃及独立自主的努力不无关系，同时也是西方殖民主义在全球范围内扩张的表现，1848年后，埃及政府的行政管理机构开始受到西方国家特别是英国的强烈影响。19世纪50年代起，埃及本土精英开始对奥斯曼土耳其人以及马木鲁克在埃及政治中的优势地位构成冲击。1850年，一名埃及本土出身的、受过法式教育的工程师阿里·穆巴拉克被授权统管埃及的政府公立学校并主持埃及的教育工作。1849—1879年间，约有8名埃及本土出身的官员出任内阁大臣，他们分别是哈马德贝伊（Hammād Bey）、阿里·穆巴拉克（Alī Mubārak）、穆罕默德·萨基卜（Muḥammad Thāqib）、穆罕默德·迈兹海尔（Muḥammad Maẓhar）、伊斯玛仪·希迪格（Ismā'īl Ṣiddīq）、穆斯塔法·巴赫哲（Musṭafā Bahjah）、阿里·易卜拉欣（'Alī Ibrāhīm），以及里法阿·塔赫塔维（Rifā'ah al-Ṭahṭāwī）。1868年，埃及本土出身的伊斯玛仪·希迪格出任埃及财政部部长兼总督察，这是埃及本土市民精英数百年来首次打破突厥人对该职位的垄断，获得埃及最高经济财权。[2]虽然市民精英阶层在整个埃及政府机构建制中并没有压倒性的优势，但是它的崛起对于瓦解几百年来的政治统治传统来说，确已构成了巨大的冲击和影响，使马木

---

1 F. Robert Hunter, *Egypt's High Officials in Transition from a Turkish to a Modern Administrative Elite, 1849–1879*, in *Middle Eastern Studies*, Vol.19, No.3 (Jul., 1983), Taylor & Francis, Ltd. 1983, p.277.

2 Ibid., p.284.

鲁克精英阶层无法实现对政治权力的垄断，甚至成为马木鲁克参与政治的阻碍。随着现代教育思想和教育机构的出现，许多埃及商人或宗教学者家庭出身的新一代埃及青年接受西方思想或西方式的教育，促进了埃及政治的本土化进程。而这些人不断扩大的政治影响，以及其所受西方教育带来的关于自由、人权的思想无不影响着埃及政治权力的分化，抑制或是阻断了马木鲁克对埃及政治的垄断，同时也导致了包括马木鲁克贸易在内的埃及奴隶贸易的没落。因此，这种影响自政治领域蔓延至经济领域甚至社会文化领域，加速了马木鲁克制度的瓦解。

综上所述，以马木鲁克和马木鲁克家族为核心的政治垄断在19世纪中逐渐走向消亡。法国的入侵沉重打击了马木鲁克势力，事实上为穆罕默德·阿里王朝的中央集权统治创造了条件：几个世纪以来，由于马木鲁克军事人员专权而始终无法彻底实现的中央集权，终于因此时马木鲁克的失势而得以在埃及出现。以市民阶层精英为代表的现代官僚体制开始在埃及兴起。政治上的失势实际上已经破坏或阻挠了马木鲁克制度的继续发展，更导致马木鲁克阶层的势力进一步被削弱，其对国家政治的影响日益降低，逐渐由国家政治的主导者变为附庸者。此时埃及的统治机构中，除穆罕默德·阿里家族占据主导位置之外，奥斯曼土耳其军事人员任政府高级官员的传统仍然存在，他们与穆罕默德·阿里家族的关系密切；另外有大量来自亚美尼亚等地的移民在政府机构中任职；而政府中的埃及本土精英大都是出自当地权贵家族，且受过良好的现代西式教育。

因此，马木鲁克阶层在政治领域迅速式微，其政治垄断逐渐为日益崛起的市民精英阶层打破，随着现代官僚体制在埃及的确立，马木鲁克开始被迫退出政治领域。失去政治上的绝对优势对马木鲁克制度来说是一个巨大的打击。马木鲁克势力自此逐渐回缩至军事部门且对埃及政局的影响力持续降低。

造成马木鲁克阶层势力不断消退的另一个原因是马木鲁克贸易的困难和衰落，这一变化直接导致马木鲁克人员补给不足，群体规模缩减。

第二节 19世纪埃及马木鲁克贸易的衰落

一、19世纪埃及马木鲁克的族裔与主要贸易路线

1839年前后，埃及白色人种男性奴隶的总数在2 300—4 000人之间[1]，其中马木鲁克的人数约为2 000。[2]除了普通马木鲁克奴隶外，仍有马木鲁克人员在政府中任职：伊斯玛仪帕夏（Isma'īl Paşa）统治期间，曾要求彻查当时的土地瞒报现象，在一份相关档案中记载了495名埃及政府的高级官员（al-Dhawwāt）在1848—1870年间的土地占有情况及其家族受益者，其中就提到了马木鲁克官员。[3]这一细节也证明当时仍有马木鲁克人员就职于国家机构中，并占有土地。但随着马木鲁克贸易的衰落，马木鲁克的总人数自19世纪中叶以后急速下滑。

19世纪埃及马木鲁克仍旧以高加索地区的奴隶为主要来源，其中包括在埃及占据传统优势地位的格鲁吉亚马木鲁克和切尔克斯马木鲁克。

由于俄国的崛起，高加索地区的马木鲁克贸易环境已经今非昔比。与俄国不断扩张形成鲜明对比的是已由盛转衰的奥斯曼帝国，加上波斯人也积极投入对外高加索地区的争夺，区域大国在高加索地区的角逐，无疑更加剧了当地马木鲁克贸易的复杂性，此消彼长的三方势力在当地的争夺，是分析当时高加索地区奴隶贸易发展变化的主要考量。而切尔克斯地区和格鲁吉亚地区的不同历史和政治情况，则使得两者的马木鲁克贸易在整个19世纪中呈现显著不同的发展模式和发展方向。

---

1 Gabriel Baer, *Slavery in Nineteenth Century Egypt*, in *The Journal of African History*, Vol.8, No.3, (1967), p.423.

2 Ibid., p.417.

3 F. Robert Hunter, *The Cairo Archives for the Study of Elites in Modern Egypt*, in *International Journal of Middle East Studies*, Vol.4, No.4 (Oct., 1973), Cambridge University Press, p.480.

自18世纪起，高加索地区人口已经大为缩减，至19世纪，尽管包括切尔克斯和格鲁吉亚在内的高加索地区仍是埃及马木鲁克的主要来源地之一，但其贸易规模已经大幅缩减，从当地输出马木鲁克面临困难。格鲁吉亚马木鲁克自在埃及得势以来，一直都是埃及马木鲁克阶层的主要组成部分，但是由于格鲁吉亚地区的历史、政治的复杂性，19世纪以来，格鲁吉亚马木鲁克的引入已经开始呈现困难之势。波斯人再次介入外高加索的争夺，使得当地形势更为复杂。18世纪末，波斯东北部的突厥恺加部落统一了陷入分裂的波斯并建立了恺加王朝（Qajar Dynasty，1789—1925），成为新起之秀，1801年左右，俄国宣布将格鲁吉亚地区的基督教国家置于自己保护之下；1804—1813年间，俄波战争爆发（Russo-Persian War），结果波斯战败，双方签订《古里斯坦和约》（*Treaty of Gulistan*），波斯将所占格鲁吉亚地区大部割让给俄国；1828年第二次俄波战争之后，双方签订《土库曼切和约》（*Treaty of Turkmenchay*），波斯又将亚美尼亚割让给俄国。自此俄国巩固了其在格鲁吉亚的势力，将高加索地区东面大部纳入其势力范围，与奥斯曼帝国形成直面的对立之势。1804—1864年间，俄国先后吞并东格鲁吉亚各公国，将其纳入俄国版图，一定程度上阻碍了格鲁吉亚奴隶尤其是格鲁吉亚马木鲁克向奥斯曼帝国及埃及出口。西格鲁吉亚部分边境地区仍处于奥斯曼帝国控制区域内，因而仍有奴隶贸易进行。但出于对埃及格鲁吉亚马木鲁克势力的担忧，奥斯曼政府对格鲁吉亚的人口买卖持消极态度，甚至明令禁止在当地贩卖奴隶。因此，格鲁吉亚的奴隶贸易大都是在政府的禁令下非法进行的，其规模和数量已无法与先前同日而语，这无疑限制了埃及马木鲁克的势力，却符合奥斯曼中央政府的利益。因此可以说，格鲁吉亚马木鲁克贸易的困难是奥斯曼帝国内外两方面原因共同造成的。

切尔克斯马木鲁克贸易与格鲁吉亚地区又不尽相同。由于切尔克斯马木鲁克进入埃及的时间较早，切尔克斯地区伊斯兰化的程度相对较高。18世纪下半叶至19世纪初，奥斯曼土耳其的国势大幅萎缩，苏丹赛里木三世（Selim Ⅲ）的改革以失败告终，保守派势力仍旧占据帝国权力核心。与之相反的是俄国自18世纪起的迅速扩张：1767年，俄国入侵波兰，危及奥斯曼土耳其在巴尔干的统治，奥斯曼土耳其于次年向俄国宣战；1771年，俄国攻占奥斯曼土耳其控制下的克里米亚，并于1783年正式吞并克里米亚，使得奥斯曼帝国经由黑海的商队受到极大影响，途经黑海的贸易萎缩。18世纪末至19世纪中叶，俄国入侵北高加索地区并战胜当地的切尔克斯人，一度切断了奥斯曼帝国与黑海东岸的密切联系。1828—1829年俄土战争后，奥斯曼帝国与俄国签订条约，将黑海东岸北高加索大部分地区割让给俄国。这成为切断马木鲁克供给的关键。奥斯曼帝国先后于1829和1833年与俄国签订《亚得里亚堡条约》(*Treaty of Adrianople*)和《温卡尔—伊斯凯莱西条约》(*Treaty of Unkiar Skelessi*)，承认俄国在黑海享有完全的航海权。奥斯曼土耳其在北部海岸割让了更多的土地，承认俄国对瓦拉几亚公国(Principality of Wallachia)和摩尔多瓦公国(Principality of Moldavia)的保护权，并在南高加索划定了清晰的边界，[1]同时承认俄国对包括伊梅列季亚王国、古里亚公国等在内的格鲁吉亚地区的所有权。但1856年，俄国在克里米亚战争中失败，被迫签订《巴黎和约》(*Treaty of Paris*)并承认黑海的中立化，俄国势力向东退。奥斯曼人短暂恢复了对克里米亚及黑海通行的控制，切尔克斯马木鲁克贸易有所恢复。博斯普鲁斯海峡和达达尼尔海峡禁止各国军舰通行，这一条约极大地遏制了俄国继续向南扩张并打通黑海至地中海出海口的野心。但普法战争期间，俄国趁机单方面废除《巴黎条约》中使黑海中立化的条款，其势力再度在黑海地区独霸。1864年，俄国战胜切尔克斯地区最后的反抗力量——阿巴扎部落联盟(Abaza)与尤比克部落联盟(Ubykh)，为了割断土耳其与黑海东岸土地的联系，以更牢固地控制黑海海岸线，沙俄政府开始大规模驱逐黑海沿岸的切尔克斯族穆斯林，数十万切尔克斯人被迫迁离自己的故土，俄国最终完成了对该地区的控制。在这一背景下，大量逊尼派的切尔克斯人开始越过黑海向他们的保护者——奥斯曼土耳其境内及其附属各个行省迁徙。此次迁徙或者更确切地可以称之为“流亡”，人民大都是在俄国军事占领或驱逐下被迫为之的，

1 ［美］查尔斯·金:《黑海史》,苏圣捷译,第145页。

当然，还有部分人是由于不堪忍受当地受俄国扶植的新当权者而迁移至其伊斯兰宗主国境内的。据奥斯曼土耳其政府官方记载，“仅1867年一年中迁入奥斯曼帝国境内的切尔克斯人中，就有约150 000名是奴隶身份”[1]。当然，这些奴隶中大部分是随着其主人来到奥斯曼帝国，而不是直接用来买卖的对象，因此对于马木鲁克贸易的增长并无多大的助益。1878年，至少25 000名切尔克斯居民迁入叙利亚，另有约2万人迁入阿勒颇附近地区。[2]在这个时期，整个高加索地区向奥斯曼帝国境内移民的数量高达100万。[3]其中切尔克斯人的总数大约在30万。黑海东岸的切尔克斯人口数量骤减，当地人口及民族结构发生根本性改变。来到奥斯曼帝国本土的切尔克斯人大都是穆斯林及其家养的奴隶，但是奥斯曼帝国默许切尔克斯人尤其是帝国内部的切尔克斯居民将自己的儿女或家人卖为奴隶，他们往往期待着能通过卖身为奴获得更美好的前景和更多的收益。而在1864年完成对切尔克斯地区的征服后，俄国对切尔克斯地区的奴隶出口的态度较为暧昧，首先俄国希望通过这样的手段达到对当地人口结构进行深化调整的目标，尤其是将大量的切尔克斯人口输出，以降低伊斯兰教以及奥斯曼帝国在当地的影响。因此，对于切尔克斯奴隶出口的贸易活动，俄国乐见其成，并没有采取过多的严厉举措以限制当地的奴隶出口。除了在俄国扩张时期即克里米亚战争之前，奴隶贸易有所缩减外，切尔克斯奴隶数量的降低并不是十分显著，相反在一定时期内还呈现出上升的趋势。但是，包括女奴在内的切尔克斯奴隶的价格非常昂贵，以至于“现在只有总督才能负担得起这样的奢侈品”[4]，因此在18—19世纪中，虽然切尔克斯马木鲁克仍是埃及热衷的消费对象，但由于价格昂贵，大量的引入已经十分

1　Ehud R Toledano, *The Ottoman Slave Trade and Its Suppression: 1840–1890*, Princeton University Press, 1982, p.151.

2　Donald Quataert, *The Ottoman Empire, 1700–1922*, Cambridge University Press, Second Edition 2005, Reprinted 2006, p.117.

3　Georgi Chochiev, *On the History of the North Caucasian Diaspora in Turkey*, in *Iran & the Caucasus*, Vol.11, No.2 (2007), BRILL, p.214.

4　Y Hakan Erdem, *Slavery in the Ottoman Empire and its Demise, 1800–1909*, St. Martin's Press, Inc., 1996, p.123.

困难。还有一点值得注意的是，马木鲁克奴隶身份成为人生发达的途径，这个期间，更多的切尔克斯儿童被他们的父母出卖给奴隶商。虽然这样的情景以前也曾出现过，但到了19世纪，这样的情况在切尔克斯人中愈演愈烈，“奴隶身份”对他们来说可能预示着一个更加可期的美好前程。也有人愿意自己卖身为奴：1853年，7名男孩将自己卖给奴隶商，以换取金钱，随后这些男孩被卖给埃及总督。[1]因此，切尔克斯马木鲁克贸易并未由于俄国入侵北高加索而中断，但是俄国对当地的占领，改变了当地居民的人口构成比例，当地切尔克斯族群的整体人数呈持续下降的态势，客观上使得由北高加索向奥斯曼帝国本土及埃及输出的马木鲁克绝对数量在降低，进而引发了切尔克斯马木鲁克价格飙升。

由于奥斯曼政府对西方商人在奥斯曼境内尤其是重要海域活动的限制，早先由西方商人垄断的途经黑海的高加索地区奴隶贸易在19世纪前后也转而由当地的切尔克斯人、格鲁吉亚人、拉兹人（Laz）[2]和突厥人主导。[3]

往来于高加索地区与奥斯曼帝国本土和埃及间的奴隶贸易的路线大都取道海路。奴隶商带着贩卖的奴隶自切尔克斯地区出发，在黑海东岸的苏呼米（Sohumkale）[4]、巴统（Batum）[5]等港口上船进入黑海，途经特拉布宗（Trabzon）[6]、萨姆松（Samsun）[7]、锡诺普（Sinop）[8]及安纳托利亚地区的其他城市，到达伊斯坦布尔后，再向西南运往伊兹密尔（Izmir）[9]、

1 Ehud R Toledano, *The Ottoman Slave Trade and Its Suppression: 1840–1890*, p.19.

2 拉兹人，高加索地区居民之一，其语言拉兹语属于高加索语系中的南高加索语族。

3 Ehud R Toledano, *The Ottoman Slave Trade and Its Suppression: 1840–1890*, Princeton University Press, 1982, p.58.

4 奥斯曼土耳其时代的名称，今作Sukhumi，格鲁吉亚西部城市，今属阿布哈兹，为黑海东部重要港口城市之一。

5 今格鲁吉亚阿扎尔自治共和国首府，黑海东南岸港口城市。

6 今土耳其东北部沿海地区，黑海上历史悠久的港口城市之一，曾接纳于1204年流亡的拜占庭王室。

7 今土耳其北部沿海地区，黑海重要港口之一。

8 今土耳其北部沿海地区，黑海重要港口之一。位于君士坦丁堡与巴统之间。

9 今土耳其安纳托利亚高原西端，濒爱琴海。

萨洛尼卡(Salonica/Thessaloniki)[1],以及黎凡特等地区,最后到达埃及。[2]每艘船可运送30—220名奴隶。[3]有时为了躲避俄国人的搜查,他们也会选择不同的港口登船。各国在这个地区的争夺无形中加大了往来该地区的奴隶贸易的风险,加上黑海东部航行条件恶劣,奴隶死亡比例较高,购买当地奴隶的成本也相应提高。到19世纪下半叶,奴隶市场中男性白色人种奴隶的数量急剧减少,随着奥斯曼中央政府及埃及政府限制奴隶贸易的法令相继出台,包括马木鲁克在内的奴隶价格的提升也是可以预见的,"1863年,4名白人男孩在伊斯坦布尔分别卖出了11 000、5 000、5 500和4 500库鲁[4]的高价,而当他们被运至埃及后,他们的总价高达46 000库鲁。而同行的另外两名白人男孩则分别卖到了10 000库鲁"[5]。足见当时马木鲁克价格之昂贵。来自高加索地区的女子价格则要更高,尤其是切尔克斯女孩。除海路外,途经的黎波里的陆路也是埃及进口奴隶的主要途径,尤其是19世纪下半叶以后,"据英国驻班加西副领事在1874年的记述:每年平均约有2 500名奴隶从这条商路被运往埃及。但英国驻埃及领事则觉得这个数字不免有些夸大"[6]。

随着区域各国的交往和相互影响不断加深,19世纪埃及马木鲁克人种也呈现愈发多样的态势。1820—1829年希腊独立战争期间,有巴尔干地区的异教徒儿童被贩入埃及。1825—1828年间,易卜拉欣在一系列对希腊的战役中俘虏了大量希腊奴隶,还有不少平民在这些战乱中沦为奴隶,后被奴隶商转卖给埃及统治者,包括妇女儿童在内,总计约6 000人。[7]另外还有部分来自安纳托利亚的切尔克斯马木鲁克通过

---

1 今希腊马其顿首府。

2 Ehud R Toledano, *The Ottoman Slave Trade and Its Suppression: 1840–1890*, p.28.

3 Ibid., p.42.

4 奥斯曼土耳其货币单位,当时英镑与库鲁斯的汇率约为1:109。参见"Market prices of Slaves", in Ehud R Toledano, *The Ottoman Slave Trade and Its Suppression: 1840–1890*。

5 Ehud R Toledano, *The Ottoman Slave Trade and Its Suppression: 1840–1890*, p.66.

6 Ibid., p.213.

7 Gabriel Baer, *Slavery in Nineteenth Century Egypt*, in *The Journal of African History*, Vol.8, No.3, (1967), p.417.

伊斯坦布尔被贩入埃及。[1]而随着俄国势力在黑海东岸的扩张，安纳托利亚地区在马木鲁克贸易上的重要性也显著提升，成为主要的奴隶贸易市场之一，除北部运来的奴隶之外，还有不少来自中亚的突厥奴隶在这里出售。[2]除了传统的白色人种奴隶外，不少来自苏丹的黑人也成为新的马木鲁克，这在以往是不多见的，由于长久以来奥斯曼帝国对途经帝国本土输往埃及的奴隶贸易均设有限制，加上埃及政府对马木鲁克余部的追剿使得埃及军事力量亏空，这也在一定程度上促使穆罕默德·阿里不得不选择苏丹作为新的马木鲁克的供应地，以迅速补充自己的军事人员。1820年，埃及进军苏丹并很快控制苏丹境内大部分地区，黑奴开始源源不断地输入埃及以补充朝廷的军事力量，但他们往往只能充当军队里的低级士兵，无法进入更高的统治阶层。

埃及马木鲁克持续减少，除了外部环境对马木鲁克贸易的影响，还有一个更主要的内部原因，即奥斯曼中央政府的干扰与限制。奥斯曼中央政府为避免埃及马木鲁克的实力过分强大进而威胁到自己的统治，故而对埃及马木鲁克贸易尤其是与埃及统治阶层关系较近的格鲁吉亚马木鲁克的引入持消极的态度，一定程度上阻碍了马木鲁克向埃及的持续输入。

二、奥斯曼中央政府对埃及马木鲁克贸易的影响

输往埃及的奴隶大都要经过奥斯曼帝国的领地，因此奥斯曼宗主国对于奴隶贸易的态度在很大程度上左右着埃及马木鲁克的输入。而这也成为奥斯曼人对埃及政治施加影响的有效手段之一。奥斯曼政府对待普通奴隶贸易和马木鲁克贸易的态度完全不同。在某种程度上，奥斯曼政府对终结奴隶贸易的响应，也是出于抑制埃及势力扩张的考虑。早在奥斯曼人与马木鲁克埃及间发生敌对战事的1485—1491年

1 Gabriel Baer, *Slavery in Nineteenth Century Egypt*, in *The Journal of African History*, Vol.8, No.3, (1967), p.423.

2 Y Hakan Erdem, *Slavery in the Ottoman Empire and its Demise, 1800–1909*, St. Martin's Press, Inc., 1996, p.61.

间，奥斯曼人就曾下令禁止途经其领土输往埃及的奴隶贸易，以断绝埃及马木鲁克王朝的军事人员供应。“而奴隶商要想从奥斯曼帝国的布尔萨（Bursa）前往东部地区，必须有当地人做他的担保人，证明他不会将奴隶运往埃及。”[1]这一规定显然旨在截断从高加索地区向埃及的奴隶输入。

18世纪末期，这样的情境再次重演。由于埃及不断地拥兵自大，奥斯曼政府权威丧失殆尽，权力失衡的局面迫使奥斯曼政府想方设法切断埃及的马木鲁克供给以打击埃及马木鲁克贝伊的势力。1786年伴随着大加齐阿尔及里·哈桑帕夏重树帝国在埃及的统治权威，奥斯曼政府下令停止一切输往埃及的奴隶贸易：不允许奴隶商向埃及人贩卖奴隶；前往埃及的个人也不允许携带自己的奴隶；所有通过海峡的船只都需要接受检查，以防止奴隶通过走私输入埃及，一旦发现有奴隶在船上，均将予以没收并送往伊斯坦布尔。[2]直到19世纪的上半叶，这种禁令仍旧在执行，或者说没有被完全取缔。奥斯曼中央政府对输往埃及的奴隶贸易始终予以谨慎提防。1801年法国撤军后，奥斯曼人趁机重建在埃及的统治，继续对途经奥斯曼帝国本土前往埃及的奴隶运输进行限制。奥斯曼中央政府命令当时的埃及总督胡尔希德帕夏设法禁止奴隶向埃及输入。胡尔希德帕夏于是向中央政府回复：“所有违抗该禁令的人都将受到惩罚；同时也通知了迪木亚特、亚历山大等地严格遵守此项禁令。”1810—1811年间，除非获得中央政府的允许，向埃及运送奴隶仍属非法。直到1827年，帝国范围内仍需“在任何情况下维持对输往埃及奴隶贸易的禁令”[3]。

1831年，穆罕默德·阿里出兵攻占叙利亚地区，导致其与奥斯曼中央政府交恶，第一次埃土战争爆发。“至于穆罕默德·阿里选择一个如此尴尬的时机进攻叙利亚，学者们做出了不同的解释：霍尔特认为，穆罕默德·阿里在确立在埃及的统治，并先后占领阿拉比亚、苏

---

1 Y Hakan Erdem, *Slavery in the Ottoman Empire and its Demise, 1800–1909*, St. Martin's Press, Inc., 1996, p.40.

2 Ibid., p.40.

3 Ibid., p.41.

丹之后，意欲在自己的领地与奥斯曼帝国之间建立一个缓冲地带；亨利·多德韦尔（Henry Dodwell）则认为，一旦控制了大叙利亚地区，穆罕默德·阿里将获得伊斯兰第三大圣地——耶路撒冷，这无疑会强化其作为伊斯兰世界领导的地位，并向整个世界宣告奥斯曼帝国力量已经衰弱，自己才是重组和复兴突厥人势力的唯一人选；阿法芙·卢特菲（Afaf Lutfi al-Sayyid Marsot）则认为这场战争更深远的意义在于与英法等传统重商主义国家一样，穆罕默德·阿里的目标也是建立新的殖民地，这也是为什么他认为军事扩张和帝国主义思维是其国家经济发展的基础，而经济发展正是埃及能够独立的根本。”[1]无论穆罕默德·阿里发动这场战争的原因为何，其结果都是在引发埃及与奥斯曼政府的正面冲突，导致双方之间的矛盾锐增。奥斯曼政府不愿接受这样的现实：自己曾经的臣属崛起，更有取而代之之势。这场战争引发了西方势力在中东地区的一系列重新划分：俄国趁机扩大自己在当地的影响；而英国的出发点则在于“不涉入东地中海地区的纷争，但也要避免任何欧洲势力能对近东地区施加影响”[2]。因此英国不愿意法国借埃及重树对近东地区的影响，同时也不愿看到俄国以帮助奥斯曼帝国为借口向南面继续扩张势力。1832年，埃及军队在科尼亚（Konya）大败奥斯曼军队，逼近伊斯坦布尔，给奥斯曼政府造成极大恐慌，后者遂向俄国请求出兵援助。英国担心俄国过多干涉奥斯曼帝国内政将导致自身在该地区的利益遭到损害，于是向埃及施压，迫其从叙利亚撤军。

1833年，第一次埃土战争结束，法国为遏制俄国势力的继续膨胀，主张支持埃及独立，1833年5月埃及与奥斯曼帝国签订《屈塔希亚协定》（*Convention of Kütahya*）：奥斯曼帝国承认穆罕默德·阿里对埃及、克里特岛、大马士革、的黎波里、赛达、萨法德、阿勒颇、耶路撒冷及纳布卢斯（Nablus）、麦加、吉达等地的管辖权。同年7月，奥斯曼帝国与俄国签订共同防御条约——《温卡尔-伊斯凯莱西条约》，奥斯曼帝国承

---

1 Fred H. Lawson, *Economic and Social Foundations of Egyptian Expansionism: The Invasion of Syria in 1831*, in *The International History Review*, Vol.10, No.3 (Aug., 1988), Taylor & Francis, Ltd. p.380.

2 Ibid., p.379.

诺“关闭博斯普鲁斯海峡和达达尼尔海峡，除俄国舰队外，禁止一切外国舰队通过海峡”。这极大推进了俄国势力的扩张，也从另一个方面反映出奥斯曼帝国政府对埃及的忌惮之心——宁愿让俄国军舰进入帝国内海，也不能对埃及的崛起坐视不理。该条约的签订也迫使英国调整对奥斯曼的外交政策，明确表态反对埃及的势力扩张，并承诺“一旦埃及再有军事行动，英国将给予奥斯曼帝国军事支持”。

1839年4月，第二次埃土战争爆发，依据之前的防御条约，俄国旋即出兵支援奥斯曼帝国，英法也立刻做出军事行动，迫使埃及撤军。1841年，英、俄、奥地利、普鲁士与奥斯曼帝国签订《伦敦海峡公约》（*Straits Convention of London*），奥斯曼帝国承诺禁止一切外国非商业船只在和平时期通过达达尼尔海峡，从而换取其余四国的军事支持；与会各方同意穆罕默德·阿里家族对埃及和赛达的世袭统治，但该家族必须承认奥斯曼帝国的宗主权，同时从奥斯曼帝国所辖其他领地撤军。在法国的支持下，埃及拒绝接受《伦敦海峡公约》，英国军队登陆贝鲁特，迫使埃及从叙利亚和克里特岛撤军。1841年，穆罕默德·阿里被迫同意该条约，奥斯曼苏丹遂宣布承认穆罕默德·阿里及其家族在埃及的世袭统治。

在这样的背景下，奥斯曼政府势必更加严格地限制马木鲁克向埃及境内的运输以遏制埃及军事实力的增长，这在某种程度上迫使埃及统治者从南方引入黑人马木鲁克。

因此，一方面是外部贸易环境的恶化——俄国侵占高加索的切尔克斯和格鲁吉亚地区，直接切断马木鲁克来源；另一方面是奥斯曼政府有意的压制——限制输往埃及的马木鲁克奴隶贸易活动，以打压埃及马木鲁克团体，进而压制埃及统治家族的势力扩张。两者相互作用，导致马木鲁克贸易大幅下滑，由此带来的马木鲁克人员减少，也不利于马木鲁克阶层重新积累政治实力。与奥斯曼征服初期不同，在穆罕默德·阿里统治时期，甚至在法国占领之前，埃及由于马木鲁克贝伊的控制已经呈现出脱离奥斯曼政府管控的趋势。因此，限制输入埃及的马木鲁克贸易是奥斯曼政府的必然选择，那么，由于贸易受限、人员补给不足，马木鲁克人员短缺应该是在这个时期已经出现了，也就是说，在法国占领前后，埃及马木鲁克阶层就已经出现没落征兆。由于英法殖民者的有意扶植，马木鲁克尚可在埃及的政治统治中有一席之地，但其危机日益严重。至穆罕默德·阿里统治时期，马木鲁克的势力早已今非昔比，经过长年的贸易限制，马木鲁克的力量早已大不如前。这为穆罕默德·阿里树立统治权威创造了前所未有的机遇。穆罕默德·阿里上台后，虽然一直也在使用马木鲁克，但其持续下降的人员数量和能力都无法与之前的马木鲁克阶层以及马木鲁克军事家族的势力相比拟。加上埃及统治机构官僚化，马木鲁克人员被排挤出行政机构，无法参与政治权力分享甚至竞争，马木鲁克精英阶层日渐虚空。综合来看，对于马木鲁克阶层的没落和马木鲁克制度的瓦解来说，贸易衰落是比政治失势更为根本的因素。

传统马木鲁克贸易的没落，碰巧遇到了西方废奴运动的兴起，将马木鲁克再次聚集力量、重新崛起的机会彻底消除。从另一个角度来看，政治失势使马木鲁克阶层或团体从国家政治领域重新回归军事领域，而贸易的终结使得马木鲁克最终消失。

第三节　奴隶贸易的废止与埃及马木鲁克制度的终结

一、世界奴隶贸易的废止对奥斯曼帝国的压力

与内部改革要求和周边政治、贸易环境变化相辅相成的是，19世纪西方国家开始推进废止奴隶制及奴隶贸易，这给奥斯曼土耳其带来了前所未有的外交压力，致使帝国内奴隶制的继续发展举步维艰。而奥斯曼政府在内政及外交事务上愈来愈受到外部势力尤其是欧洲国家的干预，这很大程度上加深了西方国家尤其是英国在奥斯曼帝国奴隶贸易废止问题上的影响力，最终促成了奥斯曼奴隶贸易以及埃及马木鲁克贸易的终止。内外压力共同作用，加上贸易环境的客观改变，使得马木鲁克贸易终于衰败。对奥斯曼帝国及其附属地区来说，消除其奴隶制主要是从消灭奴隶贸易入手，而不是以解放奴隶身份为主，这是因

为在伊斯兰文化中，本身就存在“释放奴隶”的传统。奴隶贸易的终结成为马木鲁克制度灭亡的关键所在。而英国热衷于对奥斯曼帝国废奴运动施压，主要目标也在于终止奥斯曼帝国的奴隶贸易；同时通过对奥斯曼帝国奴隶贸易的打压，将自身的军事力量投射于奴隶贸易途经的地区及海域；另一方面则是出于保护英国在非洲的殖民贸易利益。因此我们看到，这个时期所有奥斯曼帝国关于废止奴隶制的法案大都集中于停止奴隶贸易这一主题之上。

对于废奴一事，奥斯曼帝国的态度始终是迟疑，且不愿配合的。而在限制奴隶贸易和奴隶引进方面，与其针对黑奴贸易做出的政策决定和措施相比，针对白奴贸易的政策显示出极大的宽松性和滞后性。

1815年的维也纳会议上（the Congress of Vienna），奥斯曼苏丹马哈茂德二世（Mahmud Ⅱ）拒绝在反对奴隶贸易的宣言上签字，明确表达苏丹及其帝国对终止奴隶贸易的态度。

1826年，马哈茂德二世宣布更改现有军事编制，代之以新建的西式军队。他宣布废除流行数个世纪的禁卫军制度。而这个时期的马木鲁克制度的流行范围逐步缩减至埃及一隅，马木鲁克在阿拉伯半岛、叙利亚地区的原本就不算庞大的势力，如今也是行将就木。1831—1833年间，马哈茂德二世再次宣布减少军事奴隶的数量。1830年，马哈茂德二世宣布释放部分在1821—1829年的希腊独立战争中被俘的基督徒奴隶，其中以妇女和儿童为主，以向英国显示其进步的姿态。1831年，他从叙利亚调遣军队以扑灭占据伊拉克的马木鲁克政权，[1]此举直接打击了当地的马木鲁克势力。在伊斯兰世界各地，马木鲁克势力都已走到崩溃的边缘。1839—1876年间在奥斯曼土耳其进行了坦齐玛特改革（Tanẓīmāt）[2]，尽管关于废除奴隶制的议题在这场改革中经过了多次反复与斗争，但随之带来的人权、平等的观念最终促成了奴隶贸易的废止。同时，西方的不断施压在很大程度上促成了奥斯曼帝国及埃及奴隶制度的废除，导致马木鲁克制度的崩溃。

1　William Gervase Clarence-Smith, *Islam and the Abolition of Slavery*, p.104.

2　始于19世纪中叶前后的奥斯曼土耳其现代化改革运动。

随着埃及的崛起，奥斯曼帝国不得不寻求欧洲特别是英国的庇护以防止穆罕默德·阿里威胁到自己的统治。英国趁机向奥斯曼政府施压，迫使苏丹接受废除奴隶制的要求，它明确表示“英国对奥斯曼帝国持续的支持，取决于英国公众对奥斯曼朝廷的态度，而这就要看奥斯曼朝廷反对奴隶制和奴隶贸易的行动如何”[1]，试图迫使奥斯曼政府接受废除奴隶制的要求。1840年的埃及危机以及《伦敦海峡公约》的签订最终迫使奥斯曼苏丹同意英国等西方国家的要求，开始了切实的废止奴隶贸易的举措。同时，马哈茂德二世也积极在巴尔干等地区推行废除奴隶制。1847年，奥斯曼政府宣布取缔帝国内最大的奴隶市场——伊斯坦布尔奴隶市场，但是这并不意味着奴隶交易的中断，因为有许多交易被证明是“在奴隶商的私宅中继续着”[2]。

1847年，奥斯曼苏丹阿卜杜·马吉德一世（Abdülmecid Ⅰ）签署法令，授权巴格达总督禁止并打击途经波斯湾的奴隶贸易，这可以看作是奥斯曼帝国官方废除奴隶贸易的开端。同时他授权给英国海军，同意他们搜查并逮捕在波斯湾地区运输奴隶的船只。[3]紧接着，阿卜杜·马吉德一世下令废止宫廷中的宦官制度，进一步推进奥斯曼帝国内奴隶制的废除。1849年和1854年，他曾先后两次宣布反对奴隶贸易，并表示“人类买卖自己的同类是耻辱且野蛮的行径”[4]。1854年，他发表宣言说，“像对待动物或是家具之类的物品一样贩卖人口，这样的行径违背了至高无上的造物主”[5]。但相对于对黑奴贸易的严令禁止，奥斯曼政府针对白奴贸易的法令或行动则迟缓很多。

关键时刻出现在1854年至1855年间，1854年8月，英法向奥斯曼政府提出：要求禁止黑海沿岸的切尔克斯和格鲁吉亚奴隶贸易并停止在帝国内部售卖来自该地区的奴隶。奥斯曼政府不愿失去该地区的奴隶，但慑于俄国势力的扩张，奥斯曼政府唯恐得罪这两个盟国而失去支

---

1 Ehud R Toledano, *The Ottoman Slave Trade and Its Suppression: 1840–1890*, p.93.

2 Ibid., p.53.

3 Y Hakan Erdem, *Slavery in the Ottoman Empire and its Demise, 1800–1909*, p.99.

4 William Gervase Clarence-Smith, *Islam and the Abolition of Slavery*, p.105.

5 Ibid., p.105.

持，因而举棋不定。最后内阁会议经讨论提出“奴役和贩卖格鲁吉亚人应予以全面的禁止，买主和卖方都将会受到惩罚……同时在切尔克斯奴隶出口集中的港口实施新的措施”[1]。自此，高加索地区尤其是格鲁吉亚的奴隶出口被宣布为非法，切尔克斯奴隶的出口被限制。加上紧张的外部环境，整个高加索地区的奴隶贸易陷入困境。

1856年，俄国在克里米亚战争中失败，其在黑海及黑海东岸的势力暂时受挫，曾因受到俄国压制而稍事减少的当地奴隶贸易活动再次活跃起来。奥斯曼帝国对格鲁吉亚奴隶出口的态度是予以坚决制止，而在切尔克斯奴隶的问题上，奥斯曼帝国的态度则要含糊暧昧许多。虽然俄国在克里米亚战争中失败导致其在黑海及其沿岸地区势力大幅缩减，客观上原本应是有利于高加索地区的奴隶输出，但奥斯曼帝国迫于埃及的危险，反而加强了其针对格鲁吉亚奴隶出口的限制，这直接摧毁了格鲁吉亚奴隶出口贸易。除了非法绑架获得的奴隶外，该地区的奴隶出口已经几乎停止。[2]对于那些已经被卖的格鲁吉亚奴隶，奥斯曼政府同意予以释放并允许他们返回家园，但“对于已经出售的切尔克斯奴隶则没有相关的法令”[3]。这或许也与切尔克斯人自愿出售自己的行为有关。英国政府派出舰队参与监管黑海上航行的船只，以杜绝奴隶在黑海上运输。

随着俄国对奥斯曼帝国本土的威胁暂时降低和区域形势的缓和，奥斯曼政府对途经黑海的奴隶贸易的限制也相应降低。19世纪50年代后期，从高加索向奥斯曼土耳其出口奴隶的数量又再次升高。但其中大部分都是切尔克斯奴隶，由于帝国政府严令限制在格鲁吉亚地区的绑架行为及奴隶运输，格鲁吉亚奴隶的数量要少很多。这也解释了为什么在这次奴隶贸易复苏中，埃及格鲁吉亚马木鲁克的人数没有显著的增长。尽管英国反复向奥斯曼帝国政府抗议，但是收效甚微。克里米亚战争之后，俄国退回黑海以东的势力范围，并通过强制移民等政策强化其在当地的政治力量以抵御奥斯曼人的影响。因此，俄国一方

---

1 Y Hakan Erdem, *Slavery in the Ottoman Empire and its Demise, 1800–1909*, p.104.

2 Ibid., p.105.

3 Ehud R Toledano, *The Ottoman Slave Trade and Its Suppression: 1840–1890*, p.119.

对当地奴隶贸易的限制和封锁基本不再存在。考虑到俄国的威胁暂时消除，奥斯曼政府在内政事务上对英国支持的需求有所减弱，因而改变态度，对英国要求废止高加索地区的奴隶贸易的要求予以拒绝，并再次开始奴隶运输。英国没有更好的筹码，转而将其外交重点转到废止奥斯曼帝国境内的黑奴贸易上。19世纪中叶起，终止黑奴贸易开始成为英国与奥斯曼帝国之间的主要议题。1855年，黑奴被禁止运往克里特岛。1856—1857年间，从非洲进口奴隶的贸易被全部禁止。但途经红海的黑奴贸易还在进行。而从1857年起，切尔克斯奴隶贸易再次成为合法的行为，"奥斯曼宫廷禁止一切外来力量在任何情况下对这一议题进行干预"[1]。新进口的切尔克斯奴隶，大都会成为达官贵人的家仆或者妻妾乃至后宫。但由于奥斯曼帝国对输往埃及奴隶贸易的限制，这些帝国内新增的切尔克斯奴隶对埃及马木鲁克群体基本起不到人员补充的效果，对挽救马木鲁克制度消亡的命运也毫无补益。而格鲁吉亚奴隶贸易自奥斯曼政府限制高加索地区奴隶贸易的条文首次出台后就再没有能够重现往日兴旺的局面，由于18世纪埃及格鲁吉亚马木鲁克与奥斯曼政府的敌对，奥斯曼政府本就无意复兴格鲁吉亚地区向奥斯曼帝国境内各地尤其是埃及输出的奴隶贸易，因此与切尔克斯奴隶贸易复兴相反的是，格鲁吉亚的奴隶贸易出口一直处在稳步下降的过程中。

在这个与英国就废止奴隶贸易的博弈过程中，奥斯曼政府还出台了一系列的法律条文以缩减或消除奴隶贸易。

1839年起，关于废止奴隶贸易的法律相继出台。1858年的《刑法典》对"绑架和奴役他人者"的量刑加重；1869年的《贸易法案》(*Book of Trade*)再次强调"一个自由人是不能被贩卖或者用来交换的"[2]。1861年阿卜杜·马吉德一世死后，废止奴隶贸易的行动曾一度陷入低潮。各地的奴隶贸易开始复苏，包括高加索地区在内。1864年，奥斯曼帝国境内的切尔克斯人（包括战乱时到来的移民）被重新允许"在自愿的情况下，将其子女贩卖为奴"。阿卜杜·哈米德二世（Abdülhamid Ⅱ）

1 Ehud R Toledano, *The Ottoman Slave Trade and Its Suppression: 1840–1890*, p.147.

2 William Gervase Clarence-Smith, *Islam and the Abolition of Slavery*, p.106.

在位期间(1876—1909年),奥斯曼帝国境内的奴隶贸易复苏,他支持往来高加索地区的奴隶贸易。

1880年,英国确立在埃及的占领和殖民统治,并开始向埃及政府施压。1882年,阿卜杜·哈米德二世驳回了议会关于"中止奴隶制合法地位"的草案,勉强同意"切尔克斯儿童与格鲁吉亚儿童在进入军事编制之前应予以释放"[1]。1877年和1889年,他两次发起"爱自由行动"也仅仅是迫于英国政府的压力,针对往来非洲的黑奴贸易而已,因为英国政府在这一年通过了一项反对黑奴贸易的法案。1890年7月,布鲁塞尔大会通过《布鲁塞尔行动法案》(*The Brussels Act*),禁止非洲黑奴贸易,奥斯曼帝国是当时与会并签署协议的国家之一。直到1909年前后,奥斯曼政府才出台了针对禁止白奴贸易的法令。由此可见,尽管英国一直积极地敦促甚至干涉奥斯曼帝国限制、取消往来高加索地区的奴隶贸易,但其效果远不如禁止黑奴贸易来得顺利和彻底。苏丹阿卜杜·哈米德二世在位期间,一系列的行动与法案均旨在拖延奴隶制在奥斯曼帝国的废除,维持其在帝国的现状。

1909年,阿卜杜·哈米德二世被废黜,奥斯曼帝国第二次宣布废止高加索地区奴隶贸易。但王公贵族及高级官员仍被允许继续蓄养奴隶。数十年来英国政府和奥斯曼土耳其政府就"废除奴隶制"这一议题经历了反复的交涉,最终促成了奥斯曼帝国奴隶贸易的大规模缩减。但是在奥斯曼帝国内部,持有奴隶仍旧是合法的,奴隶制度一直到凯末尔时期才被彻底废除,之后奴隶持有被认定为非法。

20世纪初,按照国际惯例,从战争中获得的俘虏已经不允许再被蓄作奴隶。这也意味着马木鲁克又一来源就此被切断。

奥斯曼帝国在废除奴隶贸易上受到了来自西方世界的压力,被动地卷入了世界废奴运动的大潮,整个奥斯曼帝国就其奴隶贸易以及奴隶制的最终废止经历了与西方国家长达近一个世纪的博弈,其中也受到奥斯曼帝国内部人口、经济、社会变迁等深层因素的影响。而作为奥斯曼帝国的重要行省和西方势力在中东角逐的重要地区之一,埃及的

---

1 William Gervase Clarence-Smith, *Islam and the Abolition of Slavery*, p.107.

奴隶贸易也无疑受到其宗主国各种行为的影响，加上马木鲁克贸易的商路大都要经过奥斯曼帝国的领土，因此奥斯曼政府在奴隶贸易上的态度和举措都直接影响到埃及奴隶贸易，尤其是马木鲁克贸易的走向。这也是研究19世纪前后埃及马木鲁克制度消亡状况的重要考量。19世纪50年代，受奥斯曼奴隶贸易缩减的影响，埃及每年进口的奴隶数量仅为5 000人，而到了19世纪60年代，埃及每年进口的奴隶数量猛增为25 000人，但其中切尔克斯奴隶和格鲁吉亚奴隶的数量非常少。[1]

奥斯曼苏丹对奴隶贸易的态度是含糊不清、立场多变的。除去个人因素外，地区和国际因素都有很大的影响，作为一个地跨欧亚但日益腐朽的政权来说，它无法摆脱西方殖民势力的蚕食与挤压，也不能与之相对抗。因此，在废止奴隶贸易的问题上，奥斯曼土耳其政府和苏丹的态度，随着俄国、英国、法国等外部力量对比的变化而反复。而为遏制埃及借由马木鲁克贸易进一步巩固自己的军事实力，奥斯曼帝国对废除奴隶贸易和废奴行动也偶有支持的方面。

二、埃及奴隶贸易的废止及马木鲁克制度的终结

埃及的情况较之奥斯曼帝国本土则更为复杂。至19世纪初，奴隶制在埃及仍是合法的，其奴隶来源多种多样，除高加索地区的居民之外，北非的柏柏尔人、埃塞俄比亚黑人、希腊独立战争中被俘的希腊人都曾经被作为奴隶卖入埃及。除马木鲁克之外，埃及还有包括黑奴在内的各种奴隶，应用于统治者后宫、家务劳作、家庭帮佣甚至农间劳动。在埃及的奴隶买卖有专门的卖家，他们因手上奴隶的人种不同而被区分开，贩卖白种奴隶的商人一般都是有组织的行为，他们的经济地位和社会地位相对那些贩卖黑奴的商人来说也更高一些。开罗仍是当时最大的奴隶贸易中心，亚历山大次之。同样，由于地处奥斯曼帝国与非洲中间位置，埃及一直是非洲通往亚洲的奴隶贸易的重要中转站和集散

---

1 Ehud R Toledano, *The Ottoman Slave Trade and Its Suppression: 1840–1890*, Princeton University Press, 1982, p.90.

地之一。英国对埃及的占领和其在埃及势力的扩张，赋予英国在促成埃及奴隶贸易废止问题上得天独厚的条件。埃及、奥斯曼政府与英国政府在废止奴隶贸易上的互动也构成这一时期埃及主要的政治议题。但在这个期间，埃及还存在大量的与奥斯曼本土之间的奴隶贸易或是途经埃及的过境奴隶贸易。埃及的马木鲁克制度赖以生存和发展的基础就是马木鲁克奴隶贸易，这就意味着奴隶贸易的废除直接影响到埃及政治尤其是军事系统的构建与稳定，其推进困难程度可想而知。

如同它的宗主国一样，埃及奴隶贸易的废止也经历了相当曲折的过程。直到19世纪前半叶，埃及官方并未有任何行动或立法废除奴隶贸易和奴隶制，由于奴隶制并没有违背伊斯兰教法，因此，埃及统治者和统治高层仍继续着他们的蓄奴行为。1837年，英国政府不断向埃及施压，要求其禁止奴隶贸易。1838年，穆罕默德·阿里象征性地释放了500名俘虏。1842年，他又宣布关闭埃及奴隶市场，但这些举措对埃及的奴隶贸易并没有实际上的影响。易卜拉欣继任之后，宣布埃及禁止奴隶买卖并释放了自己的奴隶。但由于易卜拉欣突然死去，他的政策还未能得到切实的实施。他的继任者阿拔斯一世（‘Abbās al-Awwal，1848—1854）则反对废除奴隶贸易。

在埃及第一个正式提出废奴的是阿拔斯一世的继任者赛义德（Muḥammad Sa‘īd），1854年12月，迫于英国的压力、也是为了表现出自身的进步，赛义德废止奴隶贸易，禁止埃及南部各省区从苏丹进口黑奴，并停止给奴隶士兵发放薪俸。[1]无疑，对奴隶贸易的官方禁令严重打击了埃及的奴隶制。紧接着在1855年，他又设立港口以此监管途径尼罗河的奴隶贸易。[2]1856年，他允许那些自愿脱离其主人的奴隶获得自由。迫于英国及欧洲的外部压力，奥斯曼苏丹于1857年宣布废除埃及的黑奴贸易。于是在1858年9月，赛义德再次签署命令，要求亚历山大省的总督立刻废止当地的奴隶贸易，但收效甚微。

伊斯玛仪帕夏在任期间（1863—1879），有了较为实际的举措。

1　William Gervase Clarence-Smith, *Islam and the Abolition of Slavery*, p.112.

2　Gabriel Baer, *Slavery in Nineteenth Century Egypt*, in *The Journal of African History*, Vol.8, No.3, (1967), p.431.

1877至1889年间，埃及官方累计为18 000名奴隶签署释奴文件。但伊斯玛仪帕夏本人名下仍有约2 000名奴隶；他最喜爱的宠妾名下也有50名切尔克斯奴隶和30名阿比西尼亚奴隶。[1]从苏丹地区引入奴隶士兵的现象仍旧屡禁不止。由此可见，奴隶制度的废止在埃及推行的难度之大。而作为军事奴隶购买者和主要使用者，穆罕默德·阿里家族对废止军事奴隶的买卖无疑是消极、迟疑甚至有时是不愿配合的，他们对于马木鲁克的需求也成为了奴隶制在埃及迟迟没有消失的社会根源所在。

但是，随着1863年美国宣布废除奴隶贸易，英国开始向奥斯曼帝国全力施压以削减甚至禁止奥斯曼帝国尤其是埃及的奴隶贸易，英国政府甚至赋予自己在埃及的领事以释放当地奴隶的权力。[2]1865年，埃及当局与英国达成协议：针对向英国驻埃及领事馆要求庇护的奴隶，领事馆应向埃及警察署长要求其释放文书，并担任其解除奴隶身份的证明人。[3]

1877年8月，英国与埃及统治者在亚历山大签订协议，同意共同抵制奴隶贸易，禁止从苏丹和阿比西尼亚贩卖奴隶。奴隶贩子一经发现将受到重责。同时双方携手严厉打击埃及全境，尤其是途经红海的奴隶贸易，英国航行于红海上的船只也有权力逮捕任何载运奴隶的船只并释放其运载的奴隶。[4]1880年6月，开罗成立了第一个专门统管废止奴隶制事务的部门，后归入埃及内政部统一管理。同时埃及全境也设立了数个专门负责释奴事务的机构。截至1889年，这些负责释奴的机构总计约使18 000名奴隶重获自由。

即使从废止奴隶制的命令中我们也不难发现，由于黑奴在政治上和经济上的影响都较小，废止黑奴贸易的难度相对较低，与之相反的情况是，直到1884年，白种奴隶贸易才被明确下令废止。在这个时期，马木鲁克贸易的主要维护者是以穆罕默德·阿里家族为首的埃及统

1 William Gervase Clarence-Smith, *Islam and the Abolition of Slavery*, p.112.

2 Gabriel Baer, *Slavery in Nineteenth Century Egypt*, in *The Journal of African History*, Vol.8, No.3, (1967), p.431.

3 Ibid., p.431.

4 Ibid., p.433.

治阶层，而非像早前几个世纪中那样是由马木鲁克首领以及马木鲁克阶层自身来维护的。而穆罕默德·阿里家族的目标自然不是维护埃及的马木鲁克阶层，而是利用马木鲁克人员进一步巩固自己在埃及的统治。19世纪末期，埃及白种奴隶的数量呈现显著下降，“在1877年8月和1882年11月两次被释放的8 092名奴隶中，仅有22名白色人种男子奴隶”[1]。这在一定程度上佐证了马木鲁克贸易在当时已开始衰落，而新引进的白种奴隶的数量明显已经不能满足马木鲁克阶层维持和扩充的需要；同时，能够购买和拥有马木鲁克的人的数量正在减少，因此，那时的马木鲁克由于数量稀少且价格昂贵，被看作是王室所专享的特权，而这正是穆罕默德·阿里王朝时期马木鲁克买卖的特征之一。

明确地禁止白色人种奴隶买卖的条款在当时并没有出台。埃及仍是切尔克斯奴隶输出的主要对象地区之一，[2]其切尔克斯奴隶的进口在1864年，即俄国停止对切尔克斯地区的军事行动之后开始呈现明显的增长之势。其中包括有大量的切尔克斯女奴。在切断进口切尔克斯奴隶的问题上，奥斯曼政府认为埃及总督应担负起责任，限制切尔克斯奴隶流入埃及，而埃及则认为伊斯坦布尔中央政府对切尔克斯奴隶向外输出负有管控的责任，后者应该“终结切尔克斯奴隶的运输”[3]。双方都想表现出自己在废奴问题上迎合西方的先进态度，但又不愿彻底终结境内的奴隶制度，因此彼此推诿。

1879年，赫迪威伊斯玛仪被废黜，继任者是有着“自由主义精神”的穆罕默德·陶菲克（Muḥammad Tawfīq），但他并未发布明确政策废止埃及的奴隶制。

伴随着19世纪殖民主义在全球范围内的扩张，埃及也不例外地受其影响。英国在埃及殖民统治的建立，迫使埃及终结了奴隶贸易和奴隶制，断送了马木鲁克制度发展的根本。英国对埃及的占领无疑推进

1　Gabriel Baer, *Slavery in Nineteenth Century Egypt*, in *The Journal of African History*, Vol.8, No.3, (1967), p.418.

2　Y Hakan Erdem, *Slavery in the Ottoman Empire and its Demise, 1800–1909*, St. Martin's Press, Inc., 1996, p.121.

3　Ibid., p.123.

了埃及废止奴隶贸易的步伐，埃及政府必须向英国政府表明其反对奴隶贸易的先进态度以换取英国对其既有领土范围和主权的承认。英国的殖民统治加速了马木鲁克贸易的终结——此时埃及政治的主宰者已经不是马木鲁克的拥有者或使用者，英国殖民者无意于马木鲁克制度和马木鲁克阶层的继续存在。1877年9月，英国与埃及政府签订条约，条约规定：

> 关于奴隶贸易和各国海域的治安，英国政府（the government of her highness）与赫迪威政府宣布禁止（埃及全部领土范围内的）奴隶出口和奴隶运输。……英国政府同意：所有参与禁止奴隶贸易的英国舰艇，有权扣押或追捕任何在索马里海岸埃及领海范围参与或意图参与奴隶运输的船只。[1]

1894年，包括埃及法律委员会主席在内的数名埃及高官因蓄奴而被捕。1895年11月，英国与埃及再次签署协议，明确废止包括白种奴隶在内的一切人种的奴隶贸易，并将责罚提高至5年至15年的苦役，而无论是买主、奴隶贩子还是运输奴隶的船主都将受到相应的惩罚。[2]由于对奴隶进口的制止和相对严厉的惩罚措施，很大程度上影响了包括马木鲁克在内的所有奴隶的购买和引入。与奴隶市场的萎缩相对应的是，19世纪的80年代至90年代，埃及的劳动力市场开始发展并繁荣起来，廉价的自由劳动力成为人们的首选，同时由于打破了行会垄断，大量重获自由的奴隶能够通过自由劳动市场找到工作以维持生计。这一变化趋势逐步导致了奴隶需求的减少和奴隶市场的凋敝，并最终终结了奴隶制在埃及的历史。因此，经济模式改变带来了自由劳动市场的发展繁荣，使得奴隶经济难以为继，客观上也推动了埃及奴隶制度的终结。

对于马木鲁克来说，所谓的“奴隶”仅与他们的出身或来源有关，

---

1 Ehud R Toledano, *The Ottoman Slave Trade and Its Suppression: 1840–1890*, p.211.

2 Gabriel Baer, *Slavery in Nineteenth Century Egypt*, in *The Journal of African History*, Vol.8, No.3, (1967), p.434.

而对他们的阶层或者社会角色的界定并无决定性的意义。因此,从还给奴隶以平等自由的人权的角度来说,废奴运动对马木鲁克制度的影响应是有限的。但是废奴运动直接通过一系列的法规和政策极大地打击了马木鲁克贸易并导致其中断,奴隶购买变得愈发困难起来,进而影响到整个马木鲁克阶层的完整和延续,使得这一群体的发展维系无以为继。这是废奴运动所带来的关键影响。至19世纪末期,随着马木鲁克贸易在埃及的消亡,马木鲁克制度终于彻底退出了历史舞台。

因此,19世纪埃及马木鲁克制度的衰亡主要是由两方面原因共同促成的。从贸易的角度来说,国际局势改变带来的贸易困境造成马木鲁克人员缩减,同时奥斯曼帝国出于对埃及购买军事奴隶的忌惮,对马木鲁克贸易进行严格限制;加上世界范围内废奴运动的兴起,使马木鲁克的购买和引入愈发困难,群体得不到补充,人员补给不足,马木鲁克在国家政治机构和军事机构中的比例降低。

从政治统治的角度来说,19世纪埃及官僚体系逐渐形成并趋于完善,市民阶层精英进入统治机关,马木鲁克军事人员逐渐让位于本土文职官僚阶层。马木鲁克人员晋升至高级行政职务的机会直线下降,其对国家政治的影响力也被压制缩减。马木鲁克的主要社会角色重新退回至军事领域。但穆罕默德·阿里的军事改革将现代军队体制引入埃及,破除了原来马木鲁克军团派系或军事家族垄断国家军事系统的传统,代之以现代化的军事编制。加上新型武器的使用和新海军的建立,先进的军事技术发展需要更多受过教育的,或者严格来说是受过西式教育的人。这为埃及本土精英进入军事领域提供了前所未有的机会,极大降低了传统军事单位的地位,也使军队中马木鲁克人员的优势和影响力大为降低,很大程度上抑制了整个马木鲁克阶层的势力复兴。马木鲁克制度的两个核心内容——马木鲁克贸易和国家政治参与均已不复存在,马木鲁克制度不可避免地走向灭亡,而马木鲁克残余人员仅仅是作为军事部门中的一个组成部分而存在。归根结底,19世纪的埃及在世界殖民体系兴起的浪潮下被迫开放而向现代化转型,而传统马木鲁克阶层却无法满足这种新建的现代化国家体制之需求。

三、消失的马木鲁克阶层

随着埃及本土精英占据埃及官僚机构，加上埃及统治者摆脱奥斯曼统治的诉求，19世纪埃及开始了“本土化”或“埃及化”的过程，即降低或消除奥斯曼突厥人及其文化在埃及政府中的影响，进而减少奥斯曼中央政府对埃及政治和社会的影响，这与穆罕默德·阿里家族的统治者谋求独立自治的要求相匹配。在这个过程中，市民精英在政府中的势力进一步扩大，埃及官僚机构现代化、制度化、专业化的程度不断提升。以马木鲁克军事家族为核心的旧的统治模式失去了生存或复苏的空间，也就无法复兴马木鲁克阶层的势力。事实上，这个过程不仅仅是埃及化、去突厥化的过程，也是埃及民族认同逐渐形成的过程——埃及人将自己看作古代埃及文明的继承者，有着共同的价值观和历史。因此，与马木鲁克失势相伴的还有埃及民族主义的觉醒，或者说埃及本土人士对自身身份认同的觉醒。“埃及人”这种民族国家身份认同在逐渐地形成和加深，并逐步取代其他的社会身份认同，成为当地居民区别于他人或他国的主要身份认同。在19世纪末埃及反抗殖民统治的运动中已经开始出现“埃及是埃及人的埃及”的口号，正是当时社会主流思想的体现。

结 语

马木鲁克制度在阿拔斯王朝时期是作为一种军事制度出现的，在阿拉伯人已难独霸社会最高统治地位的时代背景下，统治者需要这样一群在帝国中心既无根基又无倚仗的外部输入力量以维护自己的权威，他们不会为血统或部落感情所羁绊，只有对自己的主人——统治者保持忠心才能换来自身利益的最大化。马木鲁克制度形成了此阶段国家专业军事组织的雏形，成为国家打造职业军队的有效手段。在与东西方的敌手经年交战的过程中，马木鲁克制度被验证了其在军事上的有效性。但在埃及，马木鲁克制度的历史作用不仅仅局限于军事领域，马木鲁克通过系统而有效的体制进入埃及政治生活领域，干预甚至左右埃及的政治走向才是马木鲁克制度的核心所在。因此，马木鲁克制度所包含的内容不仅涉及马木鲁克奴隶贸易、马木鲁克在军事行动中的运用，更包含马木鲁克的晋升机制、马木鲁克阶层的形成与维护、马木鲁克阶层在埃及政治中的统治权力的分配等各个方面，而马木鲁克在埃及的统治历史和政治参与，形成了13世纪以后埃及政治的主要内容，此时的马木鲁克制度不仅仅是军事制度，更是一种政治统治手段。

马木鲁克制度维系的基础是持续的马木鲁克贸易。马木鲁克于9世纪以军事奴隶的身份首次被成规模地、系统地引入伊斯兰世界，而后在埃及迅速独立发展起来。早期马木鲁克大都来自中亚突厥草原，由于中亚地区游牧居民众多、宗教信仰多元，且缺乏有效而强大的统一政权，当地居民往往由于战乱或贫困而沦为奴隶，突厥马木鲁克由于其出色的战斗能力受到奴隶贸易商和购买者的青睐。伊斯兰教在中亚草原的传播一定程度上降低了该地区突厥马木鲁克的供给，但更直接地造成中亚马木鲁克枯竭的原因在于蒙古势力向西的不断扩张，伊儿汗国的建立阻断了马木鲁克由中亚向西尤其是向埃及的输入。无论是马木鲁克的购买者还是奴隶商都在努力寻找新的马木鲁克供给源，因此，钦察草原开始逐步取代中亚草原在马木鲁克奴隶贸易中的地位。由于各蒙古汗国之间的亲族相争，13世纪前后占据钦察草原的金帐汗国与占据波斯和中亚的伊儿汗国呈敌对之势，埃及趁机与金帐汗国交好。这一方面对伊儿汗国向西的攻势起到了一定程度上的挟制作用，另一方面则使得钦察突厥马木鲁克向埃及的输入更加便利，尤其是在金帐汗国占据黑海北岸的克里米亚之后，途经黑海的马木鲁克贸易更为便利。对于途经地中海东部地区的陆上商路，埃及一方面打击以亚美尼亚为代表的依附蒙古和西方势力的国家，另一方面还加强了对叙利亚等地区的控制，最大程度上为途经当地的马木鲁克贸易开拓出一条相对安全的陆路。

金帐汗国与埃及外交关系的顺利发展和人员间的广泛交流无疑进一步推动了钦察地区伊斯兰化的进程，加上经年不断的马木鲁克贸易，钦察草原异教徒儿童的数量持续下降。13世纪末，马木鲁克奴隶商们开始将他们的目光投向异教徒数量更为庞大的北高加索切尔克斯地区。切尔克斯是早期接受基督教的地区之一。在随后的几个世纪中，切尔克斯成为埃及马木鲁克的重要来源地。1517年，奥斯曼人征服埃及之后，切尔克斯马木鲁克的实力受到打击。但奥斯曼人并未能亲手终结马木鲁克在埃及的历史，奥斯曼统治期间，往来于高加索地区和埃及间的马木鲁克贸易仍在持续进行。事实上威胁切尔克斯马木鲁克在埃及优势地位的并不是奥斯曼土耳其人，而是后来的格鲁吉亚马木鲁克。由于忌惮切尔克斯马木鲁克的势力不断扩张，奥斯曼人一方面努力在切尔克斯地区推动其伊斯兰化的进程，另一方面则加大从外高加索也就是格鲁吉亚地区引入马木鲁克。加上俄国的崛起客观上促进了马木鲁克购买中心由北高加索地区南移，因此，在18世纪前后，格鲁吉亚马木鲁克成为了埃及最具势力的马木鲁克族群。俄国、波斯与奥斯曼土耳其在高加索地区形成分庭抗礼之势，政治角力和军事对抗的情况往往直接影响着该地区向埃及输入马木鲁克的贸易。19世纪起，全球范围内的废奴运动高涨,加之西方殖民主义者向二者不断的政治施压和军事威胁,奥斯曼帝国与埃及也不得不做出顺应时代潮流的表态,命令限制或打击境内的奴隶贸易,这一举动给马木鲁克贸易以致命一击,瓦解了整个马木鲁克群体赖以维系的基础。

连接埃及与外部世界的马木鲁克贸易带来了持续不断的马木鲁克人员供给,而马木鲁克也因其身份和社会角色的特殊性逐步形成一个独特的社会阶层。突厥马木鲁克、切尔克斯马木鲁、格鲁吉亚马木鲁克等不同族群的马木鲁克相继成为这个阶层的主要构成,同时斯拉夫马木鲁克、蒙古马木鲁克等其他族群也偶见于马木鲁克制度的发展历史之中。在整个马木鲁克群体中,各个族群的马木鲁克逐步形成一个有共性的群体——军事精英阶层,他们以军事人员的身份获得政治上的权力,进而能够对埃及的政治统治产生影响。艾优卜王朝末期是这个军事精英阶层形成的关键时期,如果说之前的马木鲁克大都活动在军事领域,尚不能作为独立的政治力量参与埃及的统治,那么从这个时代开始,马木鲁克军事人员得以源源不断地进入国家政治统治领域,获得行政身份甚至分享统治权。埃及马木鲁克王朝在13世纪中期的建立,标志着马木鲁克制度发展至巅峰,马木鲁克精英阶层成为国家政治活动的主导者和主要参与者。他们上至国家最高统治者,下至各阶层艾米尔和军团士兵,大量占据埃及政治和军事系统中的职位,是当时埃及真正的领导者。通过苏丹、高级艾米尔官员等的持续购买和使用,马木鲁克成为埃及政治生活中一种独特的传统,即统治者及其官员通过购买和使用马木鲁克加强自身的实力以稳固统治,而马木鲁克阶层则通过与统治者密切的内在联系而深深渗透至埃及的全部政治生活。

16世纪初,埃及为奥斯曼帝国攻陷,马木鲁克阶层作为埃及的主要抵抗力量在短期内受到重创,但是奥斯曼人并未对其赶尽杀绝,而是在一定程度上保留了马木鲁克人员的建制和马木鲁克使用传统,为马木鲁克制度的再次复兴埋下伏笔。奥斯曼统治时期,马木鲁克贸易持续进行,马木鲁克人员仍旧持续不断地向埃及引入,新进入埃及的奥斯曼统治代表也成为马木鲁克主要的购买者和使用者。因此,马木鲁克王朝的灭亡并没有终结马木鲁克在埃及的历史,相反,马木鲁克制度的延续和发展促成了奥斯曼统治时期新的马木鲁克军事精英阶层的形成。他们的实力逐渐膨胀,并以马木鲁克为主体形成了各个敌对或联盟的军事家族,遂控制了埃及的主要军事部门,进而占据各级行政系统的职位。马木鲁克精英阶层形成了一种以军事家族为实体依托的组织形式,并以军事家族竞争或划分政治利益。与马木鲁克王朝统治时期不同,奥斯曼时代的马木鲁克军事精英阶层是作为政治权力的分享者而非主导者参与埃及政治活动的,他们对政治利益的要求往往会触及奥斯曼总督以及驻军在埃及的利益,其不断扩大的实力也常常会威胁到奥斯曼人在埃及的统治。在这样的政治角力之下,马木鲁克阶层内部一种新的认同呼之欲出。

作为外部输入人员,马木鲁克与埃及本土民众的隔阂由来已久,即便是在马木鲁克王朝时期,马木鲁克人员也刻意维持着其群体的独特性和独立性,避免同化于埃及大众社会。他们往往通过区别明显的着装、徽章等标识来突出其异于埃及本土文化的特征,因此在很长一段时间内,马木鲁克对"埃及"的认同感并不强烈,甚至更倾向于维持自己"异族"的身份。但在奥斯曼统治时期,情况发生了改变,马木鲁克对自己是"埃及人"的认同不断加深,马木鲁克在埃及的历史尤其是作为国家主要领导者的历史成为了奥斯曼统治时代马木鲁克新的认同的重点。马木鲁克更愿意将自己称为"埃及人"以区别于奥斯曼土耳其驻埃及的官员,"突厥人"一词开始更多地用来单独称呼从奥斯曼本土及安纳托利亚地区来到埃及的突厥人或土耳其人。马木鲁克阶层与奥斯曼土耳其人之间的相异性愈发突出,而与埃及本土人的融合和认同度都逐渐加深,马木鲁克军事家族中与埃及本土精英联合、通婚等现象愈来愈多。这在一定程度上加强了埃及寻求政治独立的倾向并为穆罕默德·阿里时代摆脱奥斯曼宗主国的影响打下基础。

18世纪末法国对埃及的军事入侵使马木鲁克蒙受巨大冲击,人员损耗严重,整个马木鲁克阶层的实力被严重削弱。为了防止奥斯曼人的势力在埃及复苏,他们不得不与穆罕默德·阿里合作,后者趁机夺下埃及领导权。穆罕默德·阿里在稳固其统治后对马木鲁克阶层主要领导者进行了打击和杀戮,但这并不是马木鲁克阶层消亡和马木鲁克制度瓦解的根本原因。马木鲁克人员仍旧存在于穆罕默德·阿里王朝的政治及军事领域之中,尽管其力量缩减、情势低迷的状况也是现实存在的。奥斯曼中央政府想方设法限制埃及引入马木鲁克;而周边国家政治形势的改变给马木鲁克贸易带来了极大的消极影响;加之全球兴起的废奴运动将马木鲁克贸易逼入绝境,从根本上断绝了马木鲁克阶层存在和发展的基础。也是从19世纪起,随着西方国家对埃及的蚕食,埃及身不由己地受到西化所带来的各种影响,现代官僚体制的建立使现有马木鲁克人员进入埃及行政体系的机会大大降低,埃及统治者着力打造的现代化军队又极大地压缩了马木鲁克的发展空间。当军事实力和政治参与这两个马木鲁克制度赖以生存和延续的支柱不复存在时,其最终的消亡也不可避免。纵观整个马木鲁克制度在埃及的历史,它不仅成就了一个王朝在埃及300年的统治,更重要的意义在于,马木鲁克制度在埃及形成了一种政治参与模式,马木鲁克军事精英阶层在这个基础上形成、壮大,并在各个历史时期中不断地影响着埃及政局。

参考文献

中文参考文献：

【1】[美] 阿夫纳·格雷夫：《大裂变：中世纪贸易制度比较和西方的兴起》，郑江淮等译，北京：中信出版社2008年版。

【2】埃及教育部文化局主编：《埃及简史》，方边译，北京：生活·读书·新知三联书店1972年版。

【3】[苏联] 李特文斯基主编：《中亚文明史》（第三卷），马小鹤译，北京：中国对外翻译出版公司2003年版。

【4】[美] 道格拉斯·诺斯：《制度、制度变迁与经济绩效》，杭行译，上海：格致出版社，上海三联书店，上海人民出版社2008年版。

【5】[瑞典] 多桑：《多桑蒙古史》，冯承钧译，上海：上海书店出版社2006年版。

【6】[美] 菲利浦·希提：《阿拉伯通史》，马坚译，北京：新世界出版社2008年版。

【7】郭应德：《马穆鲁克人抗击蒙古军入侵的胜利（读阿拉伯史札记之十）》，《阿拉伯世界》，1987年第2期，第74—75页，上海：上海外语教育出版社。

【8】[美] 吉尔伯特，雷诺兹：《非洲史》，黄磷译，海口：海南出版社2007年版。

【9】金宜久主编：《伊斯兰教》，北京：中国社会科学出版社2009年版。

【10】[埃及] 拉希德·阿里·巴拉维，穆罕默德·哈姆查·乌列：《近代埃及的经济发展》，枢原，申威译，北京：生活·读书·新知三联书店1957年版。

【11】[法] 勒内·格鲁塞:《草原帝国》,蓝琪译,北京:商务印书馆2010年版。
【12】李荣健:《马穆鲁克朝海上贸易衰落原因探析》,《阿拉伯世界》,1991年第4期,第55—59页,上海:上海外语教育出版社。
【13】陆庭恩:《埃及的穆罕默德·阿里》,北京:商务印书馆1981年版。
【14】阿西莫夫,博斯沃思主编:《中亚文明史》(第四卷)(上),华涛译,北京:中国对外翻译出版公司2010年版。
【15】[英]马丁·吉尔伯特:《俄国历史地图》,王玉菡译,北京:中国青年出版社2009年版。
【16】[埃及] 穆罕默德·艾尼斯,赛义德·拉加卜·哈拉兹:《埃及近现代简史》,翻译小组译,北京:商务印书馆1980年版。
【17】纳忠:《埃及近现代简史》,北京:北京三联书店1963年版。
【18】[美] 尼古拉·梁赞诺夫斯基,马克·斯坦伯格:《俄罗斯史》(第七版),杨烨,卿文辉译,上海:上海人民出版社2007年版。
【19】雷钰,苏瑞林:《中东国家通史——埃及卷》,彭树智主编,北京:商务印书馆2003年版。
【20】[美] 萨义德·侯赛因·纳速尔:《伊斯兰教》,王建平译,上海:上海古籍出版社2008年版。
【21】[美] 塞缪尔·亨廷顿:《变化社会中的政治秩序》,王冠华,刘为译,上海:上海人民出版社2008年版。
【22】王小甫:《唐、吐蕃、大食政治关系史》,北京:中国人民大学出版社2009年版。
【23】王美秀,殷琦,文庸,乐峰等:《基督教史》,凤凰出版传媒集团,南京:江苏人民出版社2006年版。
【24】王治来:《中亚通史》,乌鲁木齐:新疆人民出版社2007年版。
【25】杨灏城,许林根编著:《埃及》,北京:社会科学文献出版社2006年版。
【26】杨灏城:《埃及近代史》,北京:中国社会科学出版社1985年版。
【27】[英] 约翰·朱利叶斯·诺威奇:《地中海史》(上、下册),殷亚平等译,北京:东方出版中心2011年版。

【28】［日］羽田亨：《西域文明史概论（外一种）》，耿世民译，北京：中华书局2005年版。

【29】［伊朗］志费尼：《世界征服者史》，何高济译，南京：江苏教育出版社2005年版。

英文参考文献：

［1］M. Abir, *Modernisation, Reaction and Muhammad Ali's 'Empire'*, in *Middle Eastern Studies*, Vol.13, No.3 (1977), pp.295–313, Taylor & Francis, Ltd.

［2］Rifaat Ali Abou-El-Haj, *The Ottoman Vezir and Paşa Households 1683–1703: A Preliminary Report*, in *Journal of the American Oriental Society*, Vol.94, No.4 (1974), pp.438–447, American Oriental Society.

［3］Reuven Amitai, *Ghazan, Islam and Mongol Tradition: A View from the Mamluk Sultanate*, in *Bulletin of the School of the Oriental and African Studies, University of London*, Vol.59, No.1 (1996), pp.1–10. Cambridge University Press, on behalf of School of Oriental and African Studies.

［4］Reuven Amitai, *Mongols and Mamluks, the Mamluk-Īlkhānid War, 1260–1281*, Cambridge University Press, 1995.

［5］Reuven Amitai, *The Mongols in the Islamic Lands: Studies in the History of the Ilkhanate*, Ashgate Variorum,2007.

［6］Reuven Amitai, *The Remaking of the Military Elite of Mamluk Egypt by Al-Nasir Muhammad B. Qalawun*, in *Studia Islamica*, No.72 (1990), pp.145–163, Maisonneuve & Larose.

［7］Reuven Amitai, *Mamluks of Mongol Origin and Their Role in Early Mamluk Political Life*, in *Mamluk Studies Review*, Vol. XII–1 (2008), Middle East Documentation Center, The University of Chicago.

［8］Reuven Amitai, *The Remaking of the Military Elite of Mamlūk Egypt by al-Nāṣir Muḥammad B. Qalāwūn*, in *Studia Islamica*,

No.72 (1990), pp.145–163, Maisonneuve & Larose.

[9] David Ayalon, *The Circassians in the Mamluk Kingdom*, in *Journal of the American Oriental Society*, Vol.69, No.3 (Jul.–Sep., 1949), pp.135–147, American Oriental Society.

[10] David Ayalon, *The End of the Mamluk Sultanate*, in *Studia Islamica*, No.65 (1987), pp.125–148, Maisonneuve & Larose.

[11] David Ayalon, *The Mamluks of the Seljuks: Islam's Military Might on the Crossroads*, in *Journal of the Royal Asiatic Society*, Third Series, Vol.6, No.3 (Nov., 1996), pp.305–333, Cambridge University Press.

[12] David Ayalon, *Notes on the Transformation of Mamluk Society in Egypt under the Ottomans*, in *Journal of the Economic and Social History of the Orient*, Vol.3, No.2 (Aug., 1960), pp148–174, BRILL.

[13] David Ayalon, *Studies on the Transfer of the 'Abbasid Caliphate from Baghdad to Cairo*, in *Arabica*, T. 7, Fasc. 1 (Jan., 1960), pp.41–59, BRILL.

[14] David Ayalon, *The System of Payment in Mamluk Military Society*, in *Journal of the Economic and Social History of the Orient*, Vol.1, No.1 (Aug., 1957), pp.37–65, BRILL.

[15] David Ayalon, *Studies in al-Jabartī I. Notes on the Transformation of Mamluk Society in Egypt under the Ottomans*, in *Journal of the Economic and Society History of the Orient*, Vol.3, No.2 (1960), BRILL.

[16] David Ayalon, *Studies in al-Jabartī I. Notes on the Transformation of Mamluk Society in Egypt under the Ottomans (Continued)*, in *Journal of the Economic and Society History of the Orient*, Vol.3, No.3 (1960), BRILL.

[17] David Ayalon, *The End of the Mamlūk Sultanate: Why did the Ottomans Spare the Mamlūk of Egypt and Wipe out the Mamlūks of*

Syria? in *Studia Islamica*, No.65 (1987), pp.125–148, Maisonneuve & Larose.

[18] David Ayalon, *The System of Payment in Mamluk Military Society*, in *Journal of the Economic and Social History of the Orient*, Vol.1, No.1 (1957), pp.37–65, BRILL.

[19] Jere L. Bacharach, *Circassian Mamluk Historians and their Quantitative Economic Data*, in *Journal of the American Research Center in Egypt*, Vol.12 (1975), pp.75–87, American Research Center in Egypt.

[20] Gabriel Baer, *Slavery in Nineteenth Century Egypt*, in *The Journal of African History*, Vol.8, No.3, (1967), pp.417–441, Cambridge University Press.

[21] C. E. Bosworth, Charles Issawi, Goger Savory, and A. L. Udovitch, *The Islamic World: From Classical to Modern Times*, The Darwin Press, 1991.

[22] C. E. Bosworth, *The Turks in the Early Islamic World (Volume 9)*, Ashgate Publishing Limited, 2007.

[23] Anne F. Broadbridge, *Royal Authority, Justice and Order in Society: The Influence of Ibn Khaldūn on the Writing of al-Maqrīzī and Ibn Taghrībirdī* in *Mamluk Studies Review*, Vol. Ⅶ–2 (2003), Middle East Documentation Center, The University of Chicago.

[24] R. J. C. Broadhurst, *A history of the Ayyūbid Sultans of Egypt*, Twayne Publishers, 1980.

[25] Georgi Chochiev, *On the History of the North Caucasian Diaspora in Turkey*, in *Iran & the Caucasus*, Vol.11, No.2 (2007), pp.213–226, BRILL.

[26] William Gervase Clarence-Smith, *Islam and the Abolition of Slavery*, Oxford University Press, 2006.

[27] Daniel Crecelius, *The Waqf of Muhammad Bey Abu al-Dhahab in Historical Perspective*, in *International Journal of Middle East*

Studies, Vol.23, No.1 (1991), pp.57–81, Cambridge University Press.

[28] Daniel Crecelius and Gotcha Djaparidze, *Relations of the Georgian Mamluks of Egypt with Their Homeland in the Last Decades of the Eighteenth Century*, in *Journal of the Economic and Social History of the Orient*, Vol.45, No.3 (2002), pp.320–341, BRILL.

[29] M. W. Daly, *The Cambridge History of Egypt, Volume 2: Modern Egypt, from 1517 to the end of the twentieth century*, Cambridge University Press, First published in 1998.

[30] Selim Deringil, *The Ottoman Response to the Egyptian Crisis of 1881–82*, in *Middle Eastern Studies*, Vol.24, No.1 (Jan., 1988), pp.3–24, Taylor & Francis, Ltd.

[31] Y Hakan Erdem, *Slavery in the Ottoman Empire and its Demise, 1800–1909*, St. Martin's Press, Inc., 1996.

[32] Joseph H. Escovitz, *A Lost Arabic Source for the History of Early Ottoman Egypt*, in *Journal of the American Oriental Society*, Vol.97, No.4 (1977), pp.513–518, American Oriental Society.

[33] Suraiya N. Faroqhi, *The Cambridge History of Turkey, Volume 3: The Later Ottoman Empire, 1603–1839*, Cambridge University Press, 2006.

[34] Suraiya Faroqhi, *Civilian Society and Political Power in the Ottoman Empire: A Report on Research in Collective Biography (1480–1830)*, in *International Journal of Middle East Studies*, Vol.17, No.1 (1985), pp.109–117,Cambridge University Press.

[35] Maribel Fierro, *The New Cambridge History of Islam, Volume 2: The Western Islamic World, Eleventh to Eighteenth Centuries*, Cambridge University Press, 2010.

[36] Kate Fleet, *The Cambridge History of Turkey, Volume 1: Byzantium to Turkey, 1071–1453*, Cambridge University Press, 2009.

[37] James Forsyth, *The Caucasus: A History*, Cambridge University

Press, 2013.

[38] John S. Galbraith and Afaf Lutfi al-Sayyid-Marsot, *The British Occupation of Egypt: Another View*, in *International Journal of Middle East Studies*, Vol.9, No.4 (1978), pp.471–488, Cambridge University Press.

[39] Moshe Gammer, *The Imam and the Paşa: A Note on Shamil and Muhammad Ali*, in *Middle Eastern Studies*, Vol.32, No.4 (1996), pp.336–342, Taylor & Francis, Ltd.

[40] Daniel Goffman, *The Ottoman Empire and Early Modern Europe*, Cambridge University Press, 2002.

[41] Charles J. Halperin, *The Kipchak Connection: The Ilkhans, the Mamluks and Ayn Jalut*, in *Bulletin of the School of Oriental and African Studies, University of London*, Vol.63, No.2 (2002), pp.229–245, Cambridge University Press on behalf of School of Oriental and African Studies.

[42] M. Sükrü Hanioglu, *A Brief History of the Late Ottoman Empire*, Princeton University Press, 2008.

[43] Jane Hathaway, *The Military Household in Ottoman Egypt*, in *International Journal of Middle East Studies*, Vol.27, No.1 (Feb., 1995), pp.39–52, Cambridge University Press.

[44] Jane Hathaway, *The Politics of Households in Ottoman Egypt: the Rise of the Qazdağlıs,* Cambridge University Press, 1997.

[45] Jane Hathaway, *The Military Household in Ottoman Egypt*, in *International Journal of Middle East Studies*, Vol.27, No.1, Cambridge University Press, 1995.

[46] G. R. Hawting, *Muslims, Mongols and Crusaders: An Anthology of Articles Published in The Bulletin of the School of Oriental and African Studies*, Routledge Curzon, 2005.

[47] Andrew C. Hess,*The Ottoman Conquest of Egypt (1517) and the Beginning of the Sixteenth-Century World War*, in *International*

Journal of Middle East Studies, Vol.4, No.1 (1973), pp.55–76, Cambridge University Press.

[48] P. M. Holt, *Al-Jabartī's Introduction to the History of Ottoman Egypt*, in *Bulletin of the School of Oriental and African Studies, University of London*, Vol.25, No.1/3 (1962), pp.38–51, Cambridge University Press.

[49] P. M. Holt, *Some Observations of the 'Abbasid Caliphate of Cairo*, in *Bulletin of the School of Oriental and African Studies, University of London*, Vol.47, No.3 (1984), pp.501–507, Cambridge University Press on behalf of School of Oriental and African Studies.

[50] P. M. Holt, *The Beylicate in Ottoman Egypt during the Seventeenth Century*, in *Bulletin of the School of Oriental and African Studies, University of London*, Vol.24, No.2 (1961), pp.214–248, Cambridge University Press.

[51] R. Stephen Humpreys, *The Emergence of the Mamluk Army*, in *Studia Islamica*, No.45 (1977), pp.67–99, Maisonneuve & Larose.

[52] F. Robert Hunter, *Egypt's High Officials in Transition from a Turkish to a Modern Administrative Elite, 1849–1879*, in *Middle Eastern Studies*, Vol.19, No.3 (1983), pp.277–300, Taylor & Francis, Ltd..

[53] F. Robert Hunter, *State-Society Relations in Nineteenth-Century Egypt: The Years of Transition, 1848–1879*, in *Middle Eastern Studies*, Vol.36, No.3 (2000), pp.145–159, Taylor & Francis, Ltd..

[54] F. Robert Hunter,*The Cairo Archives for the Study of Elites in Modern Egypt*, in *International Journal of Middle East Studies*, Vol.4, No.4 (1973), pp.476–488, Cambridge University Press.

[55] Edward Ingram, *The Geopolitics of the First British Expedition to Egypt-Ⅳ: Occupation and Withdrawal, 1801–3*, in *Middle Eastern Studies*, Vol.31, No.2 (1995), pp.317–346, Taylor & Francis, Ltd.

[56] Halil Inalcik, *The Middle East and the Balkans under the Ottoman*

Empire: Essays on Economy and Society, Indiana University Turkish Studies and Turkish Ministry of Culture Joint Series, V. 9, 1993.

[57] Robert Irwin, *Under Western eyes: A History of Mamluk Studies*, in *Mamluk Studies Review*, Vol. IV (2000), Middle East Documentation Center, The University of Chicago.

[58] Robert Irwin, *Al-Maqrīzī and Ibn Khaldūn, Historians of the Unseen*, in *Mamluk Studies Review*, Vol. VII–2 (2003), Middle East Documentation Center, The University of Chicago.

[59] Robert Irwin, *Factions in Medieval Egypt*, in *The Journal of the Royal Asiatic Society of Great Britain and Ireland*, No.2 (1986), pp.228–246, Royal Asiatic Society of Great Britain and Ireland.

[60] Robert Irwin, *The New Cambridge History of Islam, Volume 4: Islamic Culture and Societies to the End of the Eighteenth Century*, Cambridge University Press, 2010.

[61] David Kimche, *The Political Superstructure of Egypt in the Late Eighteenth Century* in *Middle East Journal*, Vol.22, No.4 (1968), pp.448–462, Middle East Institute.

[62] David Kimche, *The Opening of the Red Sea to European Ships in the Late Eighteenth Century*, in *Middle Eastern Studies*, Vol.8, No.1 (1972), pp.63–71, Taylor & Francis, Ltd.

[63] Carl M. Kortepeter, *Ottoman Imperial Policy and the Economy of the Black Sea Region in the Sixteenth Century*, in *Journal of the American Oriental Society*, Vol.86, No.2 (1966), pp.86–113, American Oriental Society.

[64] Stanley Lane-Poole, *A History of Egypt in the Middle Ages*, Frank Cass & Co. Ltd., 1968.

[65] Fred H. Lawson, *Economic and Social Foundations of Egyptian Expansionism: The Invasion of Syria in 1831*, in *The International History Review*, Vol.10, No.3 (1988), pp.378–404, Taylor &

Francis, Ltd..

[66] Yaacov Lev, *Saladin in Egypt*, Brill, 1999.

[67] Yaacov Lev, *Army, Regime, and Society in Fatimid Egypt, 358–487/968–1094*, in *International Journal of Middle East Studies*, Vol.19, No.3 (1987), pp.337–365, Cambridge University Press.

[68] Amalia Levanoni, *The Mamluks' Ascent to Power in Egypt*, in *Studia Islamica*, No.72 (1990), pp.121–144, Maisonneuve & Larose.

[69] Amalia Levanoni, *The Mamluk Conception of the Sultanate*, in *Journal of Middle East Studies*, Vol.26, No.3 (Aug.,1994), pp.373–392, Cambridge University Press.

[70] Amalia Levanoni, *The Ḥalqah in the Mamluk Army: Why Was it Not Dissolved When It Reached Its Nadir?* in *Mamluk Studies Review* Vol.XV (2011), Middle East Documentation Center, The University of Chicago.

[71] Bernard Lewis, *Ottoman Land Tenure and Taxation in Syria*, in *Studia Islamica*, No.50 (1979), pp.109–124, Maisonneuve & Larose.

[72] Bernard Lewis, *Race and Slavery in the Middle East, A Historical Enquiry*, Oxford University Press, 1990.

[73] Bernard Lewis, *Studies in the Ottoman Archives—I*, in *Bulletin of the School of Oriental and African Studies*, University of London, Vol.16, No.3 (1954), pp.469–501, Cambridge University Press.

[74] Bernard Lewis, *The Middle East*, Scribner, 1996.

[75] John W. Livingston and Al-Jabartī, *The Rise of Shaykh al-Balad' Alī Bey al-Kabīr: A Study in the Accuracy of the Chronicle of Al-Jabartī*, in *Bulletin of the School of Oriental and African Studies*, University of London, Vol.33, No.2 (1970), pp.283–294, Cambridge University Press.

[76] Sami G. Massoud, *The Chronicles and Annalistic Sources of the Early Mamluk Circassians Period*, Brill, 2007.

[77] Justin McCathy, *The Ottoman Peoples and the End of the Empire*, Arnold, 2001.

[78] John L. Meloy, *Imperial Strategy and Political Exigency: The Red Sea Spice Trade and the Mamluk Sultanatein the Fifteenth Century*, in *Journal of the American Oriental Society*, Vol.123, No.1 (2003), pp.1–19, American Oriental Society.

[79] David O. Morgan & Anthony Reid, *The New Cambridge History of Islam, Volume 3: The Eastern Islamic World, Eleventh to Eighteenth Centuries,* Cambridge University Press, 2010.

[80] Rhoads Murphey, *Studies on the Ottoman Society and Culture, 16th–18th Centuries*, Ashgate Variorum, 2007.

[81] John Nawas, *Abbasid Studies II: Occasional Papers of the School of 'Abbasid Studies,* Leuven, 28 June–1 July, 2004, PEETERS, 2010.

[82] Carl F. Petry, *The Cambridge History of Egypt, Volume 1: Islamic Egypt, 640–1517*, Cambridge University Press, 1998.

[83] Carl F. Petry, *Fractionalized Estates in a Centralized Regime: The Holdings of al-Ashraf Qaytbāy and Qānsūhal-Ghawrī According to Their Waqf Deeds*, in *Journal of the Economic and Social History of the Orient*, Vol.41, No.1 (1998), pp.96–117, BRILL.

[84] Daniel Pipes, *Slave Soldiers and Islam*, Yale University Press, 1981.

[85] Gabriel Piterberg, *The Formation of an Ottoman Egyptian Elite in the 18th Century*, in *International Journal of Middle East Studies*, Vol.22, No.3 (1990), pp.275–289, Cambridge University Press.

[86] Gabirel Piterberg, *The Formation of an Ottoman Egyptian Elite in the 18th Century*, in *International Journal of Middle East Studies*, Vol.22, No.3 (1990), Cambridge University Press.

[87] Alex V. Popovkin under the supervision of Everett K Rowson, *The History of al-Ṭabarī (Ta'rīkh al-rusul wa'l-mulūk), Volume XL, Index*, State University of New York Press, Albany, 2007.

[88] William Popper, *Egypt and Syria under the Circassian Sultans*

1382–1468 A.D.: Systematic Notes to Ibn Taghrī Birdī's Chronicles of Egypt, University of California Press, 1955.

[89] Donald Quataert, *The Ottoman Empire, 1700–1922*, Cambridge University Press, Second Edition 2005, Reprinted 2006.

[90] Nasser Rabbar, *Who Was al-Maqrīzī? A Biographical Sketch*, in *Mamluk Studies Review*, Ⅶ–2 (2003), Middle East Documentation Center, The University of Chicago.

[91] Hassanein Rabie, *Political Relations Between the Safavids of Persia and the Mamluks of Egypt and Syria in the Early Sixteenth Century*, in *Journal of the American Research Center in Egypt*, Vol.15 (1978), pp.75–81, American Research Center in Egypt.

[92] D. S. Richards, *A Mamluk Petition and a Report from the "Diwan al-Jaysh"*, in *Bulletin of the School of Oriental and African Studies, University of London*, Vol.40 (1977), Cambridge University Press on behalf of School of Oriental and African Studies.

[93] J. C. B. Richmond, *Egypt 1798–1952: Her Advance towards a Modern Identity*, Routledge, 2013.

[94] Walter Richmond, *The Northwest Caucasus, Past, Present, Future*, Routledge, 2008.

[95] Arthur E. Robinson, *The Conquest of the Sudan by the Wali of Egypt, Muhammad Ali Paşa, 1820–1824. Part II*, in *Journal of the Royal African Society*, Vol.25, No.98 (1926), pp.164–182,Oxford University Press.

[96] André Roymond, translated by Willard Wood, *Cairo*, Harvard University Press, 2000.

[97] Elizabeth Savage, *Slavery in Muslim Societies*, in *The Journal of African History*, Vol.42, No.3 (2001), pp.494–495, Cambridge University Press.

[98] W. H. Selmon, *An Account of the Ottoman Conquest of Egypt*, The Royal Asiatic Society, 1921.

[99] Stanford J. Shaw, *The Aims and Achievements of Ottoman Rule in the Balkans*, in *Slavic Review*, Vol.21, No.4 (Dec., 1962), pp.617–622, Association for Slavic, East European, and Eurasian Studies.

[100] Ehud R. Toledano, *Late Ottoman Concepts of Slavery (1830s–1880s)*, in *Poetics Today*, Vol.14, No.3, Cultural Processes in Muslim and Arab Societies: Modern Period I (1993), pp.477–506, Duke University Press.

[101] Ehud R Toledano, *The Ottoman Slave Trade and Its Suppression: 1840–1890*, Princeton University Press, 1982.

[102] Wayne S. Vucinich, *The Nature of Balkan Society under Ottoman Rule*, in *Slavic Review*, Vol.21, No.4 (1962), pp.597–616, Association for Slavic, East European, and Eurasian Studies.

[103] David J. Wasserstein and Ami Ayalon, *Mamluks and Ottomans*, Routledge, 2006.

[104] Michael Winter, *Egyptian Society Under Ottoman Rule 1517–1798*, Routledge, 1992.

阿拉伯文参考文献：

[1] Abū Jaʿfar Muḥammad b. Jarīr al-Ṭabarī, *Tārīkh al-Rusūl wa-al-Mulūk*, Maṭbaʻah al-Istiqāmah bi-al-Qāhirah, 1939.

[2] ʻAbd al-Raḥmān al-Jabartī, *ʻAjāʼib al-Āthār fī al-Tarājim wa-al-Akhbār*, in http: //www.aleman.com/المسمى%20 بـ %20«عجائب%20الآثا
ر%20في%20التراجم%20والأخبار»%20الكتب/تاريخ%20الجبرتي%20/**
i47&d1141&p1

[3] ʻAlī Muḥammad Ṣullābī, *Dawlah al-Mughūl wa-al-Tatār bayna al-Intishār wa-al-Inkisār*, Dar al-Maʻarifah, 2010.

[4] ʻArab Daʻakūr, *Tārīkh al-Fāṭimiyyīn wa-al-Zankiyyīn wa-al-Ayyūbiyyin wa-al-Mamālīk wa-Ḥaḍāratuhum*, Dār al-Nahḍah al-ʻArabiyyah, 2001.

[5] Anwar Zuqlamah, *Al-Mamālīk,* Maktabah Madbūlī, 1995.

[6] Bartūd, Aḥmad al-Sa'īd Sulaymān, *Tārīkh al-Turuk fī Āsiyā al-Wusṭā*, Maktabah al-Anjalū al-Miṣriyyah.

[7] Fāḍil Bayāt, *Al-Dawlah al-'Uthmāniyyah fī al-Majāl al-'Arabī: Dirāsah Tārīkhiyyah fī al-Awḍā' al-Idāriyyah fīḊaw' al-Wathā'iq wa-al-Maṣādir al-'Uthmāniyyah Ḥaṣran (Maṭla' al-'Ahd al-'Uthmānī-Awāsiṭ al-Garn al-Tāsi' 'Ashar,* Markaz Dirāsāt al-Waḥdah al-'Arabiyyah, 2007.

[8] Fu'ād Abd al-Mu'aṭī al-Ṣayyād, *al-Mughūl fī al-Tārīkh,* Dār al-Nahḍah al-'Arabiyyah.

[9] Fā'id Ḥammād Muḥammad 'Āshūr, *al-Jihād al-Islāmī ḍida al-Ṣalībiyyīn wa-al-Mughūl fī al-'Aṣr al-Mamlūkī*, 1995.

[10] Ibn Taghrībirdī, *al-Nujūm al-Zāhirah: Mulūk Miṣr wa-al-Gāhirah*, Dār al-Kutub al-Miṣriyyah, 1938.

[11] Ibn Taghrībirdī, *al-Nujūm al-Zāhirah fī Mulūk Miṣr wa-al-Gāhirah,* Dār al-Kutub al-'Ilmīyyah, 1992.

[12] 'Iṣām Muḥammad Shabārū, *Al-Salāṭīn fī al-Mashriq al-'Arabī: Ma'ālim Dawrihim al-Siyāsī wa-al-Ḥaḍārī, al-Mamālīk, 1250–1517 A.D.*, Dār al-Nahḍah al-'Arabiyyah, 1994.

[13] 'Iṣām Muḥammad Shabārū, *Al-Salāṭīn fī al-Mashriq al-'Arabī: Ma'ālim Dawrihim al-Siyāsī wa-al-Ḥaḍarı, al-Ayyubiyyīn, 1055–1250 A.D.,* Dār al-Nahḍah al-'Arabiyyah, 1994.

[14] Muḥammd b. Aḥmad b. Iyās al-Ḥanafī, *Badā'i' al-Zuhūr fī Waqā'i' al-Duhūr*, al-Hay'ah al-Miṣriyyah al-'Āmmah li-al-Kitāb, 1982.

[15] Qāsim 'Abd Qāsim, *'Aṣr Salāṭīn al-Mamālīk*, Dār al-Shurūq, 1994.

[16] Rashīd al-Dīn Faḍl Allah al-Hamdhānī, *Jāmi' al-Tawārīkh, Tārīkh al-Mughūl, al-Mujallad al-Thānī, al-Juz' al-Awwal, al-Īlkhāniyyūn, Tarīkh Hūlākū*, Dar Aḥyā' al-Kutub al-'Arabiyyah.

[17] Sa'īd Ṣabr al-Fattāḥ 'Āshūr, *al-Ḥarakah al-Ṣalibiyyah: Ṣafḥah Mushriqah fī Tārīkh al-Jihād al-Islāmī fī al-'Uṣūr al-Wusṭā*, Maktabah al-Anjalū al-Miṣriyyah, 1996.

[18] Sa'īd Ṣabr al-Fattāḥ 'Āshūr, *Miṣr wa-al-Shām fī 'Aṣr al-Ayyūbiyyīn wa-al-Mamālīk*, Dār al-Nahḍah al-'Arabiyyah.

[19] Sa'īd Ṣabr al-Fattāḥ 'Āshūr, *Tārīkh al-'Alāqāt bayna al-Sharq wa-al-Gharb fī al-'Uṣūr al-Wusṭā*, Dār al-Nahḍah al-'Arabiyyah, 2003.

[20] Shafīq Mahdī, *Mamālīk Miṣr wa-Shām: Nuqūduhum, Nugūshuhum, Maskūkātuhum, Algābuhum, Salāṭīnuhum, 748–922A.H., (1250–1517A.D.)*, al-Dār al-'Arabiyyah li-al-Mausū'āt, 2008.

[21] Taqī al-Dīn Aḥmad al-Qādir al-Maqrīzī, *Kitāb al-Sulūk li-Ma'rifah Duwal al-Mulūk*, in http: //www.al-eman.com/الكتب/السلوك%20لمعرفة%20دول%20الملوك%20(نسخة%20منقحة)/i824&p1.

[22] Taqī al-Dīn Aḥmad al-Qādir al-Maqrīzī, *al-Mawā'iẓ wa-al-I'atibār bi Dhikr al-Khuṭaṭ wa-al-Āthār, al-Ma'arūf bi-al-Khuṭaṭ al-Maqrīziyyah*, Dār Bayrūt.

[23] William Muir, *Tārīkh Dawlah al-Mamālīk fī Miṣr*, Maktabah Madbūlī, 1995.